레토릭의 사상가들

나남
nanam

조 맹 기

서강대 신문방송학과 졸업, 연세대 행정대학원 석사,
뉴욕 시립대 사회학 석사 및 박사
문화방송 경향신문, 〈정경연구〉 편집기자
교육방송 편성자문위원
언론학회, 방송학회 이사 및 감사
KBS, 서강대 방송아카데미 원장
서강대 언론대학원장

현재 서강대 언론대학원 교수

저서 : 《현대 커뮤니케이션 사상사》, 《커뮤니케이션의 역사》,
《커뮤니케이션 사상사》, 《한국언론사의 이해》, 《한국언론인물사상사》 등

나남신서 1563

레토릭의 사상가들

2011년 7월 25일 발행
2011년 7월 25일 1쇄

지은이_ 趙猛基
발행자_ 趙相浩
발행처_ (주) 나남
주소_ 413-756 경기도 파주시 교하읍
출판도시 518-4
전화_ (031) 955-4600 (代)
FAX_ (031) 955-4555
등록_ 제 1-71호(1979.5.12)
홈페이지_ http://www.nanam.net
전자우편_ post@nanam.net

ISBN 978-89-300-8563-2
ISBN 978-89-300-8001-9(세트)

책값은 뒤표지에 있습니다.

나남신서 · 1563

레토릭의 사상가들

조맹기 지음

나남
nanam

Ideas of The Rhetoricans

by

Maingki, Cho

nanam

:: 머리말

IMF 구제금융(1997. 12. 3)은 우리에게 큰 충격을 가져다주었다. 몇 년 전부터 그 조짐은 벌써 시작되고 있었다. 민주화세력은 의기양양하게 군사정부를 승계했지만, 구제금융의 위기로 국민들에게 준 충격은 여간 크지 않았다. 그 충격으로 쓸 만한 기업들 다수가 외국인 손에 넘어갔고, 국민들은 아직도 가족과 커뮤니티 붕괴 후유증으로 신음하고 있다.

필자는 IMF 구제금융이 가져다준 비극의 두 가지 상처를 늘 생각한다. 하나는 개인의 경험이고, 다른 하나는 사회의 문제이다. 개인의 경험은 이 책과 관련이 있어 소개한다. 《레토릭의 사상가들》은 러셀(Bertrand Russel)의 《서양철학사 상》(*A History of Western Philosophy*, 최민홍 옮김)에서 아이디어를 얻었다. 러셀은 철학자와 소피스트의 논쟁을 자세히 기록했다.

철학을 전공한 대학 초년, 필자는 구자원(具滋元)이란 친구와 친하게 지냈다. 그 친구가 러셀 책을 필자에게 선물했다. 솔직히 말하면 필자는 빌린 책을 돌려주지 않았고, 그는 나중 그 사실을 묵인해줬다.

필자는 그 당시뿐 아니라, 언론학을 공부하면서, 이론적 갈증을 느낄 때마다 이 책을 탐독하곤 했다. 그렇게 오랜 세월이 지나면서, 필자는 취미삼아 철학을 틈틈이 공부하게 되었다. 그 중간 김형효(金炯孝 · 서강대 석좌교수) 선생은 필자에게 언제나 철학에 대한 깊은 사고를 공급해줬다.

그 친구가 IMF 구제금융 기간에 골치 아픈 회사의 일로 이 세상을 등지게 되었다. 회사의 모든 문제를 자신이 지고 간 것이다. 그러나 필자는 친한 친구이나, 꾸물대다 장례식도 참석하지 못했다. 그 많은 사람들의 상가에 다니면서 유독 가장 친한 친구를 그냥 보내고 만 것이다. 필자는 그 짐을 평생 지고 살아가면서, 이 기회에 부채를 청산하고 싶었다. 이번이 고해의 기회가 되었으면 좋겠다. 필자는 이 지면을 통해 친구에게 고해성사를 하고, 친한 친구를 잃은 슬픔을 기록한다.

다른 하나는 우리사회의 모순이다. 김영삼 정부는 세계화 · 국제화를 줄기찬 기치로 세웠다. 국가는 OECD도 가입하고, 국민들은 냉전이 붕괴되는 현장을 목격했다. 세계화를 피부로 느끼게 되었지만, 국민들은 여전히 준비가 되지 않았다. 특히 기자들은 IMF 구제금융이 오는 줄도 몰랐다.

지금까지도 교육체계는 암기식으로 세계화를 맞을 준비가 전혀 되지 않았다. 국민들은 세계 체제에 맞서 경쟁할 수 있는 역량을 필요로 하게 된 것이다. G20 물결 안으로 들어갈수록 더욱 창의성과 원천 기술을 필요로 하게 되었다. 독자들은 이제야 세계화를 실감하게 되었다. IMF 구제금융 덕분에 우리는 압축적 세계화를 경험하게 된 것이다.

같은 맥락에서 분과학문으로 만족하던 신문방송학도 그 언저리에서 벗어나지 못하고 있었다. 전체를 조망하는 안목이 필요하게 된 것이다. 필자는 그런 시대적 욕구에 부응할 수 있도록 초보 수준의 작품을 집필했다.

《레토릭의 사상가들》을 통해 커뮤니케이션학 분야에서 인문학이 더욱 발전되기를 기대한다. 원래 커뮤니케이션학과 철학은 호형호제 사이였다. 쉽지는 않았지만, 이 책은 그 역사현실을 기술하려고 했다.

이것을 감안하여 이 책은 누구나 볼 수 있게 하기 위해 문장을 짧게 작성했고, 어려운 논쟁을 가능하면 쉽게 풀이했다. 언론학 분야뿐 아니라, 언론 현업에 근무하는 사람들도 일독을 권한다. 끝부분에 수록된 "취재 · 보도의 사실주의 방법의 극복"은 2008년 '광우병 파동'에서 본 기사 작성의 문제를 역사방법론으로 해부했다. 필자는 현재 보도의 문제를 지적하는 데, 비코의 방법론으로 새로운 활로를 개척하고자 했다.

이 책을 출간하게 할 수 있게 해준 나남출판사 조상호 사장, 방순영 편집장, 김주양 편집자 등 관계자들에게 감사드린다. 김주양 편집자는 글을 쉽게 쓰니, 문장에 난도질을 했다. 그는 완전히 이해하고, 교열을 본 것 같다. 결과적으로 보면 이 책은 편집자와 공동 작업이 되었다.

이런 발상을 시도하게 해준 방송학회 커뮤니티에 감사의 말을 전한다. 끝으로 책을 쓸 수 있게 안식년을 준 서강대학교에도 무한한 고마움을 느끼고 집에서 백수로 있는 1년 동안 뒷바라지한 집사람에게도 따뜻한 감사의 말을 전한다.

2011년 7월

조 맹 기

나남신서 · 1563

레토릭의 사상가들

차 례

1

수사학의 위치

언론학은 인문학과는 담을 쌓고 지내온 줄 안다. 지금까지 인문학, 즉 역사, 문학, 철학 전공자들은 언론학을 새로운 학문, 기술로 가능한 학문, 다른 학문과 동떨어진 분과학문으로만 간주했다. 점잖은 사람들이 모이는 자리에 가면 으레 '언론학도 학문인가'라고 조롱하곤 한다. 물론 언론학 연구자들에게도 문제가 있었다. 자신의 학문을 깊이 생각하지 않았던 것이다.

학계에서도 전통 언론학에 대한 연구가 가뭄에 콩 나듯 한 권씩 나온다. 그러나 그 책에 귀를 기울이는 사람도 별로 없었다. 서점에 한 권씩 꼽히다 얼마 가지 않아 그런 내용은 그곳에서 사라진다. 물론 '한국스피치 학회'란 연구자 모임이 있다. 그러나 그 학회도 '소통학회'로 고치고, 현대식 스피치만 연구한다.

언론학 연구자는 대부분 미국, 독일, 영국, 일본 등에서 배운 실증주의 학문의 보따리를 풀어놓는다. 그게 이젠 주류 행세를 한다.

언론학 연구자가 주로 독파하는 이론은 1945년 이후 발달해온 신문과 방송 등 매스미디어 분야이다. 최근 IT산업이 발달되고, 인터넷, 페이스북, 트위터 등 인터액티브 미디어가 등장하면서 매스미디어 이론의 한계를 경험하게 되었다. 기술은 인간에게 더욱 가깝게 다가갔다. 예를 들면 영화는 2차원 공간에서, 3차원 공간을 현실화시키고 있다. 무선 인터넷, 트위터를 통해 휴대전화로 소통이 가능하게 되었다. 그리스어 '상식/여론'(*sensus communis*, *common sense*), 라틴어 '공공장소/공론의 장'(*locis communis*, *common place*)이 순간적으로 가능하게 되었다. 자기 자신에게 모든 감각이 통합되고, 감각과 정서가 다른 사람과 곧바로 소통된다.

그들은 과거 매스미디어를 능가할 전망이고, 이내 주류의 새로운 미디어군(群)을 형성해간다. 그 속도는 엄청나게 빠르게 다가온다. 연구자는 빠른 기술에 감탄하고, 그 논리를 개발하는 데 급급하다. 언론학자들 몰골이 우습게 되었다. 그러나 새로운 기술에 추종하더라도, 그 미디어에 대한 시원한 이론은 제공하지 못하는 데서 고민이 생긴다. 사회 내 커뮤니케이션은 단절되고, 불확실성은 계속 증가한다.

언론학 연구자가 눈을 조금만 다른 곳으로 돌리면 깊고, 긴 역사를 가진 커뮤니케이션 연구자들이 있었다. 수사학(*rhetoric*)이 오랜 역사를 지닌, 그 장본인이다. 언론학자 누구나 수사학에 대해 조금씩 알고 있다. 그러나 우리는 아직 이 학문분야에 대해 거의 연구하지 않았다. 필자는 그 학문의 전통을 《레토릭의 사상가들》로 새로 소개하는 입장에서 서두를 던진다. 놀랍게도 서구에는 이 연구가 너무나 완벽하게 되어있었다.

국내에서 최근 문학 쪽에 두 권이 출간되었다. 김욱동의 《수사학이란 무엇인가》(2008, 민음사), 김종영의 《히틀러의 수사학》(2010, 커뮤니케이션북스)이 그것이다. 이들 책은 본격적인 언론학 분야 책이 아니다. 이런 국내 사정에서 수사학 사상가들의 이야기는 먼 나라 꿈이다. 도서관에 가면 그 현실을 실감하게 된다. 대부분 도서관마다 수사학 사상가들의 책은 부분적으로 누락되어 있다.

시대가 좋아지니 인터넷 주문으로 미국의 책들을 많이 구입할 수 있었다. 그 책을 바탕으로 이 책은 아직 초보적 수준에서 수사학의 사상가들을 소개한다.

수사학이 본격적으로 논의되지 않은 이유 중 하나는 기존의 철학이 수사학을 궤변학자(*sophists*)로 간주하기 때문이다. '궤변'은 일제강점기에 일본 사람들이 붙인 이름이다. 물론 수사학은 궤변학자로 불릴 만하다. 레토릭(*Rhetoric*)은 전통적으로 '의미 없는 말'(*empty talk*), '속임수'(*deception*)로 간주되었다(James A. Herrick, 2009: 1). 혹자는 '불결한'(*foul*), '추한'(*ugly*)이란 표현까지 동원해서 사용한다. 레토릭 술(*art*)은 분명 문제를 일으킬 수 있었다. 전통적으로 수사학(웅변)은 인위적 말, 비유적 적용으로 청중에게 나쁜 생각을 주입하는 것, 열정을 움직이게 하는 것, 판단을 흐리게 하는 것이거나 완전한 기만으로 간주되었다. '완전한 사기'(*perfect cheats*)가 가능한 학문이다.

궤변학자로 낙인찍힌 소피스트는 나름대로 효과적 선생들이었다. 그들은 여행을 통해 다른 문화를 경험했다. 그 결과 그들은 진리에 관한 개념을 특수한 시간과 공간, 수용자, 그리고 믿음과 법의 어떤 집합 등에 따라 적합하도록 조정해야 한다고 믿었고, 가르쳤다(S. C. Jarratt, 1991: p. xv; Timothey Borchers, 2011: 35). 소피스트들은 진리의 상대성을 주장한 것이다. 또한 진리는 주어진 것이 아니라, 인간의 상호작용, 교환, 의견의 비교 등에 의해서 결정된다고 봤다(R. Barilli, 1989: 4; Timothey Borchers, 2011: 35). 그들은 각 소집단들의 문화를 중요시한 것이다. 당시 상징과 언어가 고정되지 않은 현실에서 절대 진리를 이야기한다는 것은 쉽지 않은 작업이었다.

필자가 보기에는 전통철학이 수사학을 이단시했기 때문에 소피스트들을 궤변학자로 보게 된 것이다. 그러나 커뮤니케이션 연구자는 그 학문을 채용하지 않을 수 있는 절박함이 존재한다. 우선 현실적으로 강단, 정치 연설에서 웅변이 필요하다. 웅변(연설) 이론이 수사학이다(Marcus Tullius Cicero, 1995/2007: 8). 키케로는 "웅변가가 설득하길 바라는 사람에게서 신뢰를 획득하는 방법과 그 사람의 감정을 자극하는 방법을 찾아야 한다"라고 했다(Marcus Tullius Cicero, 1995/2007: 20).

또한 이 책에서 다루는 버크(Kenneth Burke)는 커뮤니케이션의 동의어로 수사학을 사용했다(Timothy Borchers, 2006: 7). 그는 상징(즉 언어) 사용 학문으로 수사학과 커뮤니케이션을 동일시했다. 상징을 통한 설득의 커뮤니케이션이 곧 수사학이라고 한다. 그렇다면 우리는 이 학문에 대해 집중적으로 연구할 필요가 있다.

일간신문에서도 수사학을 소개한다. 김현(2010: 17)이 이소크라테스(Isocrates)를 소개하면서 수사학의 역사를 언급했다. 수사학은 웅변, 레토릭, 연설 등으로 소개된다. 원래 레(*rhe*)는 공식석상에서 '청중들에게 연설한다'[1]는 뜻이다. 그래서 레토르(*rhetor*)는 연설가를 뜻하며, 레토리케(*rhetorike*)는 설득력 있는 연설을 할 줄 아는 능력과 기술을 뜻한다(김현, 2010: 17).

수사학으로 번역되는 레토릭(*rhetoric*)의 어원은 레-소피아, 혹은 'topos'(*place*)[2]인데, 전자로 풀이하면 레토릭은 지혜(*sophia*)가 담긴 말을 설득력 있게 펼치는 것이다. 이 말은 수사학 '착상'(*invention*)에 관한

---

1) 청중들에게 연설을 주로 하는 사회는 '구술이성'(*oral noetic*)을 갖고 있는데 그 특징은 ① 종속보다 첨가(*additive rather than subordinative*), ② 분석보다 저돌적(*aggregative rather than analytic*), ③ 풍부한(*copious*), ④ 보수적(*conservative*), ⑤ 인간 삶의 세상에 가까운(*close to the human life world*), ⑥ 보수적인 전통주의자(*conservative traditionalists*), ⑦ 논쟁적인 톤(*agonistically toned*), ⑧ 추상보다 상황적(*situational rather than abstract*) 등이다(W. J. Ong, 1977; John D. Schaeffer, 2004: 279).

2) topos는 주제(*topics*, Greek: *topos*), 혹은 공공장소(*commonplaces*, Latin: *locis communis*)이다. 전자는 어떤 주제가 '파피루스를 펼 때 발견되는 구체적 토픽'(*a specific topic unrolled the papyrus*)이다(Sharon Crowley and Debra Hawhee, 2004: 95). 요즘 도서관에서 볼 수 있는 주제 목록이다. 라틴어는 commonplaces, sensus communis와 같이 쓰인다. 여론이 조성되는 장소이다. 이를 종합하면 어떤 커뮤니티 안에서 공통의 관심사로 같이 이야기하는 것이 된다. 시민들은 그곳에서 말을 하고, 커뮤니티의 상식(*the common sense of a community*)을 갖는데, 정치, 윤리, 사회, 경제 철학적 이슈를 등장시킨다(Sharon Crowley and Debra Hawhee, 2004: 96 참조).

것인데, 나의 지혜를 다른 사람과 나눈다는 말이 된다. 연설하는 형식(*style*)은 수사학의 영역이지만, 지혜는 철학의 영역이다. 필자가 말한 인문학의 영역이란 소리이다. 연설의 형식에 초점을 맞춤으로써 김현이 이소크라테스는 철학자가 아님을 설명하는데, 그는 수사학의 대가이다.

철학과 수사학이 오랫동안 논쟁을 벌여온 것이다. 서로 논쟁을 벌이는 동안 수사학과 철학은 유전자가 뒤엉켰다. 수사학에 가장 중요한 '착상' 부분은 서로 시너지를 내고 있다. 긴 역사로 볼 때, 철학과 수사학이 한판 승부를 걸었던 것이 서양 철학사인 것이다. 수사학은 시대가 어수선하면 득세하는 학문이었으나, 철학은 시대가 안정되면 우세했다. 둘이 끊임없이 서로 닮아가고, 논쟁해온 것이 수사학의 역사이다. 이 둘 사이의 논쟁을 서구 사상사의 긴 역사로 봐야한다.

이 책은 수사학이 먼저 정립되고, 철학이 후속으로 발전됨을 이야기한다. 도서관의 책 분류체계를 보면 그 역사를 알 수 있다. 100번대 안의 것이 수사학이고, 그 후가 철학 영역이다. 그러나 어떤 경우에는 철학자와 수사학자가 같은 것을 다룰 때가 있어, 수사학, 커뮤니케이션학문은 그리스, 로마시대부터 벌써 인문학적 요소를 잉태하고 있었다. 이 점에서, 커뮤니케이션학문이 인문학에 속한 학문임을 쉽게 알 수 있다.

최근 우리는 민주주의가 발전하고, 새로운 미디어가 등장하면서 커뮤니케이션 형식이 달라져 현실의 문제를 풀 수 없는 난점에 직면했다. 그렇다면 이 연구는 언론학의 정체성과 관련을 맺고 있고, 앞으로 이 학문의 방향을 제시하는 의미를 지닌다.

이런 논리의 전개라면 철학과 수사학이 어떤 논쟁을 한 것인지, 독자는 궁금할 것 같다. 물론 수사학은 연설을 할 때 상징의 마술을 사용한다. 특히 논쟁에서 사용할 말의 논리가 중요하게 부각된다. 논리는 수학적, 기하학적 논리와 변증법(*dialectic*)의 것이다. 변증법은 정반합의 공식을 갖고 있다. 철학은 변증법을 통해 진리를 발견하고, 같은 맥락에서 수사학도 변증법의 논리를 사용한다. 대화의 방식은 변증법의 하나의 좋은 예가 된다.

사회 현실이 변증법을 통해 진리를 발견할 수 있으면 철학으로 문제를 해결할 수 있다. 그러나 우리의 생활에 절대 진리가 궁색할 때, 철학은 수사학에 자리를 양보해야 한다. 즉, 진리가 상황에 따라 춤을 출 때, 수사학이 득세할 수밖에 없게 된다. 그때는 변증법 자체가 궤변이 되는 것이다. 그 좋은 예가 윤리문제인데, 윤리적 판단기준은 사회적 상황이 중요한 요소로 작동하게 된다.

고대 이론가는 변증법과 수사학을 차별화하는 데 오랫동안 갈등해왔다(Timothy Borchers, 2011: 41). 그들은 진리를 결정하기 위해 아이디어 사이에서 엄청난 갈등을 겪어온 것이다. 철학자는 수사학자보다 더욱 현명했다. 그들은 변증법을 철학의 방법으로 간주하고, 어떤 곳에서 주제에 대한 문제의 일면을 해결할 때까지, 묻고 대답한다. 철학자는 캠퍼스 같은 곳에 은둔하면서, 답을 찾았다. 수사학자들이 볼 때 철학자들은 전혀 현실감이 없는 사람이다. 그러나 철학자가 볼 때 수사학자는 너무 바빠, '성찰'(*reflection*)을 하지 않는 사람이다. 이런 논쟁이 계속될 때, 플라톤은 명쾌하게 답을 준다. 플라톤은 철학자가 선과 진리를 알기 위해 변증법을 사용하고, 수사학은 진리를 알고 있는 사람들이 사용하는 방법이라고 했다(O. I. Brownstein, 1965: 392~98; Timothy Borchers, 2011: 41). 다른 말로 플라톤은 수사학자들을 시건방진 사람들로 규정한다.

그러나 플라톤은 수사학에 엄격성을 강조하는 한편, 냉정했다. 그는 그리스 민주주의에 역병처럼 퍼지는 웅변술에 분노한 나머지, 수사학을 변증법의 하위개념으로 취급했다. 그는 수사학을 진리와 도덕성에 전혀 관계없는 학문으로 간주했다. 그러나 그의 제자 아리스토텔레스는 플라톤과 달랐다. 아리스토텔레스는 몇 번이고 수사학이 변증법과 유사성을 갖는다고 이야기했다(Aristotle, 1991: 35; Timothy Borchers, 2011: 41).

아리스토텔레스는 수사학을 변증법의 대척점인 학문으로 간주했다. 어떤 측면에서 둘은 계속 공동으로 나누어갔다. 서구 역사에서 둘은 논쟁을 검증하고, 유지한다. 아리스토텔레스가 고안하고, 키케로가 발전시킨 수사학의 5가지 강령인 착상(*invention*), 스타일(*style*), 배열(*arrangement*), 기억(*memory*), 그리고 전달(*delivery*)에서 착상은 철학의 영역이자 인문학의 영역이다. 한편 배열에서 삼단논법은 철학의 영역이고, 약식삼단논법은 수사학의 영역이다.

철학과 수사학 양편을 오간 아리스토텔레스는 말이 많다. 그는 "수사학은 그들을 변론하고, 공격하나, 변증법은 논쟁을 일으키고, 논쟁을 검증한다"라고 했다(Aristotle, 1991: 35; Timothy Borchers, 2011: 41). 필자가 보기에는 그 말이 그 말인 것 같다. 엄밀하게 따지면 변론은 상대방과 인터액션을 시도하게 됨으로써, 개인의 차원을 넘어선다.

좀더 정직하게 말하면 소크라테스와 플라톤은 벌떼 같은 소피스트에 비해, 책상머리에서 외로운 투쟁을 했다. 심지어 소크라테스를 고소한 사람이 민주 정치가 아뉘토(Anytus), 비극시인 멜레토스(Meletos), 그리고 웅변가 뤼콘(Lykon) 등이었다. 여기서 플라톤이 수사학을 싫어하는 이유를 찾을 수 있을 것 같다.

이 세 사람은 레토리케(*rhetorike*)들이다. 그들은 설득력 있는 연설을 할 줄 아는 능력과 기술을 가진 장본이었다. 소크라테스를 고소한 웅변가 뤼콘(Lykon)은 소장에서, 소크라테스가 "국가에서 경배하는 신들을 경배하기 않고 다른 새로운 신을 도입하고, 또한 이에 따라 젊은 사람을 가르쳐서 타락시킨다고 주장했다"(Bertrand Russel, 1945/1973: 114). 소크라테스는 당시 전통 종교, 규범, 윤리 등을 도외시했다. 물론 이들 내용은 진리의 보편성, 절대 진리를 강조하는 철학자가 풀기 어려운 영역이다.

수사학 연구자는 현실세계에 대해 절대 진리를 별로 신봉하지 않았고, 전통적 관습을 중요시했다. 또한 수사학 연구자는 참된 지혜란, 영원불변하는 본질을 아는 보편적인 지식이 아니라, 변화무쌍하며 다양한 가치관이 어우러진 삶 속에서 좋은 의견을 시(*kairos*)의 적절하게 구성하는 분별력에 있다고 주장했다(김현, 2010: 17).

철학과 수사학은 서로의 장점이 있었던 것이다. 그리스와는 달리, 로마는 이 두 학문 간에 균형을 찾고자 했다. 쿠인틸리아누스(Quintilianus)는 용기(*courage*), 정의(*justice*), 절제(*self-control*) 등이 철학의 주제인데, 수사학에서도 여전히 작동한다고 봤다(Timothy Borchers, 2011: 41). 물론 고대 이론가는 연설가가 철학적 훈련을 하는 것에는 동의하지 않았고, 수사학의 실천에서 철학적 방법을 사용할 필요가 없다고 했다. 그만큼 철학자는 수사학의 영역에 의문을 표시했다. 그 역사적 논쟁은 지금도 계속된다.

물론 여기서 말하는 수사학을 아리스토텔레스는 '어떤 주어진 상황에서, 설득의 모든 가능한 수단, 능력'으로 간주했다. 우리가 말을 하고, 행위를 하고, 옷을 입고, 먹는 일반적 우리 삶의 일반적 행위는 커뮤니케이션이라고 할 수 있다. 즉, 수사학은 일반적으로 이미지, 제스처뿐 아니라 그들의 표출하는 형태와 스타일, 내용을 모두 생각한다. 그렇게 함으로써, 자기 자신뿐 아니라, 다른 사람을 설득한다(Timothy Borchers, 2006: 5).

또한 모든 수사학의 스피치는 세 가지 부문으로 구성되었다. 화자, 청자, 메시지가 그것이다. 청자(수용자)는 스피치의 목적과 대상에서 언급되고, 그는 반드시 관객이거나, 판단자이다. 그 판단은 과거의 것이거나, 미래에 올 것에 대한 것이다.

화자의 입장에서 보면 수사학(*Rhetoric*)은 '표현의 학문'이다. 이 '말하는 방법'에 대한 논의는 언제나, 어디서나 있었다. 대통령의 스피치, 자동차의 광고, 룸메이트와의 논쟁, 자아 설득의 행위 등 수사학은 영향을 주고, 태도를 변화시킨 것과 관련이 있다. 우리는 세상을 바꾸고, 인지를 바꾼다. 미국은 소련과 냉전(*a cold war*)을 준비할 때, 스피치로 시작했다. 그것은 처칠(Winston Churchill)의 "'철의 장막'은 발트 해에서 아드리아 해까지 드리워졌다"(*An Iron Curtain had descended from the Baltic to the Adriatic*)에서 시작되었다(Craig R. Smith, 1998: 2).

여기서 특이한 점은 수사학에서 모든 문제는 지역적, 변동의 형태에서 주는 상황, 패러다임, 커뮤니티 등 경계 안에서만 지적이고, 토론이 가능하다는 것이다(S. Fish, 1989: 344; Dilip Parmeshwar Gaonkar, 2004: 18). 따라서 개인이 처한 상황적 요구가 점점 더 중요하게 부각된다. 개인의 믿음과 행위가 우연성에 기인하고, 인지 행위가 상황에 의존한다. 성찰이 관심의 대상에서 멀어짐으로써, 철학은 그 영역을 상실하게 되었다.

레토릭 상황에서 중요한 요소는 이슈(*issues*)의 상황, 배경이다. 상황(*circumstances*)에 따른 시간을 그리스인들은 카이로스(*kairos*)라고 불렀다(Sharon Crowley and Debra Hawhee, 2004: 37). 물론 그리스에서 시간의 개념은 시간, 달력에서 표시하는 chronos가 있고, 상황적 요소의 시간이 있다. 이 말은 기회(*opportunity*), 결정적 순간, 지나가는 시간 등으로 기술하는 것이 더욱 정확하다.

연설을 할 때, 화자는 적절한 농담을 하고, 청자의 관심을 끌도록 한다. 타이밍과 상황을 정확하게 인지하는 것은 레토릭에서 중요한 요소로 부각된다. 물론 소피스트들에게는 지식 자체가 모순되고, 어떤 확실성이 없다. 이슈의 문제풀이는 당연히 여러 측면에서 고려되어야 한다.

이슈를 풀 때 구체적 상황에서 사람들의 감정상태가 더욱 중요하게 부각된다. 같은 맥락에서 화자와 청자의 감정, 도덕적 성격, 지속하는 가치 등이 관심의 초점이 된다. 로마의 레토릭 실천은 소수의 정치적 엘리트의 탐미적 판단에 기초했다(Walter Jost And Wendy Olmsted, 2004: 2). 화자는 실천적 형식에 의한 스타일의 세부상황을 고려하여, 이러한 가치를 정교화하고, 구성하는 것이 필요했다.

특수한 상황에서 균형(*balancing*) 감각을 가지면 화자는 상황을 유리하게 끌어갈 수 있다. 레토릭의 술(*art*)은 특수한 상황을 유리하게 끌 수 있는 균형의 묘미가 있다. 고르기아스(Gorgias)는 레토릭에서 이슈와 상황의 우발성을 인지했다(Sharon Crowley and Debra Hawhee, 2004: 39).

지금 이 시점에서 어떤 주제로 청자를 대할지는 수사학자에게 중요한 이슈가 된다. 상황의 절박함과 흐름은 이슈에 대한 수사학의 생생한 교환의 형태를 요구한다.

고르기아스는 정의에 대한 단순한 의견(*doxa*), 단순한 믿음에 대한 것을 다루었지, 진정한 진리를 다룬 것이 아니다. 스타일은 소피스트들에게 관심의 대상이었다. 플라톤의 비판은 소피스트가 정의 자체를 진정하게 이해하지 않고 정의에 대해서 가르친다는 것이다(James A. Herrick, 2009: 61). 그 결과 소피스트들은 중요한 이슈에 대하여 학생과 수용자를 잘못 인도하기 때문에 그들을 진정 위험에 빠트린다는 것이다. 소크라테스는 정의에 대하여 진정으로 이해하면 부정을 선택하지 않는다는 논리이다.

여기서 수사학이 마냥 상황논리에 의존하지는 않는다. 아리스토텔레스는 "우리 자신을 설득하는 방법만이 다른 사람을 설득할 수 있다"라는 논리다. 그는 설득하는 자가 자신을 먼저 설득해야 된다는 논리다.

소크라테스가 말하는 설득은 좀더 철학적이다. 소크라테스가 말하는 수사학은 logoi(*words and arguments*)를 통해 진리 쪽으로 인간의 정신(*the human soul*)을 인도하는 술(*art*)이다(James A. Herrick, 2009: 70). 진정한 레토릭 술은 진리의 지식이며, 인간 정신의 지식이다. 이것을 규명하는 사람은 과학적 방법으로 언어를 통해 목적물의 성격을 정확하게 묘사해야 한다. 인간정신의 심리적 연구, 논쟁의 논리적 연구 그리고 지혜 사랑, 진리, 덕, 정의와 조화가 함께 하면 더욱 설득력이 있다.

당연히 수사학은 인식론(*epistemic*)의 측면을 가진다. 그러나 다른 담론에 비해 형식이 자유롭다. 예를 들면 철학적 논리의 담론은 전제를 세우거나, 이성의 명증성의 형태나, 상징적 기호를 이용한다. 철학은 정확하고, 데이터가 완전해야 한다. 그러나 수사학의 세계는 확률의 세계이다. 이 세계는 합리적 논리나, 이성에 근거할 수 없는 때가 존재한다. 즉, ① 감정적 상태, ② 빠른 결론, ③ 권위적 감정으로 처리할 때에 수사학이 요구된다. 수사학에서 정보의 전달, 음성의 톤, 언어의 선택, 메시지의 플레임은 삶과 죽음의 문제와 직결될 때가 있다. 이런 상황은 철학적으로 풀이할 수 없는, 수사학만이 해결할 수 있는 상황이다.

당면한 문제에 인간은 수사학을 요구하게 된다(Craig R. Smith, 1998: 4~5). 첫째, 사회나 정부에 만들어지는 결정은 어떤 진리가 아니라 확률에 기초한다. 관리는 주민들에게 그 정책을 받아들이도록 설득하는 것이 필요하다. 둘째 우리를 인간으로 만드는 것은 수사학에 근거한다. 즉, 우리는 자신의 본능을 뛰어넘는 의사결정이 가능한 동물이다. 셋째, 인간은 일반적으로 설명될 수 없는 것에 관용적이지 않기 때문에 수사학이 필요하다. 설령 개인이 설명할 수 없는 영역이라도 오기를 부리고 설명하려고 한다. 인간의 마음은 터무니없고 비합리적이며, 혼란에 의해서 기분을 상하기도 한다.

비처(Lloyd Bitzer)는 1968년 수사학적 상황(*The Rhetorical Situation*)을 설명하며, 미국의 레토릭 이론의 연구에 전환점을 제시했다(Lloyd Bitizer, 1968: 1~14). 그가 말하는 수학적 상황에서 절박함(*the exigency*), 절박하게 느끼는 수용자(*audience*), 그리고 그 상황은 화자와 수용자를 압박(*constraint*)한다.

수사학은 현실적 요구를 외면할 수 없다. 설령 철학이 수사학은 성찰이 없다고 할지라도 분명 수사학은 자신의 영역을 갖고 있다. 더욱이 현대사회는 멀티 수용자, 멀티 절박함이 상존한다. 이 사회는 개인의 인식론과 성찰로서 풀 수 없는 문제를 해결하도록 강요한다.

개인은 타인을 설득하면서 살아간다. 경제 행위를 예로 든다면 상품, 서비스, 돈의 교환은 어김없이 설득이 필요하다. 쉽게 풀이하면 개인은 스스로 생각하는 것을 타인에게 말로서 설득하려고 한다.

같은 맥락에서 그리스에서는 정치적, 법적, 예식의 정규적 스피치로 비문학적 담론의 말과 글을 가지고 다른 사람을 설득하려고 했다(James A. Herrick, 2009: 1). 그러나 그런 수사학은 현대 전문사회로 이전하면서 일상생활을 끌고 왔다. 공적 설득뿐 아니라, 사적 설득으로 상황적 요소를 축소시킨 것이다. 모든 설득의 영역을 계산 가능하게 만들었다.

레토릭 역사가 케네디(George Kennedy)는 넓게 규정하여 '수사학의 담론'[3]을 "언어와 상징의 체계를 통해 전달될 감정과 사고를 내포하는 에너지로 다른 사람의 결정과 행위에 영향을 주려고 하는 것"으로 간주했다(George Kennedy, 1991: 7; James A. Herrick, 2009: 5). 그는 레토릭을 상징체계를 통해 다른 사람의 감정과 사고에 영향을 주려는 설득행위로 간주했다. 그렇다면 수사학은 타인과 같이 살아가는 인간의 일상적 행위와 다를 바가 없다.

헤릭스는 좀더 체계적으로 레토릭의 술(*the art of rhetoric*)을 효과적 상징 표출의 체계적 연구와 의도적 실천으로 간주했다(James A. Herrick, 2009: 7). 또한 부더(Wayne Boothe, 1921~2005)는 레토릭이 모든 언어적 연구를 완전히 지배한다고 믿었다(Wayne Boothe, 1988: 29; James

---

3) 레토릭의 담론은 ① 계획됨(*planned*), 계획된 상징을 사용함으로써 어떤 선진된 논쟁을 택할 것인가?, 나의 주장에 적합한 명증성을 어떻게 확보할 것인가?, ② 수용자에게 적응함(*adapted to an audience*), 마음속으로 수용자에 의해 계획되어 있어야 한다. 즉, 강연자는 수용자의 가치, 믿음, 사회적 신분, 열정 등 상상적 그림(*imaginary picture*)을 가져야 한다. 아리스토텔레스는 화자와 청자 사이에 공통성(*commonality*)을 갖게 하는 약식 삼단논법(*enthymeme*)을 주장했다. ③ 인간의 동기에 의해서 구성됨(*shaped by human motives*), 수용자를 위한 관심과 직결되어야 한다. 화자는 수용자가 마음속에 품고 있는 목적과 일치해야 하고, 인간의 동기는 명증성을 확보하거나, 도덕적 질과 합치해야 한다. ④ 상황에 일치됨(*responsive to a situation*), 상황이나, 사전 레토릭의 언급에 일치해야 한다. 레토릭은 시간, 장소, 문제, 수용자 등 상황에 적절한 것이어야 하고, 변증법적 대화가 가능해야 한다. 레토릭은 응답에 상응하는 성격을 지녔다. ⑤ 설득 추구함(*persuasion-seeking*), 설득의 목적을 지녔다. 설득을 시도하기 위해 레토릭은 논쟁(*argument*), 호소(*appeals*), 배열(*arrangement*), 탐미(*aesthetics*) 등 수단을 사용한다. ⑥ 우연한 이슈와 관련됨(*concerned with contingent issues*), 우리를 인도할 술과 체계가 존재하지 않을 때 사용된다. 레토릭은 현실적 문제를 풀이하는 데 사용한다(James A. Herrick, 2009: 8~17).

A. Herrick, 2009: 2). 언어의 체계가 정리되지 않을 때, 논리, 변증법, 문법, 철학, 역사, 시 등 모든 영역은 불가능하게 된다. 더욱이 수사학은 언어를 지배함으로써, 타인을 설득하는 '사회적 기능'[4]을 하게 된다.

수사학의 중요성이 부각됨으로써, 맥케온(Richard McKeon, 1900~1985)은 수사학을 우주적(*a universal*), 그리고 구성적 예술(*architectonic art*)로 간주했다(James A. Herrick, 2009: 2). 수사학은 지구 어디에서나 연구할 수 있고, 어떤 언어에서도 적용할 수 있는 것이다. 이것을 다른 전공을 넘어 통제의 수단으로 사용할 수 있다. 그들은 언어를 효과적으로 조직화하고, 적용하는 방법에 관한 연구에 관심을 갖는다. 수사학은 언어사용의 마술을 시도한 것이다. 그 토양 위에서 수사학은 날로 번창해갔다. 그리스 민주주의가 그렇듯 대중사회가 한참 진행되고, 민주주의가 발달되면서 행위는 급속히 증가하고, 그들의 말은 상황에 따라 많은 의미를 지니게 되었다. 더욱이 현대사회는 종교적 예식의 규칙이 무너지면서 무원칙의 사회가 되었고 수사학은 더욱 각광받기 시작한 것이다.

인터넷과 같은 새로운 미디어가 등장하고, 개인간의 커뮤니케이션이

---

4) 레토릭술의 여섯 가지 사회적 기능은 다음과 같다. 즉, 레토릭은 ① 아이디어를 공개적으로 검증한다. 논쟁과 호소를 준비하고 발표하는 과정을 통해 레토릭은 검증되고, 정제된다, ② 주장을 돕는다. 우리가 아이디어를 주장하는 방법이 이슈의 중요성을 부각시킨다. 레토릭술은 메시지를 준비하는 동안 아이디어를 위한 목소리를 제공한다. 그 과정에서 주장의 책임과 아이디어의 장점이 부각된다, ③ 권력을 분배한다. 레토릭은 권력과 그 분배의 이슈가 중심으로 구현된다. 우리는 레토릭 당시 가장 중립적인 언어, 언어의 힘을 최소화한다. 그러나 레토릭은 그 자체 정치권력의 원천이 된다, ④ 사실과 진리를 발견하게 한다. 레토릭은 새로운 사실을 갖게 하고, 진행되는 사실을 재규정한다, ⑤ 지식을 형성시킨다. 레토릭은 어떤 것이 진실이고, 옳고, 가능한지 등에 대한 결정을 하게 하는 결정적 사회적 역할을 담당한다. 레토릭은 인식론과 지식 형성의 기능을 한다, ⑥ 커뮤니티를 형성시킨다. 사람들은 공통적 가치, 지식, 믿음을 갖게 되는데, 이것을 바탕으로 커뮤니티가 형성된다. 레토릭은 갖가지 방법으로 커뮤니티의 형성과 건강함을 유지하게 한다(James A. Herrick, 2009: 17~24).

다각적으로 이뤄짐으로써, 수사학의 영역이 부각되었다. 더욱이 현대 과학기술이 불확실성의 세계를 이전시킴으로써, 그 영역은 다시 각광을 받게 되었다.

현대사회가 주요 정치적, 사회적, 과학적 문제에 관해 공적 토론의 현저한 영역으로 자리를 잡게 됨으로써, 수사학 연구는 중요한 영역으로 간주되었다(James A. Herrick, 2009: 1). 또한 기술의 변화가 가져다주는 불확실성의 세계는 수사학을 더욱 중요한 영역으로 끌어 올린 것이다.

연구자가 늘어남으로써, 비판하는 쪽과 넓게 공부하는 쪽에 수사학은 복합적 감각을 사용하도록 강요했다(James A. Herrick, 2009: 1). 이 복합적 심정은 어제 오늘의 일이 아니다. 민주주의가 발전된 그리스시대부터 철학자와 수사학 연구자가 논쟁을 해왔다. 기원전 4세기 그리스에서 플라톤(Plato)과 고르기아스(Gorgias)의 대화에서 벌써 등장했다. 그렇다면 레토릭은 그리스에서 인기가 좋은 학문이었을 것이다.

르네상스 이후 수용자가 더욱 부각된다. 수사학은 특수한 상황에서 사용자의 적합한 감정을 탐색하는 것의 중요성을 인식하게 되었다(James L. Kastely, 2004: 235). 연설가는 수용자의 특수한 감정을 이해하고 싶어 했고, 그에 따라 스피치를 구성하도록 했다. 그들은 수용자에게 제공할 판단의 구조 안에 이러한 감정을 통합시켰다.

'Logos' 중심에서 'pathos'로 그 방향을 이전한 것이다. 수사학에서 여론, 상식(*sensus communis, common sense, endoxa*)이 강하게 작동한 것이다. 한편 인쇄술 발전이 태동할 시기, 라무스(Peter Ramus, 1515~72)는 논리(*logic*)를 변증법(*dialectic*)으로 봤다(John D. Schaeffer, 2004: 283). 독자는 필자와 같은 논리로 고민하게 된다. 즉, 수사학과 철학이 동일시된 현상이 나타난 것이다.

인쇄매체가 상품화의 길을 심화시키면서 설득이 득세하게 되었다. 그리스 수사학의 주도적 사용자는 철인과 그 주변 사람이었다면, 현재 수사학은 더욱 수용자, 즉 시장에 경도되었다. 그 경도의 경향은 긴 역사를 갖고 있다. 수사학이 역사성을 가질 때, 긴 호흡으로 그 경향의 특징을 파악한다면, 그 성격을 더욱 명료하게 알 수 있다. 이 연구는 수사학의 사상가들을 통해 수사학의 특징을 알아본다. 안재홍 부분에서 '민주공화국'이라는 상징이 형성되는 과정을 수사학적 측면에서 살펴봤다. 또한 취재·보도의 사실주의 역사방법의 한계를 여론(*sensus communis*)의 측면에서 극복했다.

수사학과 커뮤니케이션이 철학에 우위를 점하고 있다. 즉, 지금이야말로 철학의 영역에 수사학이 중요한 위치를 차지하고 있다. 그렇지만 수사학이 인문학의 좋은 요소를 수용하지 못한다면 항상 뿌리 없는 학문이라는 소리를 듣게 된다. 소피스트가 궤변학자로 평가받는 것과 별로 다르지 않다. 더욱이 세계화라는 큰 세계와 급속히 변화하는 기술 상황에서 수사학은 철학의 고민이 더욱 필요할 것 같다. 어떤 측면에서 철학과 수사학은 운명적으로 서로가 겨룰 수밖에 없었고, 그게 서구 지성사였음을 이 연구에서 보일 것이다.

이 연구는 수사학자들을 중심적으로 다루는데 프로타고라스(Protagoras), 고르기아스(Gorgias), 이소크라테스(Isocrates), 플라톤(Plato), 아리스토텔레스(Aristotle), 키케로(Cicero), 쿠인틸리아누스(Quintilianus), 아우구스티누스(Augustine), 아퀴나스(Thomas Aquinas), 페트라르카(Francesco Petrarca), 모어(Thomas More), 에라스무스(Desiderius Erasmus), 베이컨(Francis Bacon), 마키아벨리(Miccolo Machiavelli), 바흐친(Mikhail Baktin)과 푸턴햄(George Puttenham), 라무스(Peter Ramus), 밀턴(John Milton), 블레어(Hugh Blair), 캠벨(George Campbell), 와틀리(Richard Whately), 툴민(Stephen Toulmin), 페렐만(Chaim Perelman), 버크(Kenneth Burke), 하버마스(Jürgen Habermas), 안재홍, 그리고 사실주의 방법론에서의 비코(Giambattista Vico) 등을 다룬다.

"안재홍과 '민주공화국'" 부분은 〈언론과 법〉(9권 2호, 2010) "민세 안재홍의 '민주공화국' 사상"에서 다룬 내용이다. 그러나 이 연구에서는 그 틀을 버크(Kenneth Burke)의 수사학에 맞춰 부분적으로 재구성했다. 안재홍의 글의 형식은 버크의 형식과 별로 차이가 나지 않았다. 1920년대 언론인이 벌써 국제적 감각을 가지고 글을 작성했다는 소리이다. 언론사 연구자는 과거 연구에 더욱 충실해야 할 것 같다.

2

초기 소피스트

사람이 상징을 사용할 때, 그 능력은 커뮤니케이션 행위에 의존하고, 어떤 계획을 통해 목표를 성취하려고 하면, 수사학이 필요하게 된다(James A. Herrick, 2009: 32). 어떤 목표를 달성하기 위해 계획된 상징의 사용은 인간의 역사와 관련을 맺고 있다. 그렇다면 인간이 상징을 사용하여, 어떤 역사를 이뤘다면 그 역사가 언제 시작한 것인지, 우리는 자세히 알 수 없다. 문자의 기록을 통해 그 과정을 부분적으로 추적할 뿐이다.

인류가 가장 먼저 작성한 책은 기원전 3000년경 후니 파라오(pharaoh)의 맏아들 카겜니(Kagemni)에게 전승된 것이다. 이 책은 효과적 커뮤니케이션에 관해서 적고 있다(James C. McCroskey, 1997: 4).

또 다른 책은 타호테프(Ptah-Hotep)에 의해 기원전 2675년 작성된 훈계집(*Precepts*)이다. 이것도 파라오 후손들에게 전승한 레토릭 지침서들이다. 가장 오랜 책들이 레토릭에 관심을 가진 것인데, 지금부터 5천 년 전에 벌써 수사학 논의가 시작된 것이다. 이처럼 레토릭 연구는 오랜 역사를 지니고 있었으나, 레토릭 이론가는 몇천 년 후에야 그 사실을 알게 되었다(James C. McCroskey, 1997: 5).

설령 그렇더라도 서구 역사에서 레토릭을 집약적으로 사용한 도시국가는 기원전 8세기에서 3세기까지 성행한 그리스이다. 레토릭의 발전에 희랍인들이 결정적 기여를 한 것이다. 희랍인들은 상업 또는 해적 행위의 중요한 결과 중 하나로 문자를 얻게 된 것이다(Bertrand Russel, 1945/1973: 24).

그리스는 페니키아인(The Phoenician)[1] 으로부터 문자를 얻어왔는데, 그들은 시리아의 다른 주민들과 마찬가지로 항상 이집트와 바빌론의 영향을 받아왔다. 페니키아인은 이오니아, 시실리, 이탈리아 등지에서 희랍의 도시가 생기기 이전, 해상 무역의 주도권을 잡고 있었다.

그리스인들은 페니키아인들에게서 알파벳을 빌려다가 자기들의 말에 맞도록 알파벳을 변경시켜, 자음과 모음을 첨가해서 사용했다. 그리스 문화가 급속도록 발전하게 된 것은, 분명히 이와 같은 편리한 문자를 손에 넣었기 때문일 것이다(Bertrand Russel, 1945/1973: 25).

트로이 전쟁을 다룬 그리스의 호머(Homer)[2] 는 그리스인들의 레토릭

---

1) 페니키아인들(The Phoenician)은 시리아의 다른 주민들과 마찬가지로 항상 이집트와 바빌론의 영향을 받아 왔으며, 이오니아, 시실리, 이탈리아 등지에 희랍의 도시가 생기기 이전에는 언제나 행상 무역의 주도권을 잡았다(Bertrand Russel, 1945/1973: 24).

2) 호머(Homer)는 기원전 10세기경의 그리스의 시인으로 《일리아드》, 《오디세이》를 썼다. 그러나 일설에 의하면 호머는 한 개인이 아니라 시인들이라고 한다(Bertrand Russel, 1945/1973: 25). 《일리아드》와 《오디세이》 사이에, 완성되기까지 200년 정도의 공백이 있다. 어떤 사람은 기원전 750년에서 550년 사이라고 말한다. 또 다른 사람은 《오디세이》가 기원전 800년까지 거의 완성되었다고 한다. 만약 시인들의 작품이었다면, 이들 시인들은 권위 있는 교권을 수립하려는 상류 계급의 이상을 지니고 있었을 것이다(Bertrand Russel, 1945/1973: 25 참조).

《오디세이》는 전쟁에 관한 이야기이며, 그 형식은 화자(*speaker*)의 행태와 스피치로 채워졌다. 전시의 사건과 사건의 시적 기록이었다. 거기에는 지명과 영웅들의 인명이 명확하게 작성되었으며 고유명사의 수가 보통명사를 능가한다. 그렇게 본다면 요즘은 보통명사의 시대인데, 보통명사는 민족성을 말살한다라

을 발전시키는 데 기여했다. 호머는 구전으로 내려오는 시를 《일리아드》(*Iliad*)와 《오디세이》(*Odyssey*)에서 집대성했다. 에노스(Richard Leo Enos)는 "레토릭으로 사용한 언어의 기능을 해석적(*heuristic*), 논쟁적(*eristic*) 그리고 설득적(*protreptic*) 요소를 지녔다고 한다"라고 한다(James A. Herrick. 2009: 32). 호머의 작품은 그런 요소를 지닌 것이다.

물론 해석적 요소는 다른 사람에게 사고와 감정을 효과적으로 표출하는 수단이고, 논쟁적 기능은 언어 자체가 품고 있는 힘이다. 언어는 압축적 표현을 가능하게 하고, 논쟁을 할 수 있게 하고, 심지어 상대방에게 상처를 줄 수도 있다. 그리고 설득적 기능은 언어를 통해 상대방의 사고를 변화시키거나, 방향을 제시한다. 언어는 레토릭의 요소로서 작동한 것이다.

호머의 작품 후에 수사학이 성행했다. 웅변의 체계적 연구는 기원전 467년경 시라쿠스 섬의 도시 시실리에서 그 기원을 찾을 수 있다(James A. Herrick, 2009: 33). 그곳 사람들은 민주주의(*demokratia*)를 시도했는데 여기서 'demos'는 인민(*people*)이라는 의미고, 'kratos'는 정치권력(*political power*, 지배)이라는 의미다(Sharon Crowley and Debra Hawhell, 2004: 8). 즉, 민주주의는 인민이 지배하는 정치형태이다. 레토릭은 민

는 것을 쉽게 알 수 있다.

호머의 작품에 대해 어떤 평자는 "그 내용이 질서가 없고, 반복이 심하다"(*disorderly*, *redundant*)라고 한다. 또 다른 사람은 말의 그물(*a web of words*)이라고 한다. 그리스인들은 그 말들을 암기함으로써, 스피치를 역동적으로 할 수 있었다. 호머는 효과적으로 커뮤니케이션할 수 있는 능력을 선천적 재능(*a natural gift*)으로 간주했다. 그렇다면 어떤 사람은 그 능력을 가지고 있고, 어떤 사람은 가지고 있지 않았을 것이다.

이들 두 작품이 레토릭으로 사용된 이유는 어느 민족의 신이든 다 세계의 창조자가 되기를 원하기 때문이다. 그러나 올림포스 산의 신들은 창조된 것이 아니라, 무엇보다도 원하는 것이, 세계 정복이었다(Bertrand Russel, 1945/1973: 27). 그들은 정복을 통해 신화를 만들어냈다. 신화를 만들기 위해 그리스인들은 레토릭이 필요했던 것이다.

주적 사회생활에서 필수적 요인으로 간주됐다. 그리스인들은 민주적 시민 생활에서 레토릭의 역할을 인지하기 시작한 것이다. 그 전통은 서구의 지적 생활에서 중요한 부분을 차지한다. 요즘과 같이 당시 그리스에서는 전쟁을 언제 시작할 것인지, 외국에 외교관을 파견할 것인지, 세금을 낮출 것인지 높일 것인지, 성벽과 다리를 건축할 것인지, 범죄에게 유죄를 줄 것인지 등 커뮤니티의 정치적 의사결정에 시민이 직접 참여하고, 독려했다.

물론 그리스인은 현대인들과 같이, 원자화된 개인들이 아니었다. 그들은 종교적 힘을 사용하였는데, 원시 종교는 어느 곳에서나 개인적인 것이라기보다 종족적인 색체가 짙었다. 어떤 종교 의식이든 곡식, 가축, 인간 등 풍족한 생산을 위한 종교 의식은 종족의 이득을 추구하려는 의도에서 그럴듯하게 집행되었다.

그러나 호머의 종교는 일반적인 의미에서 말하는 종교가 아님을 알아야 한다(Bertrand Russel, 1945/1973: 25). 그리스인들의 신들은 퍽 인간적이나, 인간과 다르게 그들은 죽지 않고 초인간적인 능력을 갖고 있었다.

호머에게서 볼 수 있는 이런 독특한 종교 감정은 올림포스 산의 신들과 관련이 있다기보다 숙명이나 필연성, 운명과 같은 음울한 것들과 관련되어 있다고 하겠다. 그리스인들은 인간이 갖고 있는 한계를 자신들의 전사를 통해 극복하고자 했다.

레토릭은 호머와 같이 교육과 종교에서만 사용한 것이 아니라, 시라쿠사의 시실리(Sicily) 섬의 법정에서 실용적으로 사용했다. 즉, 모든 시민은 정부의 형태로 모든 이슈에 찬동하거나 반대하여 이야기할 수 있었으며, 공적 커뮤니케이션 형태로 법정에서 수사학을 사용하게 되었다.

독재자 트라시불루스(Thrasybulus)의 몰락 후 기원전 467년경 시라쿠사에서 민주정부가 설립되었다. 후에 역사가들은 그 왕조가 멸망한 이유를 평등 사회가 붕괴된 원인에서 찾았다. 이들 시민 속에 노예와 부녀자들은 포함되지 않았고, 초기의 폭군들은 메디치 가문과 마찬가지로 부유층에서 돈이 제일 많기 때문에 그 권력을 손에 넣게 되었다. 대체로 금·은광을 해서 재산을 모았으며, 새로운 화폐제도에 힘입어 더욱 큰 부자가 되었다(Bertrand Russel, 1945/1973: 24).

그들을 뒤로 한 전제군주는 득세하여, 강탈을 일삼았다. 그러나 시민들이 평등을 열망한 결과 민주주의가 일찍 도래하게 되었다. 즉, 폭군의 길은 민주주의를 앞당기는 계기가 된 것이다. 폭정으로 빼앗긴 재산을 되돌려 받기 위해 시민들은 법정에 모여들었다(James C. McCroskey, 1997: 5). 그 당시 코락스(Corax)와 그 제자 티시아스(Tisias)는 《레토릭술》(*Art of Rhetoric*) 책을 만들어 법정에서 변론하는 방법을 가르쳤다. 그 내용이 전하지 않았으나, 간접적으로 전해지는 그 내용에는 레토릭 이론을 발전시킨 두 가지 요소가 있었다(James C. McCroskey, 1997: 5).

첫째, 법정의 논쟁은 확률(*probabilities*)의 세계이다. 소송에서 이길 수도 있고, 질 수도 있었다. 그들은 법정에서 이길 수 있는 있는 스타일의 방법을 모색했다. 물론 논쟁은 그리스 민주주의와 관련을 맺고 있는데, 그리스의 시민에는 원래 노예와 부녀자가 포함되지 않았지만, 시민들은 직접 민주주의를 시도했다. 당시 재판관이나 대부분의 행정 관리들이 투표에 의해 선출되었으며, 임기도 짧았다(Bertrand Russel, 1945/1973: 102). 그들은 오늘의 배심원 같은 일반 시민이었다.

재판과정에서 원고와 해명자, 또는 고발자와 피고는 개인적으로 법정에 출두하고, 스스로 변론을 했다. 요즘과 같이 변호사가 없어서, 자신이 변론하는 입장이었다. 변론이 필요하면 그들은 레토릭 공부를 익힌 다음, 법정에서 자신을 변론했다. 물론 그들은 전문가들에게 부탁할 수 있었으나, 대부분 자신이 변론한 것이다. 시민은 법정에서 승소를 하기 위해 필요한 기술을 배워야했고, 대가를 지불하였다.

이런 기술을 가르친 사람이 소피스트(*the sophists*)였다(Bertrand Russel, 1945/1973: 102). 그때 법정에서 승소를 하게 되면, 소피스트는 수업료를 받는 형식이었다. 그래서 소피스트들은 종교나 도덕과 관련된 것을 가르치려고 하지 않고, 토론하는 기술과 이 기술에 필요한 여러 가지 스타일의 지식을 가르친 것이다. 승자와 패자는 확률의 세계를 경험하고 있었다. 이 이론은 1세기 후 아리스토텔레스가 발전시킨 개념이다.

둘째, 그들은 적어도 메시지를 조직화하는 방법으로 서문(*proem*), 서술(*narration*)과 논증(*demonstration*) 그리고 결론(*epilogue*)으로 이야기할 필요가 있었다. 지금의 서론(*introduction*), 본론(*body*), 그리고 결론(*conclusion*)인데, 논리전개에서 사용할 수 있는 방법이다.

호머와는 달리 코락스는 레토릭 스킬을 잘 연습하면 누구나 얼마든지 그와 같은 재능을 발전시킬 수 있다고 봤다. 코락스는 레토릭 술을 민주주의 사회에서 누구나 발전시킬 수 있는 기술로 간주했다. 레토릭 지식이 민주사회에서 생존을 위한 도구로 간주되면 많은 레토릭 전문가들이 등장하게 된다. 이들은 전문적 소피스트인 프라타고라스(Protagoras of Abdera), 고르기아스(Gorgias of Leontini), 이소크라테스(Isocrates) 등이다.

소피스트는 효과적 선생들이었다. 그들은 여행을 통해 다른 문화를 경험했다. 그 결과 그들은 진리에 관한 개념을 특수한 시간과 장소, 특수한 수용자, 그리고 믿음과 법의 집합 등에 따라 적합하도록 조정해야 한다고 믿었고, 가르쳤다(S. C. Jarratt, 1991: xv; Timothy Borchers, 2011: 35). 소피스트들은 진리의 상대성을 주장한 것이다. 또한 진리는 주어진 것이 아니라, 인간의 상호작용, 교환, 의견의 비교 등에 의해서 결정된다고 봤다(R. Barilli, 1989: 4; Timothy Borchers, 2011: 35). 그들은 수사학이 발전될 토양을 닦은 것이다.

그리스인들은 레토릭 기술을 발전시키기 위해 교육과 문화를 구성했다. 그들이 발전시킨 레토릭은 이론적이라기보다, 실천적이고 화용론적이었다. 원리적이기보다는 응용적이었고, 넓이는 있었으나 깊이를 더 하지는 못했다(최재희, 1984: 77). 레토릭은 그 성격상 상황(*the context*)이 중요한 요소로 부각되었다. 누가 참석했는가, 어디에서 커뮤니케이션이 일어나는가, 참여하는 사람들의 일반적 태도는 어떤가 등이 관건이 되었다(Roy M. Berko, Andrew D. Wolvin, Darlyn R. Wolvin, 2007: 13).

이런 상황에서 레토릭이 현실화된 것이다. 교육받은 전문적 웅변가(*professional rhetores*)는 짧은 위트(*quick wits*), 좋은 연설 목소리(*good speaking voices*), 논쟁의 선호(*a love of disputation*) 등으로 무장해 시민들을 설득하려고 했다. 정치나 법정에서 웅변가들은 이성보다 감성에 기초하여 행위를 하거나 의사결정을 했다. 그 결과 역사가 꼬여만 갔다. 당시 철학자들은 그들이 기만적 추론(*deceitful reasoning*)을 가졌다고 했다(James C. McCroskey, 1997: 5).

웅변가들에 대한 비판과 달리, 당시 모든 시민은 동등한 권리를 가졌으며, 자신의 권리를 주장할 능력을 개발하고자 했다. 더욱이 많은 시민이 정치적 영역에 참가함으로써, 개인의 성공과 공적 영향력의 주요 변인은 더 이상 계급이 아니라, 설득적 웅변 스킬이었다(James A. Herrick, 2009: 34).

모든 자유로운 남자 시민은 공적 장소나 집회에서 자유롭게 말할 수 있는 동등한 기회를 제공받았다. 권리를 인정받음으로써 남성들은 듣고 이해하고, 말하는 것에 대한 욕구로 충만했다. 그리스 폴리스(*polis*)의 정치적 생활은 웅변과 토론으로 운영되었다. 폭군이 고문과 채찍으로 국가를 다스린 것과는 대조되는 정치형태였다.

더욱이 그리스인들은 페니키아인들에게서 문자를 빌려 자기들의 말에 맞도록 알파벳을 변경시켜, 자음에 모음을 첨가해서 크게 개혁하였다. 모음은 발음하기 위해 만들어진 기호였다. 이에 따라 웅변이 가능하게 되었고, 레토릭이 출현할 위치에 있었다.

맥크로스키는 소피스트(*sophist*)는 '선생이다'(*anyone who was a teacher*)라고 명명했다(James C. McCroskey, 1997: 5). 그들은 여기저기에서 '순회 교사'(*itinerant teachers*)로 활동하면서 문학, 과학, 철학, 레토릭 등을 가르쳤다.

원어의 'Sophos'는 'wise one' or 'teacher'로서 소피스트들은 사설학교를 짓고, 학생들에게 등록금을 받았다. 그 중에는 시세에 영합하여, 사람들을 선동하는 사람도 있었고, 사기(詐欺)에 능한 사람도 있었으나, 많은 소피스트는 레토릭 커뮤니케이션 이론에 주요한 기여를 한 아주 도덕적인 사람이었다(James C. McCroskey, 1997: 5).

소피스트의 레토릭은 두 학파로 크게 분리할 수 있다(Aristotle, 1947: viii). 즉, 동부(Ionic, 수학 자연과학 중심)와 서부(Sicilian) 레토릭 전통이다. 동부 소피스트의 레토릭(Eastern Sophistical Rhetoric)은 주로 정확성(*accuracy*)에 관심을 가지고, 서부 소피스트의 레토릭(Western Sophistical Rhetoric)은 스타일의 미(美)에 관심을 가졌다.

서부 소피스트 레토릭의 대표적 연구자는 그리스 북부의 프로타고라스(Protagoras of Abdara, 481~411)였다. 그는 토론의 아버지라고 불리는 사람이었고, 가장 유명한 소피스트였다. 프로타고라스는 가장 처음 수강료를 받은 소피스트 중 한 사람이었다(James A. Herrick, 2009: 45). 그는 "사람이 모든 것의 측도(測度)이다"〔*Man is the measure* (*metron*) *of all things*〕라고 한 사람이다. 개인이 인간사의 갖가지 규격과 제한을 결정한다는 것이다. 소크라테스는 프로타고라스를 완전하고, 전형적인 상대주의자(*relativism*)로 간주했다(Plato, 2007: 8). 그는 개인이 매 순간마다 모든 자신의 기준을 정한다고 생각하기 때문에, 정의와 진리가 존재한다는 것을 많은 부분 부정한다. 즉, 정의와 현실이 언어의 통합과 일반성으로 간주되어, 모든 사람에게 동일하게 적용한다는 것을 잘못이라고 판단한 것이다.

소피스트들은 "세계는 항상 변화하고, 그 지식 자체도 완전히 모순되고, 결코 확실할 수가 없다"라고 본 것이다(Sharon Crowley and Debra Hawhee, 2004: 40). 프로타고라스는 불확실한 세계에 대항하여 개인을 무장시킬 것을 원했다. 그는 개인적, 정치적 문제에 실천적 이성을 가르쳤고, 좋은 시민, 그리고 정치적 서비스에 봉사하도록 했다(James A.

Herrick, 2009: 46).

그는 화자가 다른 편과 찬반을 나눠 논쟁, 토론하도록 했다. 프로타고라스는 레토릭 실천에 세 가지 기여를 했는데(James C. McCroskey, 1997: 6), ①'공공장소, 공론의 장 개념'(*the concept of commonplaces*)으로 특수한 장소·시간만 언급한 것이 아니라, 한 사람이 여러 공중(*public*)에게 말하는 것을 언급했다. 그는 스피치의 원리를 특수원리로서가 아닌, 일반원리로서 설명하고자 했다. 그는 'teche', 즉 '개별 경험으로부터 일반화된 지식'을 도출하는 데 관심을 가졌다. 스피치 전문가로서 가져야 할 전문지식 개발이 관건이었다.

한편 ② 프로타고라스는 문법의 체계를 설정한 사람으로 신뢰를 얻었다. 여기서 문법은 문장에서 단어의 배열에 관한 것인데, 의미를 잘 전달하기 위해 이것을 사용하며, 이는 커뮤니케이션 체계에서 규칙의 중요성을 부각한다(Philip Emmert and William C. Donaghy, 1981: 149). 언어는 규칙에 의해서 배열되고, 그때에만 상대방에게 정확하고, 쉽게 뜻을 전달할 수 있게 된다. 끝으로 ③ 그는 스피치의 부분(*parts of speech*), 시제(*tenses*) 그리고 무드(*moods*)의 부분 등을 규정함으로써 '상황에 따른 시간'(*kairos*)을 사용했다. 결국 분리가 많으면 통합이 어려워지게 마련이다. 더욱이 프로타고라스가 인간의 도덕성이 장소에 따라 전적으로 다르다고 할 때, 절대적 진리를 발견할 수 없게 된다. 그의 논리는 인간의 절대적 진리와 정의로 무장한 철인(哲人)에게 공격의 대상이 될 수 있었다.

물론 초기 소피스트들은, 진리를 발견하는 것은 쉽지 않으므로, 철학적 논리전개보다, 레토릭의 실천 방법으로 안정하고, 건강한 커뮤니티 유지에 필수적인 학생훈련, 정치와 윤리에 몰두하기를 원했다(Sharon Crowley and Debra Hawhee, 2004: 10). 즉, 소피스트들은 진리의 발전 같은 심오한 학문보다, 실용성에 관심을 가진 것이다. 그들은 변증법과 논리보다, 화용론(*pragmatic*)의 관점에서 특수한 커뮤니티에서 발견되는 선, 유용성, 진리 개념에 몰두했다.

그게 바로 소피스트가 민주주의 발전에 기여한 것이다. 새로운 사회에서 새로운 교육방식이 도입된 것이다. 교육을 통해 개개 시민은 도시가 직면한 '숙의 민주주의'와 법정문제를 풀기 위해 듣기, 이해, 말하기 등 능력을 발전시켰다. 말하기 토론은 시민들에게 필수적 요소였다. 독재시대 군주가 시민을 채찍과 고문으로 다스렸다면, 민주주의하 그리스인들은 설득과 토론에 의해 그들의 중요한 결정을 하게 되었다.

3

고르기아스의 언어의 마술

고르기아스(Gorgias of Leontini, B. C. 485~B. C. 380)는 스타일을 강조한 대표적 소피스트였다. 그는 '영원한 범주는 존재하지 않는다'는 생각을 가진 사람이었다. 인간이 할 수 있는 일은 수사학을 잘 사용하는 것이다. 그는 혼란된 세계에서 생존하기 위해, 그리고 인지하기 위해 수사학을 기본으로 생각했다. 수사학으로 훈련한다면 어떤 문화에서도 환상과 겨룰 수 있다고 봤다(Craig R. Smith, 1998: 53). 그는 진리 규명보다, 더 유용한 환상을 가지길 바랐다. 아테네 사람들은 기원전 427년 고르기아스가 아테네에 수사학을 소개한 것에 만족하고, 말하는 능력의 명예를 추모하기 위해, 델피(Delphi)에 그의 상을 세웠다고 한다. 고르기아스는 외교관, 교사, 회의적 철학자, 웅변가로서 큰 성공을 거두었다(James A. Herrick, 2009: 42). 그는 수사학의 위력에 심취했고, 이것이 아주 아름다우며 요정의 몸으로 가장 신성한 작품을 나타낼 전능한 주군이 될 수 있다고 생각했다(Craig R. Smith, 1998: 51).

고르기아스는 "노래들(*epoidai*)로부터 빌려온 말은 청자에게 매력을 주거나, 마취의 효과(*narcotic effect*)를 가져올 수 있다"고 했다(Craig R. Smith, 1998: 51). 더욱이 시실리의 독재자가 무너지고, 코락스(Corax)

와 티시아스(Tisias)가 시민들에게 자신의 주장을 펴도록 가르치는 문화 덕분에 고르기아스는 높은 봉급을 받고 존경을 받았다. 당시 코락스와 티시아스는 유능한 스피치 작가였고, 법정에서 승소를 하지 못했을 경우, 교육을 잘못했다는 이유로 등록금을 돌려받도록 했다. 그들은 책임 있는 수사학 학습을 시킨 것이다.

수사학이 인기를 끄는 분위기에서 고르기아스가 등장했다. 그는 정치에의 영향력, 픽션(*mythos*)과 논픽션(*logos*)의 배열의 방법 등으로 '가능성'(*probabilities*)의 세계에서 수사학의 사용을 시도했다(Craig R. Smith, 1998: 50).

고르기아스는 정신이 몸에 스며든다는 논리를 펴고, 스피치 상황에서 몸의 운동에 더욱 관심을 가졌다(Craig R. Smith, 1998: 52). 그에게 몸의 움직임은 혼이 움직이는 꼴이 된다. 수사학은 논리를 넘어, 환상을 일으키게 할 이미지, 감정, 권위를 제공하는 것이 결정적 수단이었다. 그렇게 하기 위해 그는 시(詩)에서 언어를 빌려온 것이고, 그 언어를 수사학의 상황에 접목시켰다.

은유, 내적 각운, 유추, 그리고 리듬은 드라마나 시의 영역에서 표출된다. 리듬, 적절한 순간 포착(*fitting timing, Kairos*), 활기, 우주적 질서(*the cosmic order, Kosmos, from Pythagoras*)와의 화음 등을 강조한 고르기아스 이론은 이러한 근거들로부터 수사학을 발전시켰다(Craig R. Smith, 1998: 54).

화자는 적절한 감정과 동작으로 수용자의 기대에 부응한다. 고르기아스는 문학적 재능을 빌려, 밋밋한 것보다 더욱 현란한 수사학을 시도했다. 그의 교수법은 결국 젊고 유능한 사람들을 불러 모았고, 그 유능한 제자가 곧 성장하여, 그의 명성, 권력, 영향력을 더해주었다. 고르기아스의 '예식의 스피치'(*epideictic speaking*)는 사람들에게 설득력을 지니게 마련이었다. 스피치 형식뿐 아니라 내용에서도 고르기아스는 독특성을 가지고 있었다. 그의 회의적 철학은 "아무것도 존재하지 않는다. 설령 존재한다고 하더라도, 알지 못한다. 우리가 만약 어떤 것이 존재한다는 것을 알 수 있어도, 우리는 다른 사람에게 그것을 커뮤니케이션할 수 없다" 라는 논리이다(Gorgias, 1909: 67). 고르기아스는 단어와 의미가 따로 존재하는 상황에서 살고 있었으므로 당연히 이러한 논리를 폈다. 그는 언어의 임의성의 제약과 가능성을 이해했다(Timothy Borchers, 2011: 36).

진리는 상대적이고, 상황에 따라 달라질 수 있으므로, 고르기아스는 언어의 신비적 힘을 찬양하였다. 그는 수사학 지식에 관한 각각의 것들에 관심을 갖는 것이 아니라, 레토릭 전체 행위와 권위를 가능케 한 언어에 관심을 두었다(Plato, 2007: 29). 플라톤이 보기에, 고르기아스에게 설득은 논리(*logos*)에 기인하는 것이 아니라, 일종의 '사기술'(*an art of deception*) 일 수 있었다.

그 기술은 혼(*psyche*)을 혼미하게 하는 언어의 중재를 통하여 작동시킨다(James A. Herrick, 2009: 43). 물론 레토릭의 기술적 능력은 언어로부터 창출되는 것인데, 언어는 묵음뿐 아니라, 그림과 조각, 그리고 또 다른 것으로 표출이 가능하다(Plato, 2007: 30).

시적 표현은 권력이 아닌, 언어의 마술로 사람들을 각인시키거나, 감동시킬 수 있다. 그는 극단적 레토릭 변호인으로서 의미에 관심이 없으나, 전적으로 그들이 말하는 형식(*form*)에 관심을 가졌다(Plato, 2007: 5). 고르기아스가 행한, 그리스와 트로이 사이의 전쟁 소재에서 '헬렌의 변호'(*The Defense of Helen*) 스피치는 정확성뿐 아니라, 극적인 명석한 문장으로 청자를 즐겁게 하고, 설득력을 지녔다(Craig R. Smith, 1998: 50~51). 그는 언어의 마술을 통해, 사람의 정서를 감동시킬 수 있는 선전·선동술을 모색한 것이다. 소크라테스는 정신의 세계화, 선의 세계, 덕의 삶 등을 이야기했으나, 고르기아스는 스타일 대신, 논리적 일관성 같은 고답적 사고에는 동의하지 않았다.

고르기아스는 설득에 감정을 많이 사용하도록 처음으로 바랐던 사람이었다(James C. McCroskey, 1997: 6). 그의 인식론은 여론(*sensus communis*)의 더욱 중요한 요소가 된다. 고르기아스에게 수사학은 감정적 요소가 설득에서 중요하게 작동한다. 플라톤의 《플라톤의 대화》(*Platonic dialogue*)에서 고르기아스는 설득의 수단에서 윤리를 고려하지 않는 사람으로 간주되었다. 그는 덕과 지혜보다, 모든 주제의 스타일의 기술을 가르친 것이다. 실제 고르기아스는 철학과 수사학을 통합시키지 않았다(Edward Schiappa, 1995, 310~24; Craig R. Smith, 1998: 54).

고르기아스는 청중을 조작할 기술, 언어의 마술, 즉 유창하고, 리듬을 가진 소리와 몸동작이 수용자의 마음을 사로잡을 수 있다고 봤다. 그는 상대방을 제압하기 위해 반어법(*antithesis*)으로 더욱 자신의 논리를 부각시킬 수 있었다. 케네디(John F. Kennedy)는 "국가가 너를 위해서 할 수 있는 것을 요구하지 말고, 당신이 국가를 위해서 할 수 있는 것을 요구해라"(*Ask not what your country, rather ask what you can do for your country*)라는 반어법을 구사했다. 반어와 비교, 비유는 그에게 중요한 레토릭의 수단인데 이처럼 타인에게 감정을 잘 전달하면 좋은 웅변가가 될 수 있다.

4

이소크라테스의 레소피아

고르기아스 다음으로 수사학에 관심을 가진 사람은 이소크라테스(Isocrates, B. C. 436~B. C. 338)였다. 그는 영원불변하는 보편적 지식은 급변하는 우리 삶의 구체적인 현실에 대해 쓸모가 없다고 가정했다(김현, 2010: 17). 이소크라테스는 오히려 소크라테스가 참되지 않고, 하찮다고 폄하하던 한정된 의견을 우리의 실제적인 삶에 유용하며 가치 있는 것으로 승화시킨 사람이다.

이소크라테스는 아테네의 플루트 공장을 하는 아버지를 둔, 부유한 집안에서 태어났다. 그의 아버지는 국가를 위해 재정을 보조할 수 있는 정도였다. 그는 당시 높은 지적 수준을 가진 좋은 선생들을 만났고, 그들의 영향력에 자극을 받았다(Isocrates, 1966: xii). 이소크라테스는 걸출한 당대 수사학자로 성장한 것이다.

그는 당시 아리스토텔레스(Aristotle)보다 더욱 인기를 끌 정도로 영향력이 있었다(James C. McCroskey, 1997: 6). 그의 지적 전통은 잘 소개되지 않지만, 티시아스(Tisias), 고르기아스(Gorgias) 그리고 소크라테스(Socrates)로부터 수사학의 논의를 전수받았던 것 같다(James C. McCroskey, 1997: 6). 이소크라테스는 플라톤에 의해 아주 걸출한 사람으로 묘사된 사람이었다. 당대 유명한 수사학 전공자임을 알 수 있는 대목이다.

아리스토텔레스는 마케도니아 출생이었고, 그리스에 얼마 머물지도 않았다. 그리고 그의 수월한 작품은 그가 다시 패망한 그리스에 돌아와서 발전시켰다. 그러나 그리스인 이소크라테스는 잘 알려진 수사학 전공자였다. 더욱이 그는 도덕적인 사람이었으며, 나무랄 데 없는 지적 통합을 시도한 사람이었다. 플라톤과는 달리, 그는 수사학에 대해 더욱 실천적이었으며, 덜 이상적이었다.

이소크라테스는 정치적 혼란시기에 아테네를 벗어나, 치오스(Chios)라는 섬에서 학교를 열었다. 그는 정치 소용돌이가 가신 후 아테네로 돌아와 수준 높은 인문학 교육의 최초 영구적 기구가 될 것으로 생각한 학교를 설립했다(Timothy Borchers, 2011: 37). 그것이 정치를 멀리하며 산 이소크라테스가 할 수 있는 전부였다. 그는 펠로폰네소스 전쟁(Peloponnesian War)으로 자기 아버지의 재산을 전부 잃었으며, 자신이 쓴 책들까지 파손되었다(Isocrates, 1966: xix).

그는 정치학, 더욱 구체적으로 정치의 도덕성에 초점을 두었다. 이소크라테스는 50년간 정치 분야에서 아테네 젊은 사람들을 훈련시키는 유명한 교사가 되었다. 그리고 그는 97세, 사망 전해에 《범아테네》(*Panathenaicus*)라는 야망이 담긴 담론 책을 집필했다(Isocrates, 1966: ix).

이소크라테스는 고르기아스와 같이, 스타일(*style*)에 관심을 가졌으나, '산문 사가'(史家, *logographer*)로 역할을 했다. 실제 그의 연설문은 산문이라고 볼 수 없고, 시(*artistic prose*)에 가까웠다(Isocrates, 1966: xii). 그의 글은 리듬이 있는 화려한 문체였고, 공감 가는 것이었는데, 지적일 뿐 아니라, 감각적 상상력을 충분하게 갖고 있었다. 부유한 집안 출신인 이소크라테스는 그의 재능을 발휘하여, 직업적 스피치 작자로서 오랫동안 일한 것이다.

그는 말로는 설득적이지 못했지만, 글로 작성해서 스피치를 시도했다. 그는 웅변을 싫어하는 사람이었다. 그의 변명에 의하면, 스피치의 힘으로 무장한 사람은 행위를 하는 능력에 결함이 있다는 것이다(Isocrates, 1966: 355). 그는 웅변을 하더라도 감정을 억제했으며 과장을 피했다. 그러나 이소크라테스는 문학적 형태의 수사학을 창출했다(Timothy Borchers, 2011: 37). 그는 말하고 듣는 것보다 책을 출간하고 읽는 데 관심을 가졌다.

기존 웅변의 수사학과는 다른 속성을 가졌으나, 이소크라테스는 "나중에 모든 그리스 도시국가로부터 온 야망이 있는 수강자에 의해 유명해지고, 영향력 있는 학교를 설립할 수 있었다"라고 한다(Sharon Crowley and Debra Hawhee: 12). 그의 교육방침은 이념적이라기보다, 구체적 수사학적 상황에 관심을 두는 방식이었다. 수사학의 일반 이론은 적용을 제한했던 것이다. 그 결과 그의 후학은 능력 있고, 교양 있는 시민이 되었다.

그는 《교환》(*Antidosis*)이라는 책을 남겼는데, 이는 수사학의 기본서가 아니라, 수사학이 그리스 민주주의를 왕성하게 할 논쟁술을 발전시켰다(Timothy Borchers, 2011: 37). 유실된 책이지만, 이 책을 통해 그는 좋은 교육이 인간의 복지와, 공동선에 기여하기를 바랐다. 수사학자는 스피치를 잘하는 힘을 가졌거나, 옳게 생각하는 힘을 가져 지혜를 사랑하거나, 명예를 사랑하는 담론의 술을 가진 사람이었다(Sharon Crowley and Debra Hawhee: 13).

이런 목적을 가진 사람은 선천적 능력, 연구 그리고 실천을 원했다. 그는 공적 스피치를 가르치기 위해 학생들에게 등록금을 많이 받고, 4년 코스를 제공했다. 그가 받은 등록금은 1천 드라크마(*drachmas*)였는데, 그 당시 노동자의 하루 임금은 하루에 1드라크마였다(James A. Herrick, 2009: 47).

그는 말이 서툴러서 좋은 웅변가는 아니었던 것 같으나, 다른 사람을 위해 잘 전달되는 좋은 연설문을 작성한 것은 틀림없었다. 그의 《레토릭

술》(*Art of Rhetoric*) 은 기록에 남아있지 않지만, 짜임새 있는 구성이었으며, 퍽 실천적이었다고 한다. 그는 다른 문화보다 우수성을 가진 그리스 문화를 바탕으로, 잘 작성된 책으로 학생들을 가르쳤다. 《소피스트들에 대항하여》(*Against the Sophists*) 에서 그는 기존의 소피스트를 비판했다. 그리스인들은 이소크라테스를 웅변가의 선생으로서가 아니라, 국사(國士) 로서 간주했다(James A. Herrick, 2009: 48). 그의 스피치는 명확한 주제가 있었으며, 수용자의 생활에 유용성을 가지게 했다.

물론 타고난 재능, 집약적 연습 그리고 기초적 수사학 원리의 교육 등 세 가지 요소가 필요하지만, 이소크라테스에게 좋은 교육은 타고난 재능을 극복할 수 있는 것이었다. 더욱이 타고난 재능이 있다면, 교육과 실천을 통해 더욱 발전시킬 수 있다고 생각한 것이다. 좋은 인문교육이 이소크라테스에게 중요하게 고려되었다. 그러나 이소크라테스는 그의 학생들에게 높은 도덕적 성격을 요구했다. 그가 주장하는 에토스(*ethos*) 는 정치에서 중요한 요소를 차지하고, 이것은 다른 소피스트와 차별을 두는 요소가 된다. 상황적, 실천적 요소를 강조하는 소피스트와 이소크라테스는 차별성을 둔 것이다.

사람들이 가진 논리는 논쟁하기에 알맞고, 말의 리듬, 운율에 맞아야 했다. 그렇다고 그가 덕이나 미학에 심취한 것은 아닌 것 같다. 이소크라테스는 교육체제를 강화시키고, 국가를 통합시키고, 공동생활을 원활하게 할 수 있는 실용적 일에 관심을 가졌다. 그는 이 목적을 달성하기 위해 법정에서 공정하게 자기 자신을 변론하도록 동등한 기회를 주도록 권했다. 그가 작성한 논리는 정교했으며, 현실감 있는 언어는 서구 교육에서 큰 역할을 한 것이 틀림없다.

이소크라테스는 기원전 335년 그리스 대법정에서 "아레오파지티쿠스"(Areopagiticus) 라는 연설을 했다(John Milton, 1644/1998: 17). 이 연설의 내용은 평화(Peace), 아레오파지티쿠스(Areopagiticus), 아르키다무스(Archidamus) 등을 포함하고 있는 민주주의 찬양에 관한 것이다

(Isocrates, 1966: xxxviii). 그는 "아르키다무스"(Archidamus)에서 "평화를 위해, 신중한 사람은 불행한 상황에서 동일하게, 좋은 상황에서 갖은 관점을 갖지 않는다"라고 했다(Isocrates, 1966: 365). 개인은 항상 즉각적 상황에 관해서 논의하고, 그들의 권력을 넘어 야망을 즐기지도 않는다. 그들은 평화를 논할 때 권리로 판단하지 않으며, 기득권을 추구하는데 더욱 관심을 갖는다. 즉, 그는 절대 진리로 민주주의를 논하지 않았던 것이다.

이소크라테스는 개인의 삶이 국가의 제도와 어떻게 가깝게 엮여있었는지, 국가와 가깝게 엮여 있다는 측면에서 개인으로서 그냥 살아가는 것이 아니라, 시민으로서 살아가는 것에(*to live as a citizen*) 관심을 갖게 된다. 그러나 기원전 4세기 아테네의 시민들은 그들 자신의 삶을 더욱 개인적으로 살아갔다. 시민으로서의 삶에서 벗어나, 그들 자신의 이익을 이기적으로 추구하였다. 그들이 좋아하는 대로 하는 자유를 즐기기 시작했다(Isocrates, 1968: 101).

설령 그렇더라도 그의 논리는 사적 개인의 삶이 왕의 것보다 더 좋은 것이고, 자유 국가의 명예는 군주의 것보다 더욱 감미롭다는 것이었다. 물론 그는 그리스 민주주의가 현실적으로 무례한 것이고, 자유가 법을 무시하고, 평등하다는 가정하에 뻔뻔한 스피치를 일삼고, 그리고 자신이 원하는 것을 하는 것에 행복으로 느낀다고 했다(xxxviii). 설령 그럴지라도 국가의 좋은 정부에 기여하는 데는 두 가지 종류의 평등이 필요했다. 하나는 모든 사람이 동일하게 보상을 받는 것이고, 다른 하나는 모든 사람에게 각자의 의무를 주는 것이다(Isocrates, 1968: 117).

이소크라테스는 자신의 의견을 다른 사람들에게 설득력 있게 전달하며 원활한 소통과 합의를 이끌어낼 줄 아는 사람을 수사적 인간(*rhetorikos*)이라고 하였다(김현, 2010: 17). 그는 민주주의를 원활하게 운영하기 위해 '레소피아'(*rhesophia*), 즉, 연설자 지혜(*sophia*)의 필요성을 이야기했다. 그의 민주주의 세계를 밀턴(John Milton)이 수용하여,

1644년 "Areopagica"라는 연설문을 의회에 보냈다.

Areopagica의 'Ares'는 전쟁의 신이며, 'Pagus'는 지역이나 구역이란 뜻을 지닌다. 그 합성어가 Areopagus인데 아테네에서 최고의 재판소를 둔 곳이다. 그 법정 앞에서의 연설은 Areopagitica라고 불렀다. 당시 법률가 이소크라테스가 행한 유명한 연설은 모든 사람이 평등한 정치적 힘을 가지고 정부의 체제를 만들 것을 권장했다(J. Herbert Altschull. 1990/1993: 39).

그의 *Antidosis*와 *Against the Sophists*는 그의 사고를 잘 알 수 있는 책이다(James C. McCroskey, 1997: 6). 이들 책은 교육에 관한 것이며, 그는 이들을 통해 다른 전공을 비판하고 자신의 주석을 달았다.

이소크라테스의 기여는 ① 고르기아스의 인위적, 과장적 스타일을 갖고 구술과 필사 커뮤니케이션을 정제했다. 그는 글을 작성해서, 읽는 수사학을 구사했다. 아마도 이소크라테스의 가장 중요한 기여는 ② 좋은 연설자의 적절한 교육에 관한 견해이다. 연설자는 커뮤니케이션 과정에 충실한 교육을 받도록 권장했다. 그는 웅변가가 신뢰(*credibility*)를 갖기 위해, 인문학에서 훈련을 받아야 하고, 좋은 사람이 되어야 한다고 생각했다. 좋은 수사학 연기자는 인문학 소양에서 다원성을 존중할 수 있어야 한다고 본 것이다.

5

플라톤의 이상주의적 절대 진리

플라톤(Plato, B.C. 427~B.C. 347)[1] 이 레토릭과 소피스트에 전쟁을 선포한 이유도 명확하다. 그들은 진리를 규명하는 일에 관심을 갖기보다, 목적의 설득에 관심을 가졌다는 것이다(Plato, 2007: 11). 이소크라테스의 민주주의와는 전혀 다른 관점이다. 플라톤은 절대 진리와 음악의 화음을 사랑했다.

> 시인의 언어에서 음악적인 색채를 제외하면 그것이 어떻게 느껴질는지 자네는 잘 알고 있을 걸세. 그런 경우를 체험한 일이 있을 테니까(Plato, 2002: 413).

현실적 수사학자는 진정한 지식 대신, 실천적 목적의 지식에 관심을 가진다. 이들은 어떤 희생을 치르더라도, 소크라테스가 추구하는 정의,

---

1) 플라톤은 한 철학자인 동시에 작가이기도 하였다(Bertrand Russel, 1945/1973: 113). 매우 천재적이며 매력적이고 또한 상상력이 풍부한 대화편에 서술된 이야기들이, 그대로 행하여졌다고는 아무도 생각하지 않는다. 흔히 가장 역사적이라고 인정되는 대화편은 《소크라테스의 변명》이다. 이 변명은 소크라테스가 그의 마지막 재판에서 한 연설이다. 물론 그것은 속기록에 의한 보고가 아니고 플라톤이 머리에 남아 있던 것을 몇 해 후에 정리하여 그의 문학적인 재능을 가한 것이다.

사랑, 우정, 덕, 용기 그리고 경건 등과 거리가 먼 논쟁을 했다.

플라톤은 《고르기아스》(*Gorgias*)에서 레토릭을 비판하고, 《파이드로스》(*Phaedrus*)에서 '진정한 수사학'(*true rhetoric*)의 가능성을 탐색했다(James A. Herrick, 2009: 57). 그는 철학자가 진정한 웅변가가 된다고 믿었다. 그의 방법론은 대화나, 변증법에 머문다. 그는 철학자 일뿐 아니라, 웅변가였다.

플라톤은 수사학이 결점이 있고, 불완전한 것으로 비판하는 이유로 "① 레토릭은 잘못된 존재론에 근거한다. 현실에 있는 것을 탐색하는 대신, 진리와 선일 것처럼 보이는 정도에서 만족한다, ② 레토릭은 지식보다 여론의 조정을 추구하기 때문에 인식론의 결점이 있다, ③ 실천적 정치의 도구로서, 수사학은 약한 원인을 더욱 강하게 보이게 만들고, 정신의 풍요로움을 위한 고려 없이 그 자체 목적으로 권력의 쟁취를 가속화하는 언어의 자원을 사용한다"라고 했다(Dilip Parmeshwar Gaonkar, 2004: 5). 플라톤은 수사학을 현상에 의존, 의견의 뒤엉킴, 언어의 임기웅변 등의 이유로 불안전하고, 위험한 것으로 간주했다. 또한 그는 "고르기아스의 수사학은 설득 기능술이며, 그것의 기능은 정의와 불의에 관련해서 법정과 아고라에서 다수의 대중을 설득하는 것이다"(Aristotle, 1947: xviii.) 라는 논리에서 벗어났다. 플라톤은 리시아스(Lysias)의 젊은 제자인 파이드로스(Phaedrus)와 소크라테스와의 대화에서 사랑(*love*), 불멸성(*immortality*), 정신(*the soul*), 시(*poetry*) 등에 관해서 논한다. 그는 "국가를 운영하는 정의가 덕이요 지혜도운 것이며, 불의는 악덕이요 무지한 것이다"라고 했다(Plato, 2002: 54). 그는 진정한 설득 스피치의 기술로서 인간 정신의 완벽한 연구, 다른 종류의 사람과, 말의 힘을 통해 사회에 질서를 가져오려는 목적에 관심을 두었다(James A. Herrick: 68).

플라톤은 근 30년 동안 소피스트와 프로타고라스를 언급하면서 수사학을 비판하고, 철학과 수사학을 비교했다. 수사학의 지나친 스타일의 강조는 진리를 왜곡할 수 있었다.

플라톤은 소크라테스의 행위에 자신의 사상을 담고 있었다. 질문을 받은 소크라테스는 레토릭을 전혀 술(*an art*)로 간주하지 않았고, 청자를 만족하게 하고, 즐겁게 하는 숙련에 불과하다고 봤다(Aristotle, 1947: xix). 레토릭에서 어떤 행복과 복지를 얻을 수 있으리라고 생각하지 못한 것이다. 그 대신 플라톤은 레토릭의 말로서 인간의 승리 감정을 가질 수 있다고 봤다(Aristotle, 1947: xxi).

플라톤이 생각한 소크라테스는 '스토아학파'와 '퀴니크학파'를 예상케 했다(Bertrand Russel, 1945/1973: 122). 스토아학파에서는 최고의 선을 덕(德)이라고 주장하였다. 그리고 인간은 외부적인 원인으로 말미암아 덕을 저버릴 수 없음을 역설한다.

플라톤의 작품에서 소크라테스는 언제나 질문을 던져, 인간이 이미 알고 있는 것을 끌어내는 것처럼 꾸미고 있으며, 이로 인하여 그는 자기를 산파에 비유하고 있는 것이다(Bertrand Russel, 1945/1973: 124).

플라톤은 소피스트의 레토릭이 젊은이들에게 건전하지 않게 영향력을 미친다고 봤다. 스피치를 잘하는 것은 진리를 명확하게 표출하는 것뿐 아니라, 자신의 수단을 위해 다른 사람에게 진리를 왜곡하는 일이다. 후자는 건전하지 않게 영향을 미치게 된다. 플라톤은 레토릭이 기술적 기능을 발전시키는 것이 아니라, 정신에 이로운 것이라고 했다(Plato, 2007: 52). 그러나 레토릭은 한 사건의 구체적 상황 논리, 또한 한 측면을 과도하게 부각시킴으로써 왜곡을 일으킨다. 플라톤은 진리를 왜곡하는 것을 없애기 위해 질문과 답을 하는 형식을 더욱 선호했다.

플라톤은 스피치의 약점을 보강하여, 문답법을 선호한 것인데, 이를 산파술(産婆術)로 간주했다. 그는 변증법으로 스피치 형식에 치중하기보다 문답법으로 진리를 규명코자 했다. 소피스트들은 내용이 아니라 스타일에 많은 관심을 가진 것이다. 그러나 그들은 생업을 하는 것인데 왜 그렇게 비판했을까. 소크라테스에 의하면 그들은 현실을 지나치게 과장한다(*the sophists' rhetoric of excess*). 그는 《파이드로스》에서 레토릭의 개념을 발전시키고, 레토릭의 선동은 오히려 나라를 어지럽게 만들게 된다고 봤다.

플라톤은 산파의 방법으로 소크라테스처럼 자신의 이론을 전개했다. 플라톤은 개인의 감각, 통감 등에 대한 특수성을 강조하지 않았다. 현대인들과는 퍽 차이가 난다. 현대인들은 거의가 경험에 의해 얻는 지식을 지각(知覺)에 의존한다고 생각한다. 그러나 플라톤은 "감각에서 오는 지식이 지식이라고 할 만한 가치가 없으며, 참된 지식은 오직 관념에만 관련되어 있다는 것이다"라고 했다(Bertrand Russel, 1945/1973: 196).

그 이유로 지각은 대상과 감관(感官)의 상호 작용에서 이뤄진다고 보았다. 그런데 헤라클레이토스의 학설에 의하면 대상이나 감관은 모두가 언제나 변하고 있으므로, 지각 표상도 이 양자의 변화에 따라서 변하게 마련이다. 소크라테스는 말하기를 자기가 건강할 때에는 술이 달고, 병들었을 때에는 쓰다고 했다. 이것은 지각하는 자의 편에서 일어나는 변화가 지각 표상을 변화시키는 한 가지 예이다.

이런 특수성의 지식을 플라톤은 거부하고, 인간이 갖고 있는 보편성에 관한 논의를 했다. 그는 개인 소유의 감정을 감소시켰다. 이런 감정이 제거되면, 공적인 정신(*public spirit*)을 지배하지 못하게 하는 큰 장애물이 제거되며, 또한 사유재산 제도의 폐지에 순응하게 하는 데 도움이 될 것이다(Bertrand Russel, 1945/1973: 148). 이것은 독신 생활을 하게 되는 동기와 비슷하다고 할 수 있다.

그는 실재(實在)와 현상(現象)을 구별하는 기반 위에서 진리를 규명하려 한다. 그는 현상에 별로 관심을 두지 않는다. 현상에서 개인은 지각을 통해 인상(*impression*)을 얻게 되는데, 플라톤에게 지각은 존재를 이해할 능력을 갖고 있지 않으며, 따라서 진리를 아는 데 참여하지 못하기 때문이다(Bertrand Russel, 1945/1973: 200).

그는 반성(*reflection*)을 통해, 지식을 얻을 수 있다고 본 것이다. 같은 맥락에서 개개인이 갖는 의견은 감각에 나타나는 세계에 대한 것이며,

지식은 감각을 넘어선 영원의 세계에 대한 것이요, 미(美) 자체에 관련되어 있다(Bertrand Russel, 1945/1973: 159).

플라톤은 음악의 예술성에 관심을 가졌다. 즉, 그는 "음악적 수련이야말로 가장 가치가 있네. 리듬과 하모니가 정신의 내부로 파고들어가 우아함을 심어 주기 때문이네. 그것은 교육을 올바로 받은 사람의 정신을 더욱 우하게 하고 교육을 받지 못한 사람의 정신도 우아하게 할 수 있네"라고 했다(Plato, 2002: 131).

더욱이 그는 시각을 비유로 들어, 명백한 지적인 환상과 혼란된 환상의 차를 설명했다(Bertrand Russel, 1945/1973: 164). 그에 의하면 시각은 다른 감각과는 달리, 눈과 대상만 필요로 하는 것이 아니라, 빛을 필요로 한다. 이데아의 세계는 우리가 햇빛이 비치는 데서 사물을 보는 것과 같고, 생멸하는 사물들의 세계는 혼돈된 희미한 세계와 같다. 눈은 영혼과 비교되고, 태양은 빛의 근원으로서, 진리 또는 선(善)을 식별할 수 있다.

플라톤이 전한 소크라테스는 죽음을 영혼과 육신이 분리되는 것이라고 말했다. 여기서 우리는 플라톤의 이원론에 접근한다(Bertrand Russel, 1945/1973: 176). 실재와 현상 이데아와 감관의 대상, 이성과 지각, 영혼과 육신 등의 이원론이 그것이다. 플라톤은 전적으로 영혼에 관해 이야기하며, 육신에 관해서는 언급을 회피했다. 즉, 그는 되도록 육신에서 떠나 영혼으로 돌아가기를 바란다. 영혼을 신과 같은 존재로 본 것 같다. 아우구스티누스(Augustinus)는 이와 관련해 "플라톤은 신을 어떤 실체로 보지 않았다. 그리고 만물이 모두 존재를 신으로부터 부여받음으로써 변치 않는 것으로부터 비롯된다"라고 했다(Bertrand Russel, 1945/1973: 456).

소크라테스는 영혼보다는 정신의 세계를 강조한다. 그는 정신의 쾌락, 그 쾌락의 만족에 관심을 두었다. 질서하에서 정신의 아름다움은 자기 절제에서 온다(Plato, 2007: 135). 같은 맥락에서 참된 사랑은 무절제한 것이나 열광적인 것과는 거리가 멀다고 한 것이다.

절제를 통해 사랑과 미의 세계로 인도된다. 플라톤은 변화하지 않는 진지(眞知)를 탐구하는 철인에게 신뢰를 부여했으며, 민주주의를 지지하지 않았다. 그는 일반 공중(*demos*)은 무지하고, 변화무쌍한 사람들이어서, 감각 세계에 몰두한다고 생각했다. 플라톤은 철학을 좋아하는 학자를 비롯한 제한된 사람에게 신뢰를 줬지만, 레토릭에 대한 플라톤의 관심은 청중을 통제할 설득적 말의 힘을 보여준다(James A. Herrick: 58).

'젊은 사람들을 선동했다'는 이유로 소크라테스를 고발한 사람은 민주당 정치가 아뉘토(Anytus), 비극시인 멜레토스(Meletos), 그리고 웅변가 뤼콘(Lykon) 등이었다. 레토리션이 포함되었는데, 소크라테스는 웅변에 대하여, 고발자를 비난하고 있다(Bertrand Russel, 1945/1973: 115). 그는 자기의 유일한 웅변은 진리를 말하는 것뿐이라고 주장했다. 소크라테스는 미사여구로 꾸민 혹은 격에 맞지 않는 웅변을 하지 말고 평소에 일상용어로 말하더라도 분노하지 말 것을 법정 참여자에게 당부했다.

또한 소크라테스는 자기는 교사가 아니며, 돈을 받고 가르치는 일을 하지 않는다고 했다. 당시 소피스트들은 돈을 받았고, 과장된 교육적 주장을 펴며, 뽐내기를 좋아했다(Bruce Gronbeck, 1972: 35; James A. Herrick, 2009: 59). 그들은 정의에 적절한 개념을 포함시키지 않았으며, 개인과 국가를 위해 위험한 사기 행각을 일삼았다(Hans George Gadamer, 1986: 46~49; James A. Herrick, 2009: 59). 소피스트의 레토릭은 여론(*endoxa*)의 조작을 통해 그들의 정의로 사람들을 설득하는 것에 목표를 두었다. 그러나 플라톤은 레토릭은 폴리스의 개인과 도시의 안전에 목표를 두고, 적절한 정의의 견해는 진리의 지식(*episteme*)에 근거를 두기를 바랐다.

소크라테스는 정신이 의견을 형성한다고 보았고, 지식(*knowledge*), 선의지(*good will*), 진솔함(*frankness*)으로 그 의견을 검증하도록 했다

(Plato, 2007: 95). 당시 소크라테스는 많은 사람들이 그들 스스로 현명하지 못하기 때문에 그를 검증할 수 없는 것이거나, 또한 그들은 그에 대하여 별로 생각하지 않으니, 그들은 진리에 대해서 그에게 말을 하지 않는 것으로 생각했다.

소크라테스는 계속해서 소피스트를 비웃으며, 그들이 갖고 있다고 공언하는 지식을 부인했다(Bertrand Russel, 1945/1973: 115). 그는 진리 외에 감각적 지식을 가진 사람들을 비판하고, 포퓰리즘을 경계했다. 감각을 가진 사람들은 자기 억제를 하지 않고, 더 좋은 것, 더 건강한 것 등 정보를 늘어놓는다. 그들은 진리를 규명하지 못하고, 현상론에 머물고 만 것이다. 요즘 정서로 풀이하면, 플라톤은 귀족주의적 입장에서 논하였고, 소피스트는 대중에 영합하는 포퓰리즘의 이론을 편 것이다. 사회가 민주화되면서, 자유를 요구하는 소리가 들려왔다. 소피스트들은 그 현실감으로 그 징조를 읽고 있었다.

그러나 플라톤은 웅변의 힘이 오히려 시민을 절대적 통제로 인도하고, 독재자가 통치하게 됨을 경고한 것이다. 반면에 철학자는 사람들이 진리를 인식하기를 바랐으며, 레토릭은 폴리스에 건전한 사회 질서를 몰고 올 무장된 철학적 지식에 의해서 사용되기를 원했다. 플라톤은 teche(*any true art or discipline*), 로고스가 합리적 설명 술로서 진리 달성의 목적을 달성할 수 있는, 명확하고 논리적 설명일 수 있다고 봤다(James A. Herrick, 2009: 59).

6

아리스토텔레스 수사학의 과학

아리스토텔레스(Aristotle, B. C. 384～B. C. 322)는 레토릭에 대한 최고의 책을 발간한 사람이다. 그는 플라톤의 아카데미에서 가르쳤고, 레토릭을 변증법(*dialectic*), 논리(*logic*)의 반대편에 두었다(Plato, 2007: 10). 그는 약식삼단논법(*enthymeme*)[1]을 레토릭의 기본적 도구로 사용했다(Plato, 2007: 10～11). 레토릭은 그만큼 논리적 추론(*reasoning*)의 근거가 약하고, 확률의 가능성이 높은 학문이다. 또한 수사학은 감정이 작동하도록 언어를 사용한다. 예컨대 히틀러(Adolf Hitler, 1889～1945)는 청중의 이성과 판단력이 아니라 청중의 격정에 호소하여 자신의 연설이 일체의 논쟁 없이 받아들여지도록 하는 데 주력하였다(김종영, 2010: 65). 물론 때로는 부정확한 전제로 상대방을 공격할 수 있고, 더욱이 레토릭

1) 약식삼단논법(*enthymeme*)은 삼단논법을 줄여서 표현한 것이다. 삼단논법 중 연역법은 일반논리와 구체적 논리로 결론을 낸다〔All men are mortal(major premise), Socrates is a man(Minor premise). Therefore, Socrates is mortal(conclusion)〕(Philip Emmert and William C. Donaghy, 1981: 114). 결론을 도출하기 위해 대전제와 소전제 하나만을 사용한다. 그런데 둘 중 하나의 전제를 누락하면, 논리적 추론(*reasoning*) 가능성이 그만큼 떨어지고, 결론이 확률에 거칠 가능성이 농후하다.

은 긍정의 강조를 부정의 강조, 또한 부정의 강조를 긍정의 강조로 사용할 수 있다. 수사학의 마술이 필요한 것이다. 이것은 이상적 관점보다, 현실적 관점이 중요한 아리스토텔레스가 깊이 고민한 사항이다.

아리스토텔레스는 에게(Aege) 해의 북쪽에 위치한 그리스의 칼키디케(Chalkidike) 반도의 스타게지이라(Stageira) 출신이었다. 그 도시는 자연과학, 수학 등이 성행한 이오니아(Ionia)였는데, 점차 커나가던 마케도니아(Makedonia) 지배하에 있었기 때문에, 아리스토텔레스는 후일에 친마케도니아계라 지칭받기도 했다. 그는 그 인연으로 알렉산드로스(Alexandros)의 '궁정교사'[2]로 일하게 되었다.

그는 기원전 367년(17살)에 아테나로 왔다. 그리고 그는 자기 아버지〔마케도니아 아민타스(Amyntas) 왕의 법정 의사〕에게 의학을 배웠다. 그러나 그는 소년시절 양친을 여의고, 포록세노스(Proxenos)라는 삼촌의 보살핌을 받았다. 그의 삼촌은 그에게 초기의 생물학 훈련을 보강하여, 그리스어, 수사학, 시를 가르쳤다(Timothy Borchers, 2011: 37).

17살에 아리스토텔레스는 플라톤의 아카데메이아(Akademeia) 학원에 들어가 플라톤이 세상을 떠난 기원전 348년까지 20년간 거기에 머물러 있었다. 그 학교에서 교사로 일했는데, 그 자세한 내막을 알 수 없으나, 그가 가르친 과목은 아마도 수사학, 변증법이다(Timothy Borchers, 2011: 37).

아리스토텔레스는 플라톤에 영향을 많이 받았으나, 진리의 인식에서 두 사람은 차이를 보였다. 플라톤은 추상적 감각에서 이념성을 제외하고

---

2) 아리스토텔레스의 부친이 선왕 아민타스 2세와 교분이 두터웠는데, 아마 필립포스(Philippos)도 헤르미아스에게서 그에 관한 이야기를 듣고 궁정교사(宮廷敎師)로 채용했던 것 같다(조요한, 1999: 12). 그 당시 알렉산드로스는 13세밖에 되지 않았다. 그는 알렉산드로스를 전통적인 그리스 정신의 상징인 호메로스(Homeros)의 작품들로 교육했다. 호메로스에 관심을 가진 아리스토텔레스에게 수사학은 주요 과제였다.

현실을 알 수 없다고 했으나, 아리스토텔레스는 관찰에 의해서만 개인 경험의 실체를 알 수 있다고 믿었다.

플라톤 사후, 그는 아테네를 떠나 이소스(Assos) 섬으로 향했다. 그곳에서 피아아스(Pythias)와 결혼을 하고, 세상에 대한 관찰을 기록하기 시작했다. 그의 아버지로부터 받은 초기 과학적 훈련은 그가 자연세계를 관찰하고, 규정하는 일에 도움이 되었다. 그는 그 방법론 덕분에 과학에 관한 저서뿐 아니라, 정치, 윤리, 논리, 수사학 등의 경험적 연구에 많은 업적을 남겼다.

그 후 미틸레네(Mitylene) 섬에서 해양상물을 연구하다, 궁정교사로 발탁이 되었다. 기원전 335년에서는 고향인 스타게이지라에서 지내다 아테네로 돌아와 리세움(Lyceum) 학원을 건립하고, 논리, 수사학, 철학, 물리학, 생물학 등을 가르쳤다. 그는 당시 수많은 책을 저술했는데, 그 책은 주로 강의노트였다. 그는 기원전 350년 《수사학에 관하여》(*On Rhetoric*)를 저술하였는데, 수사학의 규정, 원리의 내용, 기술 등을 포함시켰다(Timothy Borchers, 2011: 37).

그때 그는 필사본들과 지도들을 수집했고, 그리스 최초의 도서관을 세웠다. 그 후 알렉산드로스 대왕의 급서 후 아테네에 반마케도니아 감정이 다시 고개를 들게 되자, 친마케도니아라는 이유로 아리스토텔레스는 어려운 입장에 놓이게 되었다. 그는 갖고 있던 모든 학원을 넘겨주고, 어머니의 출생지 칼키스로 은퇴하였다. 그곳에서 그는 기원전 322년에 62세를 일기로 생애를 마쳤다.

아리스토텔레스는 많은 영역에 관심을 가졌는데 그 중에서도 개체적 생명에 관심을 가진 생물학자였다(조요한, 1999: 10). 뿐만 아니라 그는 생애 동안 550권의 책(현대 6천 페이지)을 저술했다. 그의 책은 3분의 1 정도 남아있는데, 그중에는 아주 영향력 있는 《레토릭에 관하여》도 포함되어 있다(James A. Herrick, 2009: 78). 그는 과학자였고, 분석자 입장에서 곧잘 책을 저술했다. 이 책들은 일반적 진리에 대해서 이야기하지 않았으나, 태도나 믿음에 기초를 두었다.

즉, 아리스토텔레스는 인간의 문제를 인도하는 일반적 진리나 현실이 아니라, 인간이 생각하는 진리에 관심을 갖는다. 인간은 현실을 객관적, 경험적으로 인식하기보다, 자신이 필요로 하는 것을 얻게 위해 걸러내고, 왜곡한다고 봤다.

그는 플라톤의 육신과 영혼으로 이루어진 이원론적 인간을 주장하지는 않았다. 그에 의하면 보편개념은 그 자체로서는 존재할 수 없고, 오직 특수한 사물 속에만 존재할 수 있다는 것이다(Bertrand Russel, 1945/1973: 213). 즉, 아리스토텔레스가 말하는 형상(*form*)은 플라톤의 이데아와 같은 것이며, 그 자체가 형이상학적 존재로서 동시에 모든 개체들을 구성하는 것이다.

아리스토텔레스에 의하면, 실체에 세 가지가 있다(최재희, 1984: 62). ① 가장 낮은 단계의 영혼이 식물의 영혼이다. 이것은 유기체의 영양과 번식을 맡아보는 작용을 한다, ② 이런 영혼은 동물의 감각적인 영혼이다. 영양과 번식 외에 감각과 욕구의 작용이 있고, 어떤 동물은 이동 능력을 가지고 있기도 한다. ③ 최고 단계의 영혼은 인간의 이성적인 영혼(*rational soul*)이요, 이것의 내용은 사고능력 혹은 정신 등이다.

좀더 풀이하면, 한 인간을 다른 인간으로부터 구별하는 개성은, 육체와 영혼의 비이성적인 부분과 관련되어 있다. 이성적인 영혼, 즉 정신은 신적이며 비개인적이다. 각 개인은 독립된 주체이지만, 공통된 가치를 정립할 수 있는 것이다.

이 비이성적인 것이 우리를 분리시키고, 이성적인 것은 늘 우리를 융합시킨다. 욕망은 인간의 정신을 축소시키고, 이기적 인간을 만들지만, 고귀한 정신의 세계는 절대적인 선을 추구한다. 정신 또는 이성의 불멸성은 각자의 개인적인 불멸성이 아니라, 신의 불멸성에 관련되어 있다(Bertrand Russel, 1945/1973: 225).

아리스토텔레스의 감각세계는 플라톤의 이데아 세계와 같이 영혼과 육신을 명쾌하게 분리시키지 않는다. 인간에게는 감각적 세계와 이성적 세계가 공존하면서 발전하는 것이다. 철학자 플라톤은 정치적 과정을 도외시했다. 플라톤의 작품 《고르기아스》에서 그는 웅변(*oratory*)을 '유사 레토릭 술'(*pseudo-art of rhetoric*)로 간주했다. 그는 '진정한 수사학'(*true rhetoric*), 즉 철학을 이야기했고, 이는 수사학이 '변증법의 반대편이다'라는 논제가 적절하다.

아리스토텔레스는 일찍이 은유법을 잘 구사하는 능력이야말로 남에게서 배울 수 없는 능력으로 천재의 징표와 다름없다고 밝혔다. 말하자면 은유법이란 직관을 통하여 서로 이질적인 것으로 비슷하거나 같은 것을 파악하는 능력이다(김욱동, 2008: 92). 비유법이나 수사법에 대한 논의는 언제나 은유법을 중심으로 이루어져왔다. 은유법하면 곧 비유법이나 수사법을 떠올린다. 마치 종소리만 들어도 침을 줄줄 흘려대는 파블로프의 개처럼 사랑과 붉은 장미꽃이라는 비유는 정열적이라는 유사성을 지니고 있다.

플라톤은 현실적으로 선동정치인에 대한 비판을 가한다. 선동정치인은 법을 부정하고, 정치체제에 치명타를 가한다. 그는 포퓰리즘을 모든 원리에 우선하고, 사람을 법 위에 위치하게 한다. 하지만, 플라톤과 달리, 아리스토텔레스는 '인간은 정치적 동물이다'(*Man is political animal*)라고 가정하고, 정치인, 웅변가, 수사학 선생 등에 대해서 적극적으로 풀이했다. 그는 수사학을 합리화된 토론의 과정을 통해 집단적 의사결정을 하기 위한 건전한 수단으로 본 것이다. 그 이유로 연설, 토론, 논쟁이 없으면 민주정치가 불가능한 상황이라고 보았다.

아리스토텔레스는 인식론적으로 사물과 사건을 증명했다. 감각세계의 계산은 이기적 목적으로 이행하지만, 절제를 통한 도덕적 성격은 덕을 추구할 수 있다. 아리스토텔레스는 "덕(德)을 실천하는 방법도 예지적인 덕은 배워서 얻을 수 있고, 윤리적인 덕은 습관에서 얻을 수 있다"라고 봤다(Bertrand Russel, 1945/1973: 227). 설령 이성이라고 해도 사색적이므로, 탐욕의 도움이 없이는 실제 행동을 하지 못한다고 봤다.

개인 자신의 이성을 작동시키고, 육성해 나가는 사람은 그 영혼이 최선의 상태에 있다고 한다. 아리스토텔레스는 일반적인 원칙으로서 절제와 중용이 항상 가장 좋다는 것을 이미 인정하였다(Aristotle, 607/1999: 180). 모든 재산의 소유에 있어서 중간상태가 최선이며, 이러한 사람들이 가장 이성에 따른다고 본 것이다. 그 법칙에 따라 평등하게 시민이 번갈아 지배하는 상태가 바람직하다. 지도자는 절제・정의・용기를 가져야 한다. 결국 아리스토텔레스에게 민주주의는 다름 아닌, 수적으로 많은 중산계급이 그들 스스로의 이성적 판단에 의해 지배할 때, 국가가 안정되는 것이다.

물론 민주주의의 정도는 그 나라의 문화에 따라 지배되게 마련이다. 아리스토텔레스는 분명 '상황의 형이상학'(*situational metaphysics*)이라는 수사학을 적극적으로 받아들일 정당성을 확보하게 된다. 그는 그의 스승 플라톤의 수사학에 대한 비판과는 달리, 그 학문을 더욱 정교하게 연구했다(James A. Herrick, 2009: 78).

아테네의 시민은 관직을 갖고 법정의 운영에 참여하는 사람들이다(Aristotle, 607/1999: 115). 그들은 교육과 재산의 평등을 중심으로 민주주의를 운영하였다. 물론 그 지배계층에 여성, '노예',[3] 외국인은 포함되지 않았다. 그러나 그것 외에 그들은 자족적 참여민주주의를 실시했다. 정치집회나 법정에서 시민들은 생존 수단으로 수사학을 즐겨 사용했다. 참여민주주의와 연설은 밀접하게 관련되었다(David Cohen, 2004: 24).

6천 명 정도 모인 원형극장에서 교육을 받지 않은 사람이 웅변을 하는

---

3) 아리스토텔레스는 노예에 관해서 다음과 같은 논리를 폈다. 즉, ① 누구든지 본성으로 인하여 그 자신의 주인이 될 수 없고 타인에게 속하는 사람은 그 자신의 본성에 따라서 노예이다, ② 누구든지 사람으로 재산의 품목인 사람은 타인의 소유물이다. ③ 재산의 품목은 행동을 목적으로 하는 도구이며 양도될 수 있다(Aristotle, 607/1999: 48).

것은 시민사회에서 허용되지 않았다. 결격자를 제외하고, 누구나 공개적으로 참여하여 의제를 경청하고, 토론을 하고, 투표로 의사를 결정했다(David Cohen, 2004: 25).

시민은 '양당으로 갈라'(*agon*) 서로 공격과 방어를 실시했다. 이들 시민들은 자연적으로 웅변의 실천가인, 웅변가였다. 그는 선동정치인, 혹은 성난 군중으로부터 사형을 당하고, 자신의 여자가 팔려가고, 아이는 노예가 되는 수모로부터 해방해야 했다. 더욱이 공개 담론은 개인뿐 아니라, 커뮤니티에도 불명확한 정보의 유포로 전쟁을 일으켜 결국 국가를 위기로 몰아넣을 수 있었다.

자치적으로 움직이는 정치 커뮤니티에서는 설득 담론을 펼 수밖에 없었다. 그 이유는 로고스(*word*, *speech*, *argument*, *discourse*, *reason*)가 개인이 현명하게 잘 정돈된 정치적 커뮤니티를 유지할 매체가 될 수 있다고 봤기 때문이다(David Cohen, 2004: 31). 이런 상황에서 선동정치인의 감정적 정서를 차단하고, 그들의 폭력으로부터 자신과 커뮤니티를 지키기 위한 레토릭 교육은 필수적이었다.

기원전 335년 레토릭을 공부하기 위해 학생들은 아테네의 리세움(Lyceum)이라는 학교에 몰렸다. 그곳은 아리스토텔레스가 설립한 학교인데, 레토릭에 관한 글쓰기에 집중했다. 그곳에서 그는 '설득 수사학'(*persuasive rhetoric*)에 관심을 가졌다. 당시 그는 플라톤 학교의 일원으로 있으면서 기원전 350년 일반인을 상대로 레토릭 강의를 했다. 정규수업이라기보다는 방과 후 실용성(*pragmatic*)과 과학성(*scientific*) 측면에서 가르쳤던 것 같다. 곧 레토릭 책의 집필과 더불어 리세움의 상급학생들에게 그 이론과 실기를 가르쳤다.

그는 플라톤과 학문적 경향을 달리해, 레토릭 이론가들의 학설에 더욱 동조한 것이다. 그렇더라도 아리스토텔레스는 소피스트의 법정에 감금된 학문에 깊이를 더했다(James A. Herrick, 2009: 78). 그는 스타일에 관심을 가짐으로써, 고르기아스의 우아하고, 환상적인 정감적 표출을 일부 수용했다. 그러나 아리스토텔레스의 정감적 표출은 이성적 논쟁으로서 정서의 관계를 명확하게 했다(W. W. Fortenbaugh, 1975: 17; James A. Herrick, 2009: 89). 그는 정감적 어필에 설득 담론의 비합리성, 부적절한 요소가 아니라, 주의 깊은 이성화된 경우의 부분만 포함을 시켰다.

인간은 자신을 위하여 유용성을 선택하고, 더 큰 선을 추구하고, 더욱 편리한 것을 요구한다. 개인은 이성(*reason*)과 실천적 지혜(*practical wisdom*)를 가졌다면 그러한 유용성과 더 큰 선을 선택한다(Aristotle, 1947: 71). 실천적 지혜는 이성의 덕이며, 이것은 인간에게 선과 악이 공존할 때 현명한 판단을 가능케 한다. 그렇다면 현명한 판단으로서 선의 생산과 보존이 보장된다.

물론 그는 《윤리학》에서 "진실로 행복한 생활이란 모든 장애로부터 벗어난 선의 생활이며, 선이란 중용에 있는 것이다"라고 했다(Aristotle, 607/1999: 180). 즉, 모든 개인이 달성할 수 있는 것은 같은 중용에 있다는 결론을 얻게 된다.

한편 아리스토텔레스는 레토릭의 과학(*the science of rhetoric*)을 techne, or art로 고려했다. 레토릭은 "일반적 지식의 문제와 관련되거나 구체적 과학이 아닌, 변증법(*dialectic*)[4]의 대척점에 있다"고 봤다(Aristotle, 1947: xxxi). 공적 스피치에서 화자의 성격(*character*)과 감정(*emotion*)에 의해서 청자를 설득하게 됨으로써, 레토릭이 특수한 이슈로, 특수한 논

---

4) 변증법(*dialectics*)은 'dia'(*split*) + logos(*reason*)에서 온 말이다. rhetoric and dialectic은 둘 다 일반적 의견을 내포하고, 넓은 범위의 문제들을 취급한다(James A. Herrick, 2009: 79). 그럴지라도, 레토릭은 증명의 변증법을 제외하고, 그 대신 화자의 성격과 감정으로부터 명증성을 확보한다. 수사학은 정치적 법적 영역에서 실천적 이슈를 풀이하기 위한 공적 기술이다. 레토릭은 주로 많은 대중 앞에서 공적 스피치에 의존한다. 그러나 아리스토텔레스는 소피스트와 근거 없는 설득으로부터 레토릭을 분리시켰다(James A. Herrick, 2009: 79). 그는 학생들에게 어떤 주어진 상황에서 설득하는 탐사적, 합리적 능력(*the investigative, rational ability*)을 가르쳤다.

리적 훈련을 받지 않은, 많은 청중을 상대로 메시지를 전달한다.

플라톤는 《고르기아스》에서 변증법의 반대 술로 레토릭을 묘사했다. 고르기아스는 열정(*passion*)으로 타인을 설득하고자 함으로써 로고스를 풀이하기에 문제가 따른다. 그러나 레토릭은 변증법과 같이 이성에 근거하지 않아도, 삼단논법의 약식(*enthymeme*)[5)]으로, 얼마든지 증명 가능하고, 설득이 가능한 영역이다.

약식삼단논법은 레토릭의 삼단논법이다(James A. Herrich, 2009: 82). 즉, 모든 레토릭의 실체는 약식삼단논법이다. 약식삼단논법의 소재는 가능성(*probabilities*), 예증(*examples*), 필연적 징조(*necessary signs*) 그리고 징조(*signs*)이다(Aristotle, 1927: 337). 이것을 바탕으로 삼단논법에 의한 레토릭이 가능한 것이다.

형식상으로 삼단논법은 연역법에서 대전제와 소전제, 그리고 결론에서 도출한다. 그러나 약식삼단논법은 대전제나 소전제 둘 중 하나는 생략한다. 화자는 특수한 케이스를 들어 일반원리 없이, 누구나 공감할 결론에 도달할 수 있다. 물론 그 결론은 가능성의 일반화이다. 여기서 비처(LIoyd Bitzer)는 "약식삼단논법의 성공적인 구성은 화자와 청자의 참여적 효과를 통해서 성취될 수 있다"라고 봤다(LIoyd Bitzer, 1959: 399~408; James A. Herrick, 2009: 83). 약식삼단논법을 통한 레토릭은 주어

---

5) 약식삼단논법(*enthymemes, arguments from probabilities*)은 언급하지 않은 이성으로, 글자 그대로 '마음에 담다'(*held in the heart*)를 전제로 하는 것인데, 그 어원은 thymos이다(James A. Herrick, 2007: 83). 이는 '열정'(*passions*)과 '내적 자아'(*inner self*)로 언급된다. 그러나 논쟁에서 단순히 수용자의 믿음과 신념과 관련성이 아니라, 논쟁자의 감정을 참여시키는 데 관심을 갖는다(p. 83). 약식삼단논법은 정성어린 논쟁이고, 어떤 것을 완전하게 생각하면, 합리적 판단에 도달한다는 것이다. 그리스에서 이성과 감정은 분리하지 않은 것 같다. 결국 약식삼단논법으로 화자와 청자가 마음을 나누게 된다(LIoyd Bitzer, 1959: 399~408; James A. Herrick, 2009: 93). 논쟁을 통한 그 나눔은 가능성의 세계이고, 이 약식삼단논법은 사전 믿음, 가치, 선에 대한 동의에 기초한다.

진 이슈를 풀이함으로써, 공동체적이고, 민주적인 방법을 토출한다.

물론 약식삼단논법에서 생략된 전제는 누구나 '유추의 추론'(*inferential reasoning*)을 할 수 있는 부분이다. 그러나 이 부분은 상황에 따라서, 여전히 논쟁이 가능하고, 논리, 명증성, 추론 등이 필요한 영역이다. 논쟁과 논증은 약식삼단논법에서 결론으로 도출할 수 있다. 물론 명제에 따라 약식삼단논법을 사용할 수 없다면, 화자는 논증적 증명으로 예증을 제시할 수 있다(Aristotle, 1947: 279). 예증은 확신을 줄 수 있고, 명증성을 확보할 수 있다. 다른 말로 약식삼단논법을 할 수 없었다면, 그들 대신에 예증을 사용할 수 있다. 이런 근거에서 레토릭은 어떤 주어진 케이스에서 '설득 가능한 수단'〔*the possible*(*available*) *means of persuasion*〕의 능력이다(Aristotle, 1947: 15).

아리스토텔레스는 논쟁을 구성하는 방법에 대해 강의를 했고, 진실한 결론에 도달하기 위한 방법을 모색했다(Sarah Trenholm, 2011: 4). 그는 레토릭을 실천적 웅변술로 고려하지 않고, 창의적 '착상'(*invention*)에 관심을 가졌다(James A. Herrick, 2009: 80). 아리스토텔레스는 그의 학생들에게 어떤 상황에서도 설득을 할 수 있는 착상과 합리적 능력을 가르친 것이다.

구체적으로 《레토릭의 술》(*the 'Art' of Rhetoric*) I의 2장에서 화자가 청자에게 세 가지 방법으로 설득한다고 했다(Aristotle, 1947: 17). 아리스토텔레스는 명증성의 확보방법을 모색한 것이다. 우선 에토스(*ethos, human character and goodness*)는 좋은 성격, 개인적 신뢰의 사회학이다(James A. Herrick, 2009: 89). 인간은 효용성을 추구함으로써 이기적 인간이 되지만, 고위함(*the noble*)은 절대적 선을 추구한다. 소재에 따라서 성격이 달리 비춰진다.

화자는 신뢰를 갖기 위해 필요한 질적 요소로서 지(*wisdom*), 덕(*virtue*) 그리고 좋은 의지(*good will*) 등을 지녀야 한다. 잘 훈련된 화자는 커뮤니티 구성원이 믿을 수 있는 사람이라고 이해하도록 할 필요가 있다. 그러나 레토릭은 돌발적 상황의 요소로 화자의 성격을 노출시킬 때가 빈번하다.

플라톤이 화자의 육체적 감각세계를 도외시하려고 했지만, 아리스토텔레스의 화자 성격은 욕망과 증오 같은 감정, 덕과 악의 습관, 젊거나 늙거나에 따른 나이, 그리고 타고난 부와 가문의 운명 등을 포함시켰다(Aristotle, 1947: 247).

또한 수사학이 설득의 학문이라면, 청자를 확신시켜야 한다. 설득은 증거제시(*demonstration*), 혹은 명증성(*proof*)을 보여야 한다. 그 이유는 우리가 어떤 것에 대하여 증거제시가 있을 때 대부분 믿기 때문이다(Aristotle, 1991: 33; Timothy Borthers, 2011: 45).

당시 사람들은 명증성, 혹은 기술적 명증성에 관심을 갖지 않았다. 그들은 어떻게 약식삼단논법이 되느냐 문제를 제기하는 정도였다(Aristotle, 1991: 32). 그렇다면 명증성은 그들의 삶의 스타일과 약식삼단논법 등에 머무를 수 있었다. '비기술적 명증성'(*inartistic proof*)은 상황적 요소를 설명하였고, 기술의 수사학(*artistic rhetoric*)은 에토스, 파토스, 로고스에 의존하는 것이다. 우선 에토스는 연설가의 성격에 관심을 가진다. 아테네 사람들에게 에토스는 청자에의 신뢰를 설정하는 실천적 가이드였을 뿐만 아니라, 신뢰의 개인 질이 될 것에 관한 주의 깊은 연구 대상이었다(James A. Herrick, 2009: 90). 이때, 성격의 질적 수준은 부, 권력, 좋은 출신 등에 따라 다르게 나타난다.

한편 파토스는 '열정을 일깨우는 능력'(*the ability to arouse emotions*)이다. 이것은 청자를 어떤 마음의 프레임 안에 넣는다(Aristotle, 1947: 17). 원래 감정은 분노, 공포, 수치, 연민 등 모든 경험적 요소를 가진다. 감정의 심리학이 고려의 대상이 된다. 에토스가 화자에 관심의 초점이 있다면, 이것은 수용자에게 주안점을 둔다.

아리스토텔레스는 수용자의 판단(*judgment*)에 영향을 줄 정서적 능력 배양에 관심을 가졌다(James A. Herrick, 2009: 88). 설득 스피치의 적용은 판단 쪽으로 방향을 선회한다. 그 이유는 판단을 하게 되면, 논쟁이 필요 없어지게 되고, 설득될 사람은 재판관이 되기 때문이다(Aristotle, 1947: 263).

지적인 화자는 청자 구성원의 판단에 영향을 주거나 그들을 행동하게 하는 강한 믿음과 느낌에 참여하게 한다. 물론 레토릭이 설득의 한 술이라면 청자의 경험, 가치, 믿음 또한 중요한 요소다. 공유하는 믿음을 통해 레토릭은 이슈를 풀이할 수 있는 공동체적, 민주적 접근을 시도한다.

다른 한편으로 화자는 청자에게 좋은 감정(*good sense*), 덕(*virtue*), 선의지(*goodwill*) 등 강렬한 성격을 보여주도록 한다. 아리스토텔레스의 파토스는 토론에서 열정으로 설득하는 소피스트들이 목적론적 사고가 아닌, 정직한 판단을 하도록 도와준다. 이들 감정은 청자들이, 그들의 판단에 따라, 의견을 변화시키고, 그들에게 즐거움, 고통, 노여움, 연민, 공포 등이 따르도록 한다(Aristotle, 1947: 173). 화자는 청자의 공포감을 신뢰감으로 극복할 수 있게 한다.

감정의 심리학은 진리를 발견하거나, 행위를 하기 위한 도덕적 관심에 의해서 지배되는 어떤 것이다. 그때 개인의 감정은 결정을 하는 비합리적 장애물이 아니라, 어떤 종류의 합리적 대답을 준다.

아리스토텔레스는 화자와 청자의 관계를 음악적 조화에 대비해 관심을 가졌다. 그는 음악이 우리들로 하여금 올바른 방식으로 쾌락을 느끼는 습관을 길러준다고 했다(Aristotle, 607/1999: 316). 즉, 음악은 쾌락의 범주에 속하며, 또한 선은 사람이 환희의 감정을 느끼기는 것과 다를 바가 없다.

또한 아리스토텔레스는 음악과 더불어 시(詩)의 유익함을 언급했다. 그는 오늘날의 시인들은 수사학자와 같이 말한다며(Aristotle, 607/1999: 33) 시는 감미로운 것일 뿐만 아니라, 국가와 인생에도 유익한 것임을 주장한다.

마지막 로고스(메시지의 논리, *logic of the message*)는 정보원의 신뢰의 중요성을 지적한 최초의 커뮤니케이션 전문가 중에 한 사람이었다(Sarah Trenholm, 2011: 4). 로고스는 단순히 메시지(말)에 관한 것인데, 다른 동물과 다른 인간의, 지적인 행동이기 때문에 필요한 것이다. 그리스 사람들의 특징은 모든 문서를 읽는 것에 익숙하다는 것이다(James A. Herrick, 2009: 88). 즉, 작성된 말은 항상 말하는 단어이다. 이때 아리스토텔레스는 로고스를 스피치의 말, 논쟁, 논리를 증명하기 위해 사용할 수 있는 것으로 논의했다.

그는 로고스의 언급을 스피치의 상황, 효과적 추론을 위한 규칙, 설득에서 감동이 작동하는 부분, 수용자의 분석, 스타일과 전달의 효과적 방법, 진리를 유지하거나 발견하는 모든 수사학의 위치 등과 연계시켰다. 역동적 스피치의 성격 때문에 음악과 같은 화음이 필요하게 된다.

아리스토텔레스는 《레토릭에 관하여》 1권에서 또 다른 종류의 연설을 이야기했다. 그는 스피치와 논쟁의 다른 종류와 갖가지 상황에서 에토스, 파토스, 로고스를 시도했다. 화자(*speaker*)는 스피치 종류, 상황, 그리고 이슈의 형태를 선택해야 한다. 그는 스피치의 종류를 3가지로 크게 나누었는데, ① 숙의의 연설(*deliberative speech*, 입법 기관에서의 스피치), ② 법정 연설(*forensic speech*, 법정에서의 스피치) 그리고 ③ 예식의 연설(*epideictic speech*, *demonstrative speech*) 등이다.

그 구체적인 것을 설명하면 ③'예식의 연설'은 화자가 자신의 명예를 걸고 자신의 가치를 심는 것이다. 화자는 강렬한 가치를 표출하고, 스스로 재판관처럼 말한다. 공개장에서 더욱 많은 사람에게 자신의 뜻을 전달한다. 그 연설에서 나타나는 현재의 가치를 수용하도록 청자를 설득한다. 때때로 과장된 이야기가 더욱 설득력이 있을 수 있다.

수사학의 메시지를 전달할 때, 화자는 목소리의 크기(*volume*), 화음(*harmony*) 그리고 리듬(*rhythm*) 등에 세심한 관심을 갖는다. 적절한 언어와 은유가 요구된다. 물론 글을 읽을 때와 말로서 메시지를 전할 때가 달라진다. 예식의 연설에서는 시적, 드라마적 표현이 필요하게 됨으로써 타고난 스피치의 재능이 돋보인다.

이 스피치는 어떤 큰 성취를 이룬 시민들을 격려하고, 사악한 행위를 하는 사람을 공개적으로 비난할 때 사용한다. 절제 · 정의 · 용기를 지닌 연설자는 준비된 연설문에 의한, 정교한 언어로 수용자를 대한다. 화자는 정신세계를 추구하고, 개인의 이익보다 더 큰 절대적 선을 추구한다. 경구나 과장은 어떤 논쟁이 아닌 것임으로써, 이런 연설에서 알맞다(Aristotle, 1947: 105). 링컨은 1893년 11월 19일 게티즈버그 연설에서 국민의, 국민에 의한, 국민을 위한 정부에서 예술적 수단의 설득을 시도함으로써 아리스토텔레스의 전형적인 예식의 레토릭을 보여줬다.

②'법정의 연설'은 상대방을 비난 혹은 옹호한다. 이 연설은 과거 일어났던 일에 대해서 언급을 하게 됨으로써 정교한 사실의 기술이 필요하다. 법, 증언, 계약, 고문, 맹세 등은 명증성이 필수적 요소이다. 명증성의 증언에 따라 사건 관여자는 재판에서 이기고, 지게 된다. 결론은 승패에서 아주 명료하게 결판나게 된다. 아리스토텔레스는 법정의 연설로 약식삼단논법이 가장 적절한 것으로 간주했다(Aristotle, 1947: 105). 그 이유로 불명확성은 이성으로, 과거의 원인 조사와 논증적 명증성을 통해 확실성을 찾을 수 있기 때문이다. 각 자료들은 선과 악, 혹은 칭찬과 욕설로 분리되어 하나의 의견, 믿음을 형성한다.

그리고 마지막으로 ③'숙의 연설'은 정해진 화자의 목적, 관점, 구체적 청자의 관점 등을 고려하여 웅변을 시도한다. 이것은 대략적인 스케치 연설에 알맞다. 많은 대중에게 웅변을 시도하면 할수록 그 내용이 피상적일 수 있다.

이 연설은 입법기관(의회)에서, 혹은 국가가 처한 문제 해결이나 자원사용에 관계된 토론에서 사용된다. 연설 내용의 전개는 미래 일어날 일들에 집중한다. 이는 비교적 다수의 수용자에게 정책을 주장하거나, 의견을 제시할 때 빈번히 사용된다. 숙의의 추론은 시간, 금전, 다른 자원을 편리하게 사용하는 문제에 알맞다. 이 연설은 새로운 정책을 통과시키거나, 거절하기 위해 의원들을 설득하는 것이다. 숙의 연설에서 예증은 과거를 바르게 검증하고, 미래를 예측 가능하게 한다.

이런 세 가지 스피치는 로고스, 파토스, 에토스로 명증성을 확보하고, 설득을 가능케 한다. 어떤 종류의 상황은 다른 명증성의 조건을 필요로 하게 된다. 물론 스피치의 형태와 설득술은 화자의 입장에서 논한다. 수사학의 화자는 논쟁을 할 줄 알아야 한다. 그렇더라도 인간의 감정을 사로잡을 줄 알아야 하고, 화자의 좋은 성격을 구성하는 데 관심을 가져야 한다. 물론 아리스토텔레스는 2권에서 수용자의 성격에 관심을 가졌다. 구성원에 대한 수용자의 감정은 커뮤니케이터의 메시지에서 기인한다. 아리스토텔레스는 수용자가 메시지를 인지하는 방법도 부와 나이에 영향을 받을 수밖에 없다고 한다.

한편 아리스토텔레스는 논쟁의 입장, 구체적 주장의 topoi(*place*)에 따라서 어떻게 논쟁이 시작되고, 전개되는지에 관심을 갖는다. 구체적, 일반적 입장이 함께 논의된다. 같은 맥락에서 아리스토텔레스에게 '확률'(*probability*)은 일반적으로 승인된 명제인데 그 의견은 다수에 의해 승인된 일반적 명제이다(Dilip Parmeshwar Gaonkar, 2004: 10).

레토릭은 확률의 성격을 지녔지만, 아리스토텔레스는 1, 2권에서 레토릭의 착상과정(*inventions process*, 논리성, 합리성)에 주로 관심을 가졌다. 그는 '착상 중심'(*invention centered*)의 수사학에 관심을 가진 것이다. 물론 레토릭에서의 설득은 다른 영역이었다. 화자는 스피치의 스타일의 명확성, 우아함, 독특성 등을 나타낼 필요가 있다. 그는 체계적, 종합적 스타일에 관심을 가진 것이 사실이다. 또한 아리스토텔레스는 극적 전달 능력은 타고난 선물(*a natural gift*)이기 때문에 효과적 전달은 가르치는 것이 쉽지 않다고 했다(James A. Herrick, 2009: 92). 그러나 그는 훈련으로, 음성의 전달 화법을 발전시킬 수 있다고 봤다.

7

키케로의 웅변술

로마는 그리스뿐 아니라, 헬레니즘의 문화에 많은 영향을 받아왔다. 그들의 인문학 강조의 문화는 또한 그리스의 레토릭 전통과 분리될 수 없었다. 그러나 근본적으로 그리스와 로마는 달랐다. 그리스는 같은 문화에 의해서 통합되었으나, 독특한 도시국가를 유지하였고, 로마는 중앙에서 황제가 통치하는 형태를 취했다. 공통점이 있다면, 그리스와 로마 모두 극소수 사람들만이 읽고, 쓸 수 있는 한정된 문화가 전승될 수밖에 없었다는 점이다.

로마 시민들은 정치적 성공을 위해 수사학이, 공론의 장에서 토론을 하기 위해 레토릭 기술이 필요했다. 시민들은 용기, 원칙, 근면함, 의무, 전통 등의 덕목을 찬양했다(B. A. Krostenko, 2004: 38). 레토릭은 그들의 가치를 보존하고, 강화시킬 수 있었다. 로마의 정치인은 다른 연설가과 마찬가지로, 사회, 그리고 그들의 수용자의 가치를 자신의 것과 연결시키고, 역으로 그들의 적의 가치를 수용할 수 없는 가치로 간주했다(B. A. Krostenko, 2004: 38). 정치인들은 수사학을 동원하여 감정을 움직이고, 즐거움과 고통을 주면서 설득하고, 그리고 관점을 증명하는 명료성을 발전시켰다.

각각의 스피치는 그들의 가치를 강화시키고, 상황에 따라 적절하게 배열했다. 더욱이 레토릭 술로 말을 정교화하고, 지혜를 담고 그리고 어떤 성취감을 일으켰다. 그러므로 레토릭 교육은 로마에서 아주 중요하였다(James A. Herrick, 2009: 98). 로마의 레토릭은 공화정 당시 키케로(Marcus Tullius Cicero, B. C. 106~B. C. 43), 그리고 제정시대의 쿠인틸리아누스(Quintilian, A. D. 35~A. D. 100)가 중요한 인물로 기록되었다.

초기 로마는 선출된 집정관, 상원 그리고 민회 등을 가졌다. 공화국의 로마에서 가장 중요한 기구는 영내 및 외교 정책의 힘을 가진 원로원이었다(James A. Herrick, 2009: 99). 원로원(*senatus*)은 원래 3백 명으로 구성되었으며, 원로 위원회(*council of elders*) 의미를 지녔다. 그들은 자격만 주어졌지만, 평생 동안 직을 누릴 수 있었다.

그들 대부분은 로마나, 속주에 정치적 직책을 갖고 있었다. 원로원 구성원은 정치적 식견이 필요했고, 그들 나름의 인간 개성(*human character*)을 갖고 있었다. 로마의 레토릭 실천은 주로 정부를 통제하고, 개별적으로 공적 연사로 등장하는, 제한된 집단의 수준 높은 격조(*the aesthetic standards*)를 유지하는 데 있었다(B. A. Krostenko, 2004: 39). 연사의 개성과 가치는 삶의 전체를 관통하는 어떤 것이었고, 이런 형태를 아리스토텔레스는 윤리(*ethos*)라는 말로 표현한다. 원로원 구성원이 레토릭을 통해 자신의 좋은 개성을 보이는 것은 성공한 레토리션으로서 결정적이었다(James A. Herrick, 2009: 99).

그중 키케로는 로마에서 으뜸 정치인이었다. 그는 귀족출신이었으나, 정치적으로 영향력이 있는 가족 출신은 아니었다. 가족의 연계 없이 영향력을 얻게 된 것은 레토릭 구사능력 때문이었다(James A. Herrick, 2009: 99). 그는 수사학, 법학 그리고 철학을 공부함으로써 전문성을 인정받았다.

키케로는 시저 정부에 참가했으나, 오히려 민주주의에 열중했다. 그는 논쟁을 더욱 능숙하게 하기 위해 인문학에 접근을 시도했다. 키케로는 그 시대의 역동성을 표현할 수 있었고, 레토릭을 학문의 영역으로까지 격상시켰다. 더욱이 레토릭은 원로원뿐 아니라 법정, 공론의 장 등에서 영향력을 행사하게 됨으로써, 키케로는 유리한 위치를 점할 수 있었다.

키케로는 로마의 유명한 원로원이었고, 가장 정교한 웅변가였다. 그는 문학, 철학, 레토릭 이론 등에 걸쳐 많은 업적을 남긴 사람으로서, 인문학의 대가였다. 그의 사상은 《착상에 대하여》(*On Invention*), 《웅변에 대하여》(*On the Orator*), 《웅변가》(*The Orator*) 등에 기록되었다. 당시 커뮤니케이션은 모든 학문을 통합하는 '학문의 여왕'이었다. 그만큼 수사학은 무게가 있었고, 화자의 윤리가 강조되었다.

키케로는 시저가 사망한 후 안토니오(Mark Antony)에 대항하는 세력에 합류하였다가 죽음을 맞았다. 그는 에토스를 중요한 나머지, 변동의 파토스를 도외시함으로써 사람들의 정서를 흡수할 수 없었다. 그러나 그는 살아있는 동안 레토릭에 대한 많은 업적을 남겼다.

그의 유명한 스피치와 그가 다른 사람에게 보낸 편지, 다른 사람이 그에게 보낸 편지들은 보관되어 있다. 그는 당시 그의 작품에 레토릭 연구의 '레토릭의 강령'(*the canons of rhetoric*)으로 다섯 가지 주요 토픽을 정착시켰다(Sarah Trenholm, 2011: 5). 키케로에게 레토릭은 의견과 연계된 확률인데, 이것은 내향적일 뿐 아니라, 외향적 범주에 기초한 접근이다(Dilip Parmeshwar Gaonkar, 2004: 10). 그 범주는 경험에서 신뢰, 지속성 그리고 증명이 가능한 어떤 것이다. 키케로는 법적 논쟁에서 자주 사용하는 자리매김의 체계(*stasis systems*)를 즐겨 사용했다(Cicero, *De Inventione* I. B.C. 87, 11-1; James A. Herrick, 2009: 102). 입장(*stasis*)은 법적 공방, 정책의 토론을 포함한 모든 사람들의 논의 가운데 논쟁적 이슈 풀이에 도움이 된다.

키케로는 법적 논쟁에서 필요한 사고체계를 논의했는데, 그것을 갈등 혹은 중지 점(자리매김, 균형 상태, *struggle or stopping point*)의 체계라고 했다. 즉, 법적 논쟁에서 사실의 이슈와 추론의 이슈는 '무엇이 일어났는가?', '그것이 언제 일어났는가?' 등 '논쟁거리의 사실'(*disputed facts*)이 밝혀지면 사건은 양편이 논쟁에서 물러서고, 일단락을 맺는다. 또한 사건의 일어난 성격(*nature*)에 관한 논쟁에 '중지 점'이 필요하다. 마지막으로 중지 점의 이슈는 그 용어들의 개념(*definition*) 또한 중요하게 간주한다.

키케로는 논쟁을 발견하고 조직화를 위해 중지 점의 체계를 정리하고 있다. 입장의 아이디어(*the idea of stasis*)는 키케로 연구에서 가장 잘 정리되었다(Timothy Borchers, 2011: 44). 이것은 외면적으로 어떤 '장'(場)을 형성한다. 라틴말로 'loci communes'라고 하는데 이것은 공공장소, 공론장(*commonplaces*)으로 번역된다(James A. Herrick, 2009: 105). 공개장이 좋은 결정을 할 수 있는데 이는 밀턴(John Milton)의 '아이디어의 공개 시장(市場)'(*the free market places of ideas*)이 알맞다.

공공장소에는 '수사학적 상황'(*rhetorical situations*)이란 요소가 중요하게 부각된다. 그것은 이슈, 수용자 그리고 웅변가의 위치, 상황과 관련이 있다. 웅변가는 이슈가 관심을 갖게 되는 시간과 장소를 고려해 넣어야 한다. 또한 수사학적 상황은 역사, 문학, 법 등으로부터 도출된다(Sharon Crowley and Debra Hawhee, 2004: 27). 현대 웅변가와 수용자는 온갖 미디어를 통해 객관적으로 접근하지만, 그 당시는 벌써 어떤 집단의 편견을 가지고 있었다. 그들에게 객관성은 별로 중요한 요소가 되지 않았다. 더욱이 당시 중요 이슈는 그들에 대해 말하고, 쓰는 사람으로부터 분리되어 존재하지 않았다.

개인 자신의 체계가 벌써 존재한 것이다. 이 체계는 화제의 체계(*topical system*, *topica*)라고 한다. 이 단어는 그리스 topos or 'place'(pl. *topoi*)로서 논쟁의 해결로 논쟁의 일반적, 구체적 입장을 표출할 때 사용한다. '화자의 체계'는 아마도 기억의 방법으로 사용하지만, 케이스를 분석하고, 논쟁을 발전시키는 데 도움을 주는 큰 실천적 효용성을 가졌다(James A. Herrick, 2009: 105).

더욱이 웅변가는 기억으로 오랫동안 말을 한다. 기억을 훈련시키는 것은 레토릭 교육에서 결정적이다(James A. Herrick, 2009: 105). 기억술에 도움이 되는 화제의 체계는 이런 점에서 특히 효과적이다. 기억은 어떤 물리적 공간의 구상과 관련이 있는데 웅변가는 그가 위치한 익숙한 공적 건물이 있는 장소의 긴 웅변에서 논쟁을 편다. 논쟁의 회상은 건물과 정신적 작업이 함께 한다. 여기서 정신적 작업은 웅변가가 착상과 주제를 정할 때 도움을 준다.

이런 분위기에서 그리스와 로마는 놀라운 기억의 향연을 성취할 수 있는데, 2~3시간의 긴 연설을 시도한다. 괄목할 점은 키케로가 발전시킨 화제의 체계가 로마뿐 아니라, 후반기 유럽의 레토릭 이론과 실천에 큰 영향력을 주었다는 것이다.

레토릭은 학문으로 '중지 점'과 '화제의 체계'를 세울 수 있는 '술'이었다. 그 구체적 논의로 연설가는 '수사학적 능력', '연설의 구조', '연설의 주제' 등에 관심을 가진다. 키케로는 세 가지 주요 변수에 따라 다섯 가지 강령을 말했다.

키케로의 다섯 가지 강령은 아리스토텔레스의 전통을 전수하여, 착상(*invention*), 스타일(*style*), 배열(*arrangement*), 기억(*memory*), 그리고 전달(*delivery*)이다.

교육의 착상(*inventio*, '*the discovery of valid or seemingly valid arguments*', 내용선택)은 스피치 주제의 결정, 그리고 정당한 결론으로 이어갈 정보와 논쟁을 발견하는 과정이다(Sarah Trenholm, 2011: 6). 착상(*De Inventione*)은 기원전 87년 발전시킨 개념으로, 화자는 주어진 주제에 대하여 말할 수 있는 것을 발견해야 하고, 다른 사람은 그것을 이해할 수 있고, 논쟁을 발견할 수 있는 것으로 간주했다.

화자의 성격이 일부 변경된 것이다. 《웅변에 대하여》(*De Oratore*)에서 키케로는 아리스토텔레스의 그리스 용어를 로마어로 대체했다(Kimberly Anne Barber, 2004: 3). Inventione에서 그는 에토스를 conciliare로 대체하고, 화자의 성격도 변화시켰다. 즉, 그는 화자의 성격을 규정하기 위해, 수용자의 신뢰에 의존하지 않았다. 키케로는 오히려 현실적 연설에 더욱 관심을 가진 사람으로서 정의를 한 것이다. 그는 청중을 움직일 성격을 묘사하기에 더욱 열중했다(William W. Fortenbaugh, 1988: 261; Kimberly Anne Barber, 2004: 3). 키케로는 공감의 정서적 호소 형태로 성격 묘사를 시도한 것이다. 화자의 성격이 다분히 청자의 선의지를 유발시키기를 원한 것이다. 물론 여기에 명성, 위엄, 권위가 놓일 때 로마인들에게 더욱 설득력을 가질 수 있었다.

연설가는 믿거나 행위를 하도록 신뢰획득 방법을 찾게 되는데, 그때 필요한 것은 논거이다. 논거는 '추정'[1] (그것이 아니면 다른 것이 없는가?), 정의(그것은 무엇인가?), 속성(그것은 어떠한가?)을 필요로 한다(Marcus Tullius Cicero, 1995/2007: 50). 즉, 논리적 사고, 명확한 주제의 분석을 통해 화자는 효과적 논쟁을 위한 근거를 발견할 수 있다. 고전 수사학에서 연사가 청중을 설득하기 위해 전략을 수립하는 단계를 착상이라고 한다.

논거를 발견하는 착상 과정에서 연사는 두 가지 일에 치중해야 한다. 청중으로부터 신뢰를 획득하고 그들의 감정을 자극해야 한다. 로마인들은 그들의 '절박한' 현안문제를 풀기 위해 수사학을 채용한 것이다.

물론 '자리매김', 즉 입장정리는 자연스러움과 이성에 근거를 둘 때 이론으로서 설득력을 지닌다. 변화하는 실체나, 감정에 기초를 둘 때 자연 그 주장은 자기 절제에서 벗어나기 일쑤이다. 웅변가는 그의 즉각적 욕구뿐 아니라, 장기적 목표, 가치, 개인적 역사관 등을 고려해 넣어야 한다(Sharon Crowley and Debra Hawhee, 2004: 57).

신뢰를 얻기 위해 화자는 본질적 명증성(*intrinsic proofs*)이 필요한데, 여기서 invention은 라틴어 invenire에서 온 것이고, 그 뜻은 '발견하다'

1) 추정은 전적으로 사실의 '개연성'과 '고유성'에 의존한다(Marcus Tullius Cicero, 1995/2007: 51). 개연성은 '통상적으로 일어나는 것'이고, 고유성은 '항상 똑같은 결과를 낳고, 확실한 사실을 보여주는 것'이다. 이를테면 불을 추정하게 하는 연기가 불의 고유성이다.

(*to find*), 혹은 '부응하다'(*to come upon*)의 의미를 지닌다. 그 말은 그리스어 heuriskein(*to find out or discover*)의 의미를 지녔다(Sharon Crowley and Debra Hawhee, 2004: 20). 여기서 파생된 heuristic은 '발견을 돕다'라는 의미를 지닌다. 또한 라틴의 invenire에서 온 발명자(*inventor*)는 새로운 아이디어를 가진 사람을 언급한다. 결론은 착상이 논거를 확보할 때에만 신뢰를 얻을 수 있다. 착상을 시작할 때, 레토리션은 위치, '자리매김'(*a stand*)을 정한다. 이 말은 stasis(라틴어 *status* 혹은 *constitutio*)인데, 한 웅변가가 어떤 위치를 점하는 장소(위치)를 언급한 것이다(Sharon Crowley and Debra Hawhee, 2004: 53). 위치 매김은 수사적 상황에서 찬·반 양쪽을 '함께 자리매김'(*costanding, standing together*)하게 된다. 모든 당은 논쟁에서 '동의'와 '거부'를 한다. 위치 매김의 결정은 수사학적 논쟁에서 결정적이다(Sharon Crowley and Debra hawhee, 2004: 54).

논쟁에 참여하는 대부분의 사람은 가능하면 빨리, 강압적으로 자신의 위치를 선점하기를 원한다. 그만큼 참여자는 자신의 입장을 명확히 하고, 전제와 가치를 정할 필요가 있게 된다. 물론 과거 레토릭의 상황은 현재와 판이하다. 자리매김으로 양편을 갈라 논쟁하는 것은 법정이나, 국회에서 행할 뿐이다. 현재 정책은 아젠다를 정하는 것에 더욱 관심을 갖는다.

그렇다면 현재의 가장 만족스런 '자리매김'은 이슈(*issue*)의 경우인데, 한 이슈에 따라 사람들은 동의하거나 그렇게 하지 않는다. 설득을 위한 레토리션은 논쟁에서 어떤 점에 대해 생각하는 것을 명쾌히 해야 하고, 논리의 논거를 제시할 필요가 있다. 또한 그는 수용자 구성원에 대한 사고와 가치에 대해 심각하게 고려해야 한다.

같은 맥락에서 히틀러는 착상 과정에서 청중의 신뢰를 얻기보다 청중의 감정을 자극하는 일을 우선으로 하고 있다. 그는 청중의 이성과 판단력이 아니라 청중의 격정에 호소하여 자신의 연설을 일체의 논쟁 없이 받아들이도록 하는 데 주력하였다(김종영, 2010: 64~65).

착상에서 또 하나 중요한 것은 주제(*topics*, Greek *Topos*, *'place'*), 혹은 공공장소, 공론의 장(*common places*, Latin *Locis communis*)이다(Sharon Crowley and Debra Hawhee, 2004: 95). 주제의 리스트는 우선 파피루스 롤에 적어놓았고, 학생들은 토픽이 적혀있는 롤의 장소에서 구체적 토픽을 찾았다. 그 말이 어원이 변해 지적 정보원, 증언을 할 수 있는 장소 등으로 사용된 것이다. 그 후 주제(*topic*)와 장소(*place*)는 개념, 분류, 규정 등 형식적, 구조적 착상의 전략으로 언급되었다(Sharon Crowley and Debra Hawhee, 2004: 95). 후기 그리스에서 주제의 선정은 윤리적, 정치적 이유로 착상을 시도하게 된다.

Topos는 결국 그리스어와 라틴어로 topic과 commonplace, 그리고 양자를 합친 것으로 자리매김하였다. 전자는 논쟁을 일으키는 구체적 과정, 그리고 후자는 이데올로기 안에서 순환하는 언급이었다. Topos는 언어의 구조에 존재하거나, 커뮤니티에 관심을 둔 이슈이다.

현재 주제는 지식의 몸통, 쓰고자 하는 어떤 것이다. 지금과는 달리, 그리스인의 Topos는 공공, 공통(*common*)의 의미를 갖고 있었다. 토픽은 매일 그들로부터 어떤 전제나 증명이 가능하게 됨으로써, 공통의 커뮤니티 감정을 갖는데, 그들은 정치, 윤리, 사회, 경제, 철학 이슈의 고려로부터 개인 자신을 쉽게 분리시킬 수 없다.

그리스인들은 Topos를 암기한 상태에서 어떤 부분을 강조하거나, 축소했다. 주로 칭찬과 비난은 예식 토픽(*epideictic topics*)인데, 장례식 같은 행사에서 사용하기에 알맞다. 다른 형식으로 '법정 토픽'(*forensic topics*)[2]과 숙의 담론(*deliberative discourses*) 등이 행해진다.

---

2) 법정 토픽은 자연법과 실정법으로 나눠진다. 본질상 두 유형의 법은 제각기 신법(神法)과 인법(人法)으로 나눠진다. 후자는 형평성 영역에, 전자는 종교의 영역에 속한다(Marcus Tullius Cicero, 1995/2007: 146). 형평성의 본질은 두 가지다. 하나는 '진실과 정의의 원칙'이고, 나머지는 '같은 것에는 같은 것으로 갚는다'라는 것이다. 후자는 '호의적 행위'에서 '감사', '부당한 행위'에서 '처벌' 등

둘째 강령은 스타일(*elocutio, style, the fitting of the proper language to the invented material*)이다. 이것은 메시지를 전달할 적절한 말을 선택하는 과정으로 묘사한다. 연설가는 무엇을 전할 것인가, 그리고 어떻게 전할 것인가를 생각하게 된다.

고전 수사학은 정확한 언어의 사용과 스피치의 범주화된 주요 형태를 강조한다. 키케로는 윤리(*ethos*), 논리(*logos*), 열정(*pathos*)에 상응하는 세 가지 스타일의 스피치가 있다고 믿었다. 윤리는 수용자가 화자의 좋은 성격, 좋은 감각 그리고 신뢰를 확보토록 한다. 논리적, 명확성, 절제 등이 화자에게 신뢰를 부여할 수 있다. 논리는 수용자에게 화자의 입장이 건전하다는 인상을 줄 수 있어야 한다. 이것은 복잡한 논쟁을 구성하게 하고, 철학적 차별성을 구성시킬 수 있다. 마지막으로 열정은 열변과 감정을 불러일으킬 수 있다.

열정은 정교한 웅변에서 비판받게 되고, 다른 두 가지 요소에 근거하여 제한적으로 사용될 것이 요망된다. 기본적으로 키케로가 아리스토텔레스의 에토스와 파토스를 달리 생각했다. 아리스토텔레스는 전술했듯, 에토스는 화자에게서 발생하는 것이고, 파토스는 수용자로부터 오는 것으로 간주했다. 그러나 키케로는 둘을 역동적으로 표출함으로써, 양자간에 차별성을 발견하기 어렵게 만들었다. 즉, 그에게 파토스는 청자의 집약적 감정과 관련시키는 것이고, 에토스는 용도가 묽은 감정적 표출을 포함시키는 것이었다(Kimberly Anne Barber, 2004: 27).

키케로에게 에토스와 파토스는 양편에 절제가 필요하게 되고, 공감을 강조한다. 화자는 물론 애국심, 찬사 등 웅변에서 감정을 사용하는 것을 피할 수 없다. 그러나 연설가는 조심스럽게 메시지의 말을 선택하고, 배열해야 한다. 또한 스타일은 스피치 목적과 관계에 따라 다르게 취급된

원칙을 갖는다. 궁극적으로 법의 목적은 '정의의 실현', 도덕의 목적은 '선의 실현'이다. 법과 도덕은 함께 가게 된다.

다. 스타일은 수용자에게 교육적, 오락적, 실질적으로 전달할 수 있다. 연설가는 어떤 경우에든, 수용자를 위해 언어가 명료하도록 하고, 살아 숨쉬고, 적절하게 할 필요가 있었다.

셋째 강령은 배열(*dispositio, arrangement, the distribution of arguments discovered in the proper order*)이다. 화자는 최대의 충격을 주기 위해 아이디어를 배열한다. 약식삼단논법은 논쟁을 위해 필요한 하나의 방식이다. 또한 고전이론은 서론, 본론, 결론으로 배열하는데, 수용자가 메시지를 객관적으로 수용하기 위해 사실과 사건을 개인 마음의 프레임과 분리시켰다. 키케로는 합리적 논쟁(*rational argument*)을 시도한 것이다(De Inventio, 1.51: 77; Kimberly Anne Barber, 2004: 47). 즉, 그가 채용한 논쟁은 진정 합리적이거나, 그 범위에서 합리성의 모양새 갖추기 위해 논쟁을 조작하기도 했다. 물론 때때로 화자는 '애수'와 '애국심'(*pathetic, patriotism*)으로 정서를 자극시킬 뿐 아니라, 로마인의 특권, 보상, 시민권 등을 강조했다(Kimberly Anne Barber, 2004: 52~54).

그러나 화자는 설령 로마가 개인이 바라는 세상으로 해방된다고 해도, 아이디어에 효과적인 질서를 주는 방법을 요구한다. 키케로는 무리한 '경성 사실'(*hard facts*)의 세계만을 강요하지는 않았다(Kimberly Anne Barber, 2004: 54). 때때로 그에게 '국가의 안전'(*national security*), 윤리 등이 주요한 변수로 등장했다. 그럴지라도 이성과 합리성에 의존한 자연법사상이 로마를 지배했다. 연설은 어떤 합리적 서술방법이 필요했다. 즉, 키케로는 서론으로 시작하여, 목적의 언급에 따라, 논쟁을 표출하고, 결론을 맺는다(Sarah Trenholm, 2011: 7). 고전이론은 수용자의 필요와 목적에 따라 내용물을 조직화하는 필요성을 강조한 것이다.

넷째 강령은 기억(*memoria, memory, the firm mental grasp of matter*)으로 화자의 마음속에 내용, 스타일, 배열을 강화시키는 능력을 갖는다. 기억의 과학(*the science of mnemonics*)은 화자가 복잡한 논쟁의 궤적을 유지하게 한다. 가장 적절한 기억 체계의 하나는 각 주제의 방을 적절한 스피치의 주요 아이디어로 시각화하는 것을 필요로 한다. 이것은 논쟁에 적절한 질서를 형성시킨다.

나머지 강령은 전달〔*pronuntiatio, the control of voice and body in a manner suitable to dignity of the subject matter and style*(Cicero, 1976, 1. vii. 9; James A. Herrick, 2009: 103)〕이다. 화자는 언어적, 비언어적 방법을 통해 자연스럽게 변화를 주고, 적절한 방법으로 스피치를 주도한다. 키케로는 어떤 질서를 갖고, 논쟁을 배열하기를 원했다. 그는 개별 주제 안에서 논쟁의 배열을 시도했다(Kimberly Anne Barber, 2004: 70).

또한 키케로는 실제 전달하는 방법에 관심을 가졌다. 목소리는 관심과 감정을 전달하고, 몸짓은 스피치를 주요 아이디어와 접합시킨다. 화자가 유쾌한 리듬을 가진 목소리, 우아한 몸짓을 사용할 때, 연설가와 청자는 공감의 커뮤니케이션을 갖게 된다. 또한 그 내용은 윤리적, 정감적, 합리적 논쟁과 그 배열이 탐미적으로 함께 어우러져 있다.

물론 로마의 전통은 과장된 표현을 쓰기를 원치 않았다. 이들 강령을 바탕으로 그리스-로마시기에 레토릭은 고등교육의 기본적 내용이었다. 더욱이 레토릭은 로마제정에서 교육의 체계였다(Calvin Troup, 1999: 13). 그들은 미래 지식인을 위해 기억력을 증가시키도록 했다. 물론 스피치뿐 아니라, 쓰기에도 기억력을 요구했다.

로마의 라틴어는 정숙한 스피치를 권장했으나, 그 언어 자체가 일반인이 접하기에 난점이 따랐다. 말하자면 글래드스톤(William Gladstone) 류의 라틴어는 실제로 글로 써 보면 죽은 언어나 다름없었기 때문이다(Lancelot Hogben, 1949/2007: 154). 라틴어는 스타인(Gertrude Stein)의 관용어가 당시 미국 가정의 관용어에서 동떨어진 것과 같이, 이탈리아 반도의 일상 통용어에서 동떨어져 있었다.

당시 문자언어는 그리스, 라틴 사회의 틀 속에서 그들에 앞서 지나간 어떠한 문명세계에서도 전례 없을 정도로 보다 부유한 시민만이 이용할 수 있었다. 따라서 많이 읽거나 아니면 자주 읽는 사람은 여전히 극소수에 불과했다. 그리고 구두언어는 여전히 교육과 정치 선전의 주요 수단이었다. 게다가 글을 읽을 줄 아는 사람 중에서 쓰기도 할 수 있는 사람은 역시 극소수였다(Lancelot Hogben, 1949/2007: 154). 당시 지식인은 그리스어에 그들의 철학과 레토릭을 첨가시킨 것이다. 레토릭은 철학적 요소를 지녔으며, 소리와 리듬을 가진 '언어의 음악'(*the music of language*) 이었다.

8

쿠인틸리아누스의 유능한 웅변가 교육

키케로는 고유의 영역으로 수사학을 발전시켰다. 그의 인문학 강조, 좋은 성격(*character, ethos*)은 쿠인틸리아누스에게 전수되었다. 쿠인틸리아누스는 학생들에게 수사학의 강령뿐 아니라, 인문학, 기하학, 체육학 등을 수강하도록 권장했다. 그는 용기, 정의, 절제 등의 철학적 주제가 수사학에 어떤 역할을 하는 것으로 간주했다. 그는 수사학 교육에 이러한 가치의 연구를 결합시켰다(Timothey Borchers, 2011: 41).

스페인에서 로마에 이민 온 쿠인틸리아누스(M. Fabius Quintilianus, 35~95)는 키케로 다음가는 영향력을 레토릭 이론과 실천에서 행사했다. 그는 마지막 최대 고전이론가로서 "교양이 있는 사람이 좋은 말을 잘한다"(*The good man speaking well*) 라고 레토릭을 규정했다(Sarah Trenholm, 2011: 8). 그 결과 우리는 연설가에게 스피치의 예외적 재능의 소유뿐 아니라 동등하게 성격의 월등함을 요구한다(Quintilian, 1969: 9).

수사학은 eloquentia인데 그리스는 두 가지 정서를 가지고 있다. 하나는 레토릭 술(*arts rhetorica*), 수사학적 술(*the rhetorical art*), 즉 nauis piratica이고, 다른 하나는 철학(*philosophy*) 혹은 우정(*friendship*)이다(Quintilian, 1969: 299). 그 '기술'(*art*)은 말을 잘 하는 것이고, 예술가

(*the artist*) 는 연설을 잘하는 사람이며, 그 일(*work*) 은 좋은 연설이다. 수사학은 art, artist, work가 함께 한다. 물론 연설가는 키케로가 수사학을 예술적 웅변(*artistic eloquence*) 이라 이야기하던 맥락이다. 즉, 쿠인틸리아누스는 연설가는 정확한 언어로 자부심을 갖는 사람으로서, 연설로 설득의 힘을 갖는다고 했다(*Those who have regarded as the power of persuasion by speaking, pride themselves on their greater exactness of language*; Quintilian, 1969: 305). 한편 연설가는 착상하에 판단(*judgement*) 이 정확해야 하는데, 쿠인틸리아누스는 표출(*expression*) 과 배열(*arrangement*) 의 분리가 불가능하다고 봤다(Quintilian, 1969: 285).

쿠인틸리아누스는 칼라구리스(Calagurris, Calahorra) 에서 태어났다. 그의 아버지는 로마에서 성공한 웅변가였다. 그는 학업을 계속하기 위해 로마로 갔다. 그의 선생 중에서는 문법학자 퍼렐몬(Remmius Palaemon) 과 비교적 잘 알려진 수사학자 아프터(Domitius After) 도 있었다(Quintilian, 1969: vii). 공부를 마친 후에는 레토릭을 가르치려고 고국으로 돌아갔다. 그러나 68년 히스파니아 타라콘넨시스(Hispania Tarraconensis) 주지사 갈바(Galba) 에 의해서 다시 로마로 가게 되었다. 그 후 로마에서 20년 동안 수사학 선생으로 인기를 끌게 되었다.

쿠인틸리아누스는 법정에서 일을 시작했고, 그리고 그 후 베스파시안(Vespasian) 로마정부에서 처음으로 레토릭 교사가 되었다. 그는 수사학 교사, 정부의 고문 변호사 등으로 명성을 얻었다. 이후 그는 다시 스페인으로 돌아와 퀸틸리언 공립학교(Quintilian' school) 를 설립하고, 국가에서 봉급을 받았다.

교사 일을 퇴직한 후, 열두 권으로 된 《웅변의 교육》(*Institutio Oratoria*) 이라는 웅변 책을 집필했다. 쿠인틸리아누스의 목표는 완전한 연설가를 훈련시키는 것이었다(Quintilian, 1969: 9). 또한 《레토릭의 실천적 적용과 예증》(*The Rhetorica ad Herennium*) 에서 이론, 모방, 실기 등 수사학 스킬을 습득하는 방법을 모색했다. 쿠인틸리아누스는 수사학의 5개 강령을 체계적으로 코드화했다(Timothy Borchers, 2011: 43). 즉, ① 착상에서 연설가의 위치를 도울 논쟁을 창출하고, 위치를 증명하도록 한다. ② 배열(*arrangement*)에서는 수사학의 질서주기, 즉 서론, 주장의 언급, 증명 그리고 결론을 도출한다. ③ 스타일(*style*)은 은유를 사용하여 스피치의 예술적 요소에 관심을 가졌고, ④ 전달(*Delivery*)은 연설가 발표의 언어적, 비언어적 성격이다, ⑤ 기억(*memory*)은 스피치에서 사용할 정보를 회상하는 것이다. 쿠인틸리아누스는 기억을 연설에 가장 필요한 것으로 간주했다(Quintilian, 1969: 19). 또한 기억은 선생에 의해서 발전시킬 수 있는 유일한 능력이다.

쿠인틸리아누스는 교육(*instruct*), 감동(*move*), 매력(*charm*) 등을 연설의 목적으로 삼았다(Quintilian, 1920: 397). 그렇게 하려면, 연설가는 청자의 감정을 유발시킬 수 있도록 그들의 지적 수준을 높여줘야 한다. 또한 그들이 흥미를 잃지 않도록, 관심을 살아있게 해야 한다.

좋은 웅변가는 무덤에서 요람까지 필요한 요소들을 작성한다. 역사가 타키투스(Tacitus), 정치가 플리니(Pliny)를 키워낸 그는 어릴 때부터 적절한 라틴어를 교육시키도록 했다.

그는 웅변가의 윤리(*ethos*)가 수용자에게 어떻게 인지되는지에 관해 중요하게 생각했다(James C. McCroskey, 1997: 10). 신뢰를 가진 연설은 화자와 수용자가 함께 해야 할 필요가 있다. 그는 설득만 하는 수사학에 관심을 가지지 않고, 문화적으로 성숙한 보수적 로마 시민, 명예로운 사람들이 되기를 권장했다. 웅변가가 타고난 재능을 개발하여, 사회에 도움이 되는 수사학을 시도한 것이다.

쿠인틸리아누스는 자신의 저서, 1권에서 레토릭 연구를 위한 교육적 필요를 토론했고, 2권에서 레토릭의 성격과 범위를 규정했다. 3~7권은 착상과 배열을 강조하는 레토릭 자체를 다루고 있었다. 8~10권은 스타일에 대해서, 그리고 11권은 기억과 전달을 다루었다. 책의 마지막 부분은 완벽한 웅변을 위해 요구되는 쿠인틸리아누스의 견해를 언급했다.

쿠인틸리아누스의 레토릭은 유한함과 무한한 문제를 다루었다(James A. Herrick, 2009: 114). 첫째, 무한한 문제는 사람, 장소, 시간 그리고 다른 특수한 제한에 대한 구체적 언급을 하지 않았다. 무한한 문제는 종교적 문제나, 어떤 사람이 정치에 입문해야하는지를 다루었다. 그러나 유한한 문제는 특수한 개인, 사실, 장소, 시간에 관해서 다룬다. 쿠인틸리아누스는 양편을 선호했다. 이런 그의 성향에서 현대와 고대 레토릭의 다른 점이 노출된다. 고대의 레토릭은 언어 자체나, 커뮤니티의 믿음으로부터 발생된 논쟁을 주로 다룬다(Sharon Crowley and Debra Hawhee, 2004: 16). 그러나 현대는 사실이나 증언이 궁극적으로 중요하게 언급된다.

둘째, 과거는 지식의 원천으로 의견에 값어치를 두는데, 그 의견은 개인에 관한 것이 아니고, 전 커뮤니티의 생존에 관련이 있는 논쟁이다. 커뮤니티는 수사학의 근거이고 이성이므로, 그에 대한 논쟁이 활발했다.

셋째, 고대 수사학은 장소와 시간을 가르친다. 장소와 시간의 상황이 수사학의 구성에 크게 영향을 준다. 당시 수사학은 사람들이 알고 있는 집합된 지식을 전수한다. 즉, 가르치고, 배우는 것은 사람들이 벌써 알고 있는 것에서 출발한다. 그렇지 않으면 화자는 그들의 청자와 상황을 달리 인식하기 때문이다. 수사학 담당자는 이슈가 관심을 끌고 있는 시간과 장소를 염두에 둬야한다(Sharon Crowley and Debra Hawhee, 2004: 27).

마지막으로 요즘 수사학은 사실에 근거하는 데 반해, 고대 레토릭은 언어에 대한 태도가 중요하게 부각되었다. 고대 수사학은 설령 사실이 있다고 하더라도, 그 사실이 이데올로기와 같이 작동한다. 그들 믿음의 이데올로기는 공통적이고, 많은 사람에게 공통이 되어야 나눔이 가능하다. 이런 관점에서 본다면 물리적 세계의 사실에 대한 인간 인식에는 언어가 바위와 같은 물리적 대상물과 같은 것이 아니기 때문에, 어떤 왜곡이 반드시 포함되어 있다(Sharon Crowley and Debra Hawhee, 2004: 19).

물론 고대 레토릭의 언어는 사람을 가르치고, 기쁨을 주고, 정서를 움직였다(Sharon Crowley and Debra Hawhee, 2004: 17). 말은 사람들의 사고를 대변하고, 언어는 가능한 명확하게 사람들에게 사고를 전달해야 한다. 고르기아스는 언어가 약품이 몸에서 작동하는 것처럼, 인간 정신에서 막강하게 작동한다고 생각했다. 또한 이소크라테스는 언어가 인간을 같이 살게 하고, 문화를 설립하게 함으로써, 커뮤니티 형성의 근거가 된다고 봤다.

쿠인틸리아누스는 화자와 청자가 관찰해야 할 특수한 법칙이 있다고 한다. 그것이 다름 아닌 언어의 문제이다. 언어는 이성, 고전, 권위 그리고 관습에 기초한다(Quintilian, 1969: 113). 이성은 유추 그리고 때때로 어원학에서 주로 보증한다.

물론 그리스인에게 언어는 지금 우리의 언어와는 다른 종류의 것이었는데, 공감의 영역을 강조했으며 로고스라고 불렀다. 당시 로고스는 ratio(*reason*)으로 번역되었고, 그 힘은 언어로서 말하고 쓰는 것보다 사고하는 것과 관련이 된다(Sharon Crowley and Debra Hawhee, 2004: 29). 여기서 스피치의 말은 정신적 경험의 상징이고, 쓰는 말은 말하는 단어의 상징이다. 특히 정신적 경험은 감각기관을 초월한 진리의 인식이다.

그렇다면 수사학은 언어에서 그 가능성을 찾기보다, 삼단논법의 약식 삼단논법 등에서 찾는 편이 더욱 현명하다(Quintilian, 1969: 179). 더욱 명쾌하게 쿠인틸리아누스는 유한, 무한의 문제를 법정에서 풀이했다. 그는 "법정 연설의 경우 현존(*existence*), 개념(*definition*), 질(*quality*)을 결정한다"라고 봤다(James A. Herrick, 2009: 114).

현존 문제가 벌어진 사실, 무엇이 일어났는지, 수사학은 규정할 필요가 있었다. 법정은 경험적 명증성, 증언이 현존을 규정할 수 있었다. '규정'은 사건을 범주화하기 위해 관련된 논쟁이 포함된다. 감각 기관에 의한 언어는 상황의 변화에 따라 개념의 오류를 가져올 수 있다. 그리고 문제가 규정되면 그 행위의 정당성이 논의된다. 최근에는 전문가, 높은 직책의 증언이 신빙성을 높인다. 그러나 플라톤은 감각에 의한 인식의 세계가 아닌, 변하지 않는 진리에 가까이 가도록 권한다.

쿠인틸리아누스의 문제는 명증성으로 적절성을 따져 법정에서 증명이 되어야 한다(James A. Herrick, 2009: 114). 이때 목격자(*eyewitness*)가 중요한 요인으로 작동한다. 둘째, 일반적 동의가 명증성을 제공할 수 있다. 사건이 일어나면 그렇게 될 수밖에 없는 명증성이 필요하다. 셋째, 명증성은 법, 일반적 동의, 계약에서 얻을 수 있다. 사회관습, 규범 등 사회에서 통용되는 어떤 것이 존재한다. 마지막으로 원고와 피고가 함께 동의하는 부분이다. 키케로와 같이, 쿠인틸리아누스는 공감의 영역을 수사학에서 중요한 요소로 간주했다.

9

기독교의 레토릭 전통

313년, 로마의 콘스탄틴 대제(Constantine, 제위 312~337)는 군인 중에 기독교 신자가 많아지자 기독교를 정교로 공포했다. 그러나 야만의 침범으로 로마는 희랍어 사용권과 라틴어의 사용권으로 양분되었다. 도서관이 파괴되고, 고전 읽기는 점점 사람들과 멀어졌다. 게르만 민족이 서로마제국을 정복하고, 로마인의 우수한 기독교 문화를 수용했다. 문법과 레토릭을 가르치는 몇몇 사설 강습소는 이탈리아나 가울(Gaul) 도시에서 오랫동안 성업을 하고 있었다(George A. Kennedy, 1980: 174; James A. Herrick, 2009: 128). 이탈리아 베니스, 볼로그나 등 도시에서 시민의 생활의 복원되고, 레토릭이 성행하기 시작한 것이다. 의회와 법정에서는 레토릭이 필요하게 되었고, 교회에서도 레토릭에 대한 요구가 증가되었다.

로마에 기독교가 득세하면서, 희랍이 영향력을 잃게 되었다. 그러나 5세기에서 15세기까지 세상은 여전히 이민족의 침입에 고전을 면치 못했다. 기독교인들은 내세적인 신앙의 터전 위에 서 있는데도 불구하고, 교회는 하루하루 살아가는 이 세상의 가장 중요한 기관이 되었다(Bertrand Russel, 1945/1973: 299).

한편 헬리니즘의 마케도니아인에게 정권이 넘어가게 됨으로써 희랍 철학자들은, 자연스럽게 정치로부터 멀어지게 되고, 개인의 덕이나 구원 같은 문제에 더욱 몰두하게 되었다. 그들은 공동체에 대한 관심을 버리고, 개인의 행복과 전체의 행복과의 연대성을 끊으며, 오직 개인 자신의 행복을 누리는 경향을 가지게 되었다(최재희, 1984: 78).

사람들은 냉소적이 되거나, 종교에 귀의했다. 그 시대는 고통이 충만한 때였다. 사멸은 정신의 고통에서 쉬는 것을 의미하지만, 다른 방법으로 고통을 피할 수도 있었다. 헬레니즘 시기에 에피쿠로스(Epicurus, B. C. 341~B. C. 270)와 그 후 라엘티우스(Diogenes Laertius, 서기 3세기)는 '쾌락을 선으로 보았다'고 한다. 개인에게 시장기가 있어 그것이 충족될 때 오는 동적 쾌락이 있으며, 그것이 성취될 때 오는 정적 '균형상태'의 것이 있다(Bertrand Russel, 1945/1973: 317). 에피쿠로스를 '전원학파'라고 하는데, 그는 경험적 인간성에 주목했다(최재희, 1984: 84).

감각기관이 사물의 진위를 아는 표준이 되듯이, 쾌고(快苦)의 감정을 실천적 행위의 표준으로 보았다. 인생 전체에서 쾌락의 양이 고통의 양보다 많아야 한다. 그렇게 하려면 개인은 평정심(平靜心, *ataraxia*)이 필요하다. 평정심은 안정된 상태의 쾌락이요, 최고의 쾌락이다(최재희, 1984: 85).

에피쿠로스에게 쾌락은 그 자체에 있어서 선이요, 모든 고통은 악인 것이다(최재희, 1975: 74). 고통을 버리려 하고 쾌락을 바라는 것은, 실로 인간성이요, 모든 생물의 본성이기도 한 것이다. 그들은 심지어 국가도 개인을 위한 수단으로 봤고, 개인은 되도록 국가적 생활에서 초연하기를 원했다(최재희, 1984: 85).

물론 쾌락은 죽음의 공포를 피하기 위해 종교에 귀의한다. 형이상학은 정신이 멸하지 않는다는 데서 출발한다. 신앙은 공포의 고통으로부터 인간을 구원하는 것이다.

에피쿠로스는 영혼의 존재에 대하여 논의했다(Bertrand Russel,

1945/1973: 320). 영혼의 원자(*Soul-atom*)는 신체 전반에 걸쳐 퍼져 있다. 감각은 신체에서 발사된 얇은 막에서 기인하는 것이며, 그 막이 떠돌아다니다가 영혼의 원자에 부딪치면, 감각이 생기는 것이다.

그에게 죽음은 감각할 수 없는 것이어서, 무(無)에 불과하다. 그러나 에피쿠로스는 혼의 세계를 인정하게 됨으로써, 신을 받아들이게 된다. 복음(福音)을 통해 인간이 정신의 세계로 귀의할 수 있게 된다. 그러나 에피쿠로스는 여전히 죽음에 대한 공포를 해결하기에는 무리라고 생각했다. 그는 공포와 신을 현실세계에서 찾았다. 신에 대한 확실한 개념이 없었던 에피쿠로스의 정신은 정치로부터 멀리 떨어져 있는 로마의 일부 지식인에게 위안을 주는 정도였다. 즉, 에피쿠로스의 복음은 대중의 마음을 끌 수 없었으며, 언제나 교양 있는 몇몇 사람들의 신조로서 남아 있었을 따름이다(Bertrand Russel, 1945/1973: 326).

에피쿠로스와 함께, 제논(Zenon, B. C. 335~B. C. 263), 아우렐리우스(Marcus Aurelius, A. D. 2세기) 등 스토아 철학은 플라톤주의와 윤리학을 접목시켰다(Bertrand Russel, 1945/1973: 327). 그러나 그들은 종교적 요소를 강하게 내포하고 있었다. 초기 그들은 영혼의 질료(質料)를 불이라고 보았다.

제논은 실재는 질료, 즉 물체라고 여겼으며 덕, 정의, 비례 등도 완전한 물체로 봤다(Bertrand Russel, 1945/1973: 329). 그는 우주적인 결정론에 몰입하고, 자기의 길은 자연법칙에 의해 완전히 고정되어 있다고 보았다. 제논은 우연을 허용하지 않았다. 그는 심지어 신도 실재로 본 것이다.

스토아학파는 후일 "신이 세계와 분리되어 존재하지 않으며, 바로 세계의 영혼이다. 우리는 각자가 다 각각 신화(神火)의 일부분을 그 속에 지니고 있다"라고 했다(Bertrand Russel, 1945/1973: 330). 이들은 만물이 모두 각각 자연이라고 부르는 단일한 질서의 한 부분이라고 봤다. 각 개인의 덕성스러운 삶은, 자신의 욕망에서 벗어나 자연과 조화를 이루게

될 때에 선이 되며, 어느 의미에서는 모든 생활이 다 자연과 조화를 이루고 있는 것이다.

인간은 정념과 격정에서 벗어날 필요가 있다. 정념과 격정에 대항해서 자유롭기 위해서 또 이법(理法)이 있는 세계질서에 합치하기 위해서, 인간은 부동심〔*apatheia* = a는 무, *Pathos*는 번뇌(煩惱)〕이 필요하다. 부동심으로부터 다름 아닌 자족(*autarkeia*)이 얻어진다. 그래서 이성의 자유 활동의 최고 목표는 자연에 적종(適從)하는 생활이다(최재희, 1984: 80).

스토아철학은 시리아의 희랍인에게 전승된 것인데, 당시 시리아는 무정부 상태였다. 이런 예측 불가능한 상태에서 레토릭은 사회생활을 가능하게 한 문명된 힘으로 작동할 수 있었다. 그러나 인식론적으로 그들은 플라톤의 영혼에 빠져들었지만, 사후의 세계에 대한 탐색이 시작되었다.

영혼은 신체와 같이 소멸된다. 그렇지 않았다면 영혼은 죽은 후에도 공중에서 생존한다고 볼 수 있었다. 악한 자의 영혼은 분명히 죄가 영혼의 증기를 흐리게 하여, 선한 영혼과 함께 높이 올라갈 수 없게 된다(Bertrand Russel, 1945/1973: 336). 악한 영혼은 지상에 가까이 머물러 다시 육신을 입게 되고, 유덕한 영혼은, 별나라까지 올라가 별들을 구경하면서 소일한다.

마르쿠스 아우렐리우스는 "우주와 조화된 사람은 선한 사람이다. 그리고 우주와 조화를 이룬다는 것은, 신의 뜻을 따른다는 것을 뜻한다. '오 주여', 그대의 조화가 나의 조화이며, 그대의 시간이 나의 시간이며…"라고 했다(Bertrand Russel, 1945/1973: 344). 그는 신이 각 사람에게 그의 인도자인 수호신을 한 사람씩 주었다고 믿고 있었다. 즉, 너에게 일어나는 일들은 무엇이든지 이미 영원 전부터 너를 위해 마련되어 있었던 것이다. 그리고 여러 가지 원인이 서로 얽혀서 이미 영원 전부터 너의 존재의 인연을 맺고 있었다고 했다.

스토아학파가 우주를 각 개인과의 단일체라고 보았기 때문에 개인의 자유의지(*free will*)는 약화될 수밖에 없었다. 그러나 실제 개인은 그 결정론에서 가장 좋은 결론을 낼 수 있는 가능성을 선택할 수 있다. 키케로는 감동이 없는 지혜는 국가에 도움이 되지 않고, 지혜 없는 감동은 누구에게도 도움을 줄 수 없다고 했다(Cicero 1976: 1; James A. Herrick, 2009: 102). 설령 자연 결정론에 따른다고 하더라도, 선한 의지로, 개인이 공정하게만 집행한다면 더 좋은 결과를 가져온다고 본 것이다.

키케로는 논리와 담론에서 그리스 스토아학파에 접근을 시도했다(James A. Herrick, 2009: 102). 그러나 키케로 레토릭에서 보았듯, 그는 플라톤의 명상적 지혜의 사랑을 거부하고, 로마에서의 지혜는 실천적 경험, 전문적 지식, 그리고 사적 · 공적 생활에서 책임의 감각을 통해서 얻을 수 있다고 봤다. 착실하거나, 얌전한 생활인이었던 로마인에게 레토릭은 차분한 분위기를 실현시켰다.

현실감을 잃게 되면 레토릭의 설득은 진리로부터 멀리 떨어지게 된다. 스토아학파의 레토릭은 정교한 측면이 부각된다. 말하자면 스토아학파가 남긴 유산의 하나가 인식론(*theory of knowledge*)이고, 또 하나는 자연법과 자연권(*natural right*)이다(Bertrand Russel, 1945/1973: 349). 전자는 결정론에서 얻는 누구나 인정하는 어떤 인식의 일반 원리가 가능하다는 것이다. 유클리드 기하학을 거부할 수 없다. 또한 후자는 모든 일반적 지식의 기초를 제공해주게 된다. 자연법의 개념은 키케로를 통해서 '로마의 법' 속으로 흘러들어갔다(최재희, 1984: 83). 이 법은 실정법에 대립하는 자연법의 존재이다.

자연법 상황에서 인간은 본질상 동등하다는 원리를 얻게 된다. 그 원리로 모든 사람에게 동일한 법률이 적용되는 국가, 동등권과 언론의 자유가 보장되는 국가를 잉태한다.

한편 게르만 침략으로 지상의 비참함은 심화됐고, 사람들은 더욱 철학과 종교에 몰두하게 되었다. 북쪽에서는 게르만 민족이 침입했고, 동쪽에서는 페르시아의 침입이 시도되었다. 전쟁과 질병이 로마를 괴롭혔으며 보수(報酬)에 의해 황제를 선택하였다(Bertrand Russel, 1945/1973:

367). 그때 신플라톤주의(*Neoplatonism*)가 등장하는데, 그 창시자는 플로티노스(Plotinos, A. D. 204~A. D. 270년)였다. 플로티노스는 선(善)과 미(美)의 영원한 세계를 명상하는 데 주력하였다. 그의 철학은 이 세상에서의 의무 수행, 이 세상의 발전을 더욱 중요하게 부각한다.

감각적 세계에서 행복이 온다고 하더라도 사물들에 대한 반성을 통하여 찾아내야 한다. 이러한 행복은 그 안에 언제나 일종의 긴장이 내포 되어있다(Bertrand Russel, 1945/1973: 369). 개인은 일상생활에서 사유와 상상으로, 초감각적인 세계를 경험하게 된다. 그는 성스러운 삼위(三位)로 일자(*the one*, 최고의 존재, 신, 혹은 선), 정신(*Nous*, 자신의 신적 경지) 그리고 가장 낮은 차원의 영혼(*Soul*, 본질적인 것)을 주장한다(Bertrand Russel, 1945/1973: 372). 여기서 영혼은 지고(至高), 지선의 삶(至善)이다.

당시 지식인은 현실적이기보다는 종교적이었다. 현실의 불행과 비참이 과대할 때에, 완전성을 저세상에 구하도록 하는 법이다(최재희, 1984: 77). 같은 맥락에서 플로티노스는 물리적인 세계에 대한 탐구 의욕이나 사회 제도의 개선에 대한 의욕 같은 것은 덕의 영역에 속하지 않는다고 봤다(Bertrand Russel, 1945/1973: 384). 그는 정신 노력이 이룰 수 있는 것을 탐구했다. 그의 철학은 그리스 철학의 끝이었으며 동시에, 기독교 철학의 시작을 의미했다.

현세관보다, 내세관에 관심을 가진 기독교가 등장한 것이다. 플로티노스의 일자는 우주의 근원이요 태초며 신이다. 우주 안의 만물은 저런 일자, 즉 신에서 유출됨으로써 기독교 철학이 잉태된다.

기독교는 그 당시 사람들의 마음으로 파고들어, 저쪽 삶에 대한 동경을 강화시켜줬다. 기독교인은 구원에 관한 신앙을 중세인에게 전파하였다. 이런 맥락에서 에피쿠로스가 현세의 쾌락을 추구했다면, 기독교인들은 내세의 영혼의 안식을 찾게 된 것이다. 당시 페르시아 태양신 종교 미트라(Mithras)는 기독교와 겨루었는데, 군대를 통솔할 어떤 묘안을 찾기에 몰두한 황제는 종교가 사람들에게 심적 안정을 준다는 사실을 알게 되었다(Bertrand Russel, 1945/1973: 362).

미트라 태양신 종교는 기독교와 겨뤘지만, 지상의 행복에 관심을 가진 종교는 내세적 가치를 창출하는 새로운 종교에 그 영향력을 빼앗기고 말았다. 기독교는 개인의 구원의 복음을 전파하고, 열심히 전도를 고무하여 교회를 창설해 나갔던 것이다(Bertrand Russel, 1945/1973: 299). 기독교는 희랍의 부정적인 전통을 극복하고, 더 좋은 방향으로 발전시켰다. 기독교는 유대적 요소를 다음 세대에 전하는 역할을 하게 되었다(Bertrand Russel, 1945/1973: 363).

'온 세상이 평화를 선포한다'는 말은, 교회가 후기 스토아학파에게 물려받은 것이었다(Bertrand Russel, 1945/1973: 364). 로마 세계(*Universality*) 문화가 가톨릭 종교에 반영되었다. 그러나 로마의 멸망이 가까워짐으로써 기독교가 성장했고, 결국 기독교는 유럽의 지배자가 되었다. 교회가 실제적으로 공적, 사적 생활의 모든 영역을 통제하게 된 것이다(James A. Herrick, 2009: 128).

입법기구나, 법원이 지배한 그리스로마의 문화, 그리고 고대 그리스 레토릭 전통은 교회가 지배한 중세에는 그 영향력이 반감되었다. 그러나 공적 성격으로서, 실천적 술로서 레토릭은 5세기에서 15세기 사이 기독교 유럽 사회에 수용되었다. 그러나 중세 유럽의 그리스 문화수용, 특히 로마 레토릭은 풍부한 고전 전통이 그대로 계승된 것이 아니라 제한되거나, 부분적으로 전해진 것이었다.

심지어 아리스토텔레스의 레토릭은 1256년 아레만누스(Hermannus Alemannus)가 라틴 서구에 번역해서 비로소 소개되었다(James A. Herrick, 2009: 129). 13세기 중세 유럽지역에는 야만인이 침략하고, 사회는 분리되어, 알렉산드리아 도서관이 붕괴되었다. 그 결과 그리스 고전을 구하기에 어려움이 따랐다. 많은 복사본이 존재했던 쿠인틸리아누스의 *Institutio Oratio*, 키케로의 *De Inventione*, 작가 미상의 *Rhetorica ad*

Herennium 등과 그 주석들이 그 남아있는 정도였다.

이들의 작품은 기독교적 신의 의미를 부각시키지 않은 것이다. 레토릭은 '우연성의 명제' (*contingency thesis*) 를 안고 있는데 그 내용은 레토릭을 "① 우연성의 영역에 대한 탐구와 커뮤니케이션 방법이다. 탐구(*inquiry*)와 커뮤니케이션은 우연성을 관리하는 단순한 실천의 두 가지 국면이다, ② 우연성으로의 탐구는 어떤 지식이 아닌, 갖가지 적합성과 효용성의 의견을 창출한다. 의견은 레토릭이 우연성의 세계에서 작동해야 하는 소재이다, ③ 의견으로 작동하는 적절한 모드는 의사결정을 하고, 판단을 형성하게 하는 가능한 추론에 주로 의존하는 숙의(대화와 토론을 포함)이다, ④ 숙의와 의사결정은 수용자를 중심에 둔다. 이 결정은 우주적 상상이 아닌, 역사적으로 견고하고, 구체적인 수용자의 설득에 관심을 둔다, ⑤ 수용자의 숙의적 참여는 시간적으로 경계를 짓는다. 인간 문제의 우연성은 반복이 불가능한 각 단계에서 진행된다"라고 봤다(Dilip Parmeshwar Gaonkar, 2004: 14).

레토릭의 우연성, 절박한 상황의 적용은 이단으로 간주할 수 있는 부분이 있어, 가톨릭에서 수용하기에는 난점이 따랐다. 기독교적 진리는 이런 우연성의 명제에 크게 신경 쓰지 않는다. 그들에게 커뮤니케이션 목적은 더 이상 토론을 통해 가능한 진리를 발견하는 것이 아니다. '신의 의지' (*will of God*) 의 표출이 부각되고, 확실한 진리로 신앙을 강론하는 것이 중요한 것이다.

그들의 레토릭은 교회의 위계질서하에 특수한 형태의 정부, 담론, 교육, 그리고 그 술을 발전시켰다(James A. Herrick, 2009: 137). 교회의 강론과 가장 쉽게 관련된 술은 설교였다. 중세 후기 12~15세기에 도미니크회(Dominicans)와 성 프란체스코(Franciscans) 수도원을 중심으로 강론은 유럽에서 중요하고, 인기 있는 설득 술이었다. 강한 도덕률과 성서를 바탕으로 그들은 신뢰를 얻을 수 있었다.

문맹률이 높은 중세사회는 기독교에 대한 교리를 쉽게 풀이하는 데,

레토릭 술이 필요했다. 종교인들은 레토릭을 이용해서 적절하고, 쉽게 접근할 수 있는 방법으로 성서를 풀이하기 시작했다. 1230년경 파리의 대학들은 레토릭 술에 대한 관심을 집중시킬 기회를 얻었다. 그들은 신의 원리 대신, 이성에 관심을 가졌다. 당시 지식인들은 읽고, 연습하는 일에 몰두하게 되었다. 기독교 사회가 점점 정통성을 상실함으로써 화자의 지혜와 웅변의 에토스보다, 수용자의 정서의 파토스가 필요해졌다. 르네상스 시대가 도래한 것이다.

그러나 기독교의 영향력으로 초기 유럽에 레토릭 학문의 위기가 온 것이다. 몇 개의 다른 책과 더불어 키케로 작품, *De Doctrina*는 아주 영향력이 있는 것으로, 아우구스티누스(Augustine)가 추천함으로써, 많이 읽혔다(J. Miller, M. Prosser, and T. Benson ed., 1974: xiii; James A. Herrick, 2009: 129).

이단의 고전에 대한 교회의 의심 때문에, 중세학자들은 레토릭에 관한 고전작품 중에서 필요한 부분을 선정하고, 그것들을 기독교 문화의 목적에 봉사하도록 했다. 그 예로 중세 레토릭은 기록된 스타일과 동일했고, 성서의 구술설명을 돕도록 했다(James A. Herrick, 2009: 130). 교부신학은 오히려 철학을 뒤로하고, 수사학을 채용하지 않을 수 없었다. 필사문화 자체가 구술사회였기 때문이다. 또한 수사학의 '착상'은 철학과 수사학의 통합으로 이뤄진 것이어서, 서로 분리시켜 논하기에는 무리가 따랐다.

좀더 깊이 논하면 논쟁의 발견과 배열은 그 기능을 상실하는 대신, 변증법과 논리가 결정적 '착상'의 기능을 하게 되었다. '스콜라철학'[3]의 큰

3) 스콜라철학자들은 모두가 성직자들이었다. 교회의 여러 회의에서는 스콜라 철학자들을 정통 교회의 산하에 두려고 하였으며, 이 산하에서 벗어날 때에는 언제나 그들을 징계하였다(Bertrand Russel, 1945/1973: 544). 스콜라철학자들은 성경에 호소하거나, 플라톤 후에는 아리스토텔레스의 권위에 호소하였으며 변증법과 삼단논법의 추리에 대한 신뢰도가 높았다. 교회는 스콜라철학자들의 연구에

미덕은 모든 이슈가 질서정연하고, 합리적 방법에서 명증성을 찾았다는 점이다(James A. Herrick, 2009: 130). 스콜라철학자는 가능한 많은 의견을 청취하고, 정확한 의견이 될 만한 것을 결정하는 합리성을 가졌다.

때때로 합리적 선택은 책의 원전 저자의 논리를 망각할 수 있다. 기독교인들은 개인을 하느님의 피조물로 본다. 이러한 관점에서 저자의 절대성을 인정하는 것보다, 이성이 가장 잘 표출되는 형태로 작품을 인정하게 된다.

또한 필경사가 읽으면서 쓰는 과정에서 자신의 뜻을 삽입시킴으로써 저자의 개념이 모호했다. 그러나 교회가 필요한 부분만 교육의 도구로 사용하면서 이러한 토론의 가능성도 사라졌다. 스콜라철학은 성서와 고전 등 고대의 정보원을 다루는 중세의 경향으로 발전되었는데 동시에 중세 교회의 권위주의적 태도가 발전했고, 대가를 칭송하는 내용의 글쓰기가 성행하기도 했다. 예수는 그리스 철학의 '로고스'로 간주되었다(Bertrand Russel, 1945/1973: 396).

한편 스콜라철학은 수도원 부속의 교사인 스콜라스티쿠스(Scholasticus)의 학이라는 뜻이다(최재희, 1984: 103). 교사는 초월적인 하느님이 부여한 인간의 자유였기에 중세기의 자유는 도덕적 자유보다도 신앙의 자유가 문제가 되었다. 인간은 신의 피조물이고, 신은 신자들에게 구원을 약속했다. 기독교는 유대교의 유일신 개념을 강하게 수용한 것이다.

이들은 그리스인과는 다른 사고를 가졌다. 그리스 사상에서는 공간과 시간 속에 있는 감관계(感官界)는, 일종의 환각에 지나지 않으며, 지적이고 도덕적인 훈련을 쌓아야만 인간은 비로소 영원한 세계에 사는 것을 배울 수 있다(Bertrand Russel, 1945/1973: 396).

영원한 세계에 대한 논의는 오리게네스(Origen, 185~253)가 그리스

독창적인 요소가 들어있다는 것을 깨달았을 때에도 그러한 사실을 숨기려고 하였다. 이들 철학자들은 진리를 규명함에 있어, 여전히 레토릭과는 거리가 멀었다.

철학과 기독교의 신학을 종합하여 전개했다. 그 핵심 정신(*Nous*)과 영혼의 개념은 신플라톤주의자 플로티노스의 개념과 어느 정도 구별된다. 누우스가 타락되면 영혼이 된다. 그리고 영혼도 덕을 갖게 되면 누우스가 되는 것이다. 결국 모든 영혼이 다 그리스도에게 복종하게 되며, 또 그때에는 육신을 갖지 않게 되며, 마귀들도 드디어 구원을 얻게 되는 것이다(Bertrand Russel, 1945/1973: 417).

기독교 영혼에 대한 확실한 믿음으로 레토릭은 주변으로 밀리게 되었고, 기독교 교리는 더욱 정교하게 된다. 물론 영혼의 세계는 많은 이단이 일어날 수 있어, 레토릭은 더욱 부각될 수 있었다. 매크로스키는 이 시기에 새로운 소피스트 집단이 등장했다고 했다(James C. McCroskey, 1997: 11). 그들은 신선하고, 정교한 스타일과 전달에 관심을 가졌다.

그러나 중세 레토릭 이론은 몇 사람에 의해서 더욱 정교화되었다. 오리게네스의 주요 저서는 《켈수스를 반박하며》(*Against Celsus*)로 이 책에서 기독교 철학의 두 가지 정수를 말하고 있다(Bertrand Russel, 1945/1973: 419). 하나는 순수이성(*pure reason*)으로 이것이 올바로 사용되면, 기독교 신앙의 본질을 충분히 확인할 수 있다. 다시 말해서 신과 영생과 자유의지를 인식할 수 있는 것이다.

인간의 의지가 선(善)하려고 하면, 그것은 하느님의 뜻에 합치해야 한다. 이는 하느님의 만물에 대한 통제적인 법칙인 '영원의 법'이다. 자연법은 이성을 가진 자에게만 관계하는 '영원의 법의 일부'이고, 이런 자연법을 현실사회들의 변화하는 사정들에 적용한 것이, 인정법(人定法) 또는 실정법이다(최재희, 1984: 107).

다른 하나는 성경은 이런 본질을 증거할 수 있을뿐더러 그 이상의 것을 증거하고 있다는 것이다. 그리고 성경은 하느님이 직접 계시해서 쓰였다는 것과, 예언자들이 메시아가 올 것을 미리 예언했다는 사실을 말하였다.

기독교는 야만적인 후기 로마인들에게 영혼의 안식을 주기에 충분했다. 불안한 사람들에게 마음의 안식을 제공한 것이다. 여기서 가장 중요한 커뮤니케이션은 글을 쓰거나, 설교하는 것이다(Sarah Trenholm, 2011: 8). 중세는 왕이 독립적으로 지배한 세계이기 때문에 '편지'[4]를 쓰는 것, 멀리 떨어진 사람에게 글을 쓰는 행위는 중요하게 간주되었다. 암흑의 시대에 대부분의 사람은 문맹이었고, 심지어 왕, 여왕, 성직자도 봉건사회와 관련된 정치적 법령, 법적 명령서, 종교적 율법을 구성하고 쓸 전문 필경사를 고용할 필요가 있었다.

물론 글쓰기 문화로 유럽문화는 글쓰기 텍스트가 말로 전달하는 형태를 지배하기 시작했다. 시민 생활은 공적 토론을 위한 기회가 점점 더 축소되었다(Renato Barilli, 1989: 140; James A. Herrick, 2009: 140). 레토릭의 중심은 구술전통에서 논쟁의 문제로부터, 쓰기에서의 배열과 스타일의 문제로 변화하기 시작했다. 수사학의 과장이 줄어들고, 논리적으로 글을 작성함으로써, 아리스토텔레스의 논리가 설득력 있게 되었다. 다른 사람과의 구술의 전통이 아니라, 자신 혼자서 논리적으로 작성하는 글에 사람들은 관심을 가진 것이다. 그렇더라도 여전히 필사문화여서, 저작자의 개념이 확실하지 않은 특색을 지녔다.

또한 쓰기는 산문으로 쓸 것인가, 시로 쓸 것인가가 관심의 대상이 된다. 필사는 암기해서 쓰는 경우와 읽기와 쓰기를 동시에 진행함으로써, 언어의 운율이 강화되는 경우로 구분된다. 작가는 좋은 단어를 선택하여 축약으로 표출한다. 종이 사정이 넉넉하지 않은 상황에서 더욱 그렇게 할 수밖에 없었을 것이다. 그러나 시적 언어의 생생한 역동성은 그 자체

---

4) 편지는 단순히 글씨로 쓴 기록이 아니라 자리에 없는 사람에게 하는 일종의 연설이나 웅변이라는 생각이 지식인을 중심으로 널리 퍼졌기 때문이다(김욱동, 2008: 26). 12세기 웅변이 제한적으로 허용된 중세 사회의 편지글은 공공 연설의 기술이었다(James A. Herrick, 2009: 139). 편지는 법적 합의, 상업적 계약, 개인적 요구 등으로 널리 사용되었다. 그러나 편지가 그 형식을 구성하기 위한 기술적 방법으로 발전시켰을 때, 이 레토릭 술은 고전 정보원과 그리스로마의 넓은 레토릭 전통과의 결정적 연계를 차츰 잃게 되었다(p. 139).

가 레토릭을 강화시킨다.

언론의 자유의 개념도 구술로 표출할 수 있는 자유로부터 내면적 자유가 더욱 중요하게 부각된다. 내적 자유가 강화되었음에도, 스피치의 자유와 쓸 수 있는 자유는 다른 형태를 지닌다. 그렇더라도 스피치 기능은 여전히 발전을 거듭한다. 강론은 신의 말을 가르치는 기독교 성직자의 임무였기 때문에 큰 중요성이 있었다. 무한한 신을 유한한 말로 표현하는 것은 쉬운 일이 아니다. 성직자는 신의 은총을 강화시킬 필요가 있다. 또한 성직자는 신을 증거하는 말솜씨와 논리를 개발해야 했는데, 성직자의 목표는 신의 말을 해석하는 것이고, 성서를 연구하고, 그 말씀대로 전달하는 것이었다.

초기 기독교인들은 "하느님의 백성이 교회의 정치에만 관여해야 한다"라는 규정으로 정치와 종교를 묶어두었지만, 콘스탄티누스가 개종을 하고, 기독교를 정교로 수용함으로써 상황이 조금씩 변해갔다.

종교도 가난한 사람들의 '구제 사업'에 종사하게 되었다. 사회 깊은 곳까지 침투한 것이다. 기독교 사회는 점차 로마제국의 심장부에 독립적인 국가를 이루어 갔다(Bertrand Russel, 1945/1973: 421). 중세 400~1400년 사이 교회의 기능이 중요하게 부각되면서, 정치 레토릭이 그만큼 제한된 발전을 할 수 있었다. 교회의 레토릭이 성행하는 동안 정치는 그 기능을 상실하게 되었다.

중세에서 키케로의 레토릭은 다양한 방법으로 교육, 시민정부, 사적 생활 그리고 교회의 실천에 사용되었지만, 고전 레토릭을 기독교의 언어로 최초로 번역한 사람이 으뜸으로 부각된다. 그 사람이 아우구스티누스(Augustine of Hippo, St Augustine, 353~430), 마르티아누스 카펠라(Martianus Capella), 보이티우스(Boethius) 등이었다(James A. Herrick, 2009: 131).

보이티우스(Anicius Manlius Severinus Boethius, 475~524)는 6세기 초 기독교 철학자였다. 그는 로마 출신이었으며, 그의 가계는 황제 페트로니우스 막시무스(Petronius Maximus), 올리브리우스(Olybrius) 그리고 많은 총독을 배출했다(en. wikipedia. org/wiki/Boe thius). 그의 아버지 플라비우스 보이티우스(Flavius Manlius Boethius)는 오도아커 가(Odoacer 家)의 한 사람으로 마지막 서로마 황제로 물러난 후, 487년 총독이 되었다. 한편 아시니우스 보이티우스는 25세에 이미 원로원 구성원이었으며, 오스트로고트(Ostrogoths) 왕국에서 510년에 총독을 지냈다. 그러나 그는 비잔틴 황제와 음모한 혐의로 테오도르 대제(King Theodoric the Greate)에 의해서 극형을 당했다. 동서 교회 갈등의 희생물이 된 것이다.

보이티우스는 18~19세기에는 일상적이었던, 이단의 교회를 신봉한 것이다. 종교가 위안의 도구가 되는 형식이었다. 그가 추방이나, 감금상태에서 그의 사고를 정리한 것이 《철학의 위안》(*The Consolation of Philosophy*)이다. 그는 그리스 고전 지식을 정리하고, 그들의 업적을 보존하는 데 관심을 가졌다. 이 작품에서 보이티우스는 철학을 여성으로 의인화하고, 자신과 철학 사이에 상상적 대화를 시도했다(en. wikipedia. org/wiki/Boethius). 그는 알렉산드리아에서 그리스 문화를 접함으로써, 레토릭에 익숙한 사람이었고 플라톤과 아리스토텔레스의 업적을 라틴어로 번역하여, 소개한 사람이었다.

교육과 경험의 결과로 보이티우스는 고딕 왕(Gothic king) 테오도르(Theodoric) 대제 정부에 참여했다. 그는 높은 관리였는데 법정에서 중요한 인물로, 후기 로마의 정치에 직접 개입했다. 그의 학문은 우주적 아이디어의 존재론적 특성에 관한 것이다(en. wikipedia. org/wiki/Boe thius). 그는 당시 가장 격렬한 토론의 영역이었던, 지식의 일반론에 관심을 가진 것이다. 또한 그는 수사학(*rhetoric*), 문법학(*grammar*), 논리학(*logic*) 등에 관심을 가진 인문학의 대가였다.

한편 키케로의 *De Inventione* 와 *Topica* 경향에 따라 보이티우스는 어떤 레토릭 술에도 법칙과 규정의 가이드를 제공했다(James A. Herrick,

2009: 137). 그는 웅변술을 대신한 레토릭으로 어떤 변증법의 논리를 개발하고자 했다. 그가 고전 지식과 철학을 선호한 덕분이었다. 그는 수사학 교재를 비롯하여, 현대 학문의 기초를 닦았다. 역사는 수레(*The Boethian Wheel*)로서 돌고, 돌아가는 것이었다. 그는 인간이 빈곤과 가난으로부터 위대한 것을 창출한다고 믿었다(en. wikipedia. org/wiki/Boethius). 그의 세계는 여전히 암흑인 것 같았다.

독재 치하에서 레토릭은 강하게 제약받았으나 보이티우스는 그것을 축소시켰고, 논쟁의 기술적 연구에 머무르게 했으며, 공적 커뮤니케이션의 정규적 규칙 등에 감금시켰다. 그는 레토릭 연구로 왕의 억압정책을 비판하다, 524년 사형을 당했다.

한편 카펠라(Martianus Capella)는 5~6세기 살았던 사람들 가운데 인상, 형상을 창출한 책임이 있는 수사학자이다. 그의 저서 《강렬한 사랑 이야기, 결혼에 관하여》(*De nuptiis*)는 교육 · 레토릭 · 과학의 역사의 기본이다. 그의 이론은 초기 중세시기와 르네상스시기까지 유럽 교육을 형성하는 데 기여했다(en. wikipedia. org/wiki/Martianus Capella).

그는 기독교와 양립할 수 없는 레토릭을 주장했다(James A. Herrick, 2009: 136). 변호사였던 그는 '신비주의'에 관심을 가졌고, 기독교에는 별로 관심을 가지지 않았다. 그는 아우구스티누스와 같이 북아프리카의 칼타게(Carthage)에 살았는데 그곳에는 북아프리카의 유명한 레토릭 학교가 있었다.

그는 당시 유명했는데 레토릭을 포함한 《언어와 머큐리신의 만남》(*The Marriage of Philology and Mercury*, 429)을 남겼다. 신랑 머큐리신은 지혜를 지식이나 이익을 추구하였으며, 예지와 영혼을 가진 신부 필로로지아(Philologia)는 불멸인 학습과 말을 사랑하는 신으로 여러 신들(Muses) 엄호하에 머큐리신의 구애를 받아들여 결혼을 한다.

결혼 선물은 문법학(*Grammar*), 논리학(*Logic*), 수사학(*Rhetoric*), 기하학(*Geometry*), 대수학(*Arithmetic*), 천문학(*Astronomy*), 음악(*Music*)

등 '일곱 가지 인문학'[5] 이다. 이 이미지들은 그들이 인공적 기억으로 형상을 창조하려 할 때, 그 법칙과 관련이 있다. 각 영역을 소개할 때, 그들이 나타내는 인문학의 과학 원리를 설명했다. 그리고 세속적인 학문인 건축학(*Architecture*)과 의학(*Medicine*)이 설명되는데, 이것은 원로원이 아닌, 노예들을 위한 것으로 묘사된다. 이 학문의 형태는 초기 중세시대에 읽히고, 가르치고, 언급되었다.

카펠라는 "그 당시 학교에서 레토릭은 교과과정을 지배했다"고 서술했다(James A. Herrick, 2009: 136). 그 레토릭 연구는 주로 개념상으로 키케로의 경향에 머물렀다. 그의 작품은 초기 중세시대를 관통하면서 읽혔고, 가르쳤고, 언급되었다. 그리고 그들은 그 내용을 양피지에 기록했는데, 그 내용이 중세 초, 그리고 '카롤링 왕조의 르네상스'(Carolingian renaissance) 시기의 유럽 교육을 주도했다.

---

5) 중세에서 '일곱 가지 인문학'은 자유과목이라고 했다(김욱동, 2008: 26). 여기에서 '자유'란 이 무렵 자유시민을 가리키고, 자유시민이 되기 위해서는 반드시 이 일곱 과목을 알아야 하였다. 이 '일곱 가지 과목'은 오늘날 대학에서 가르치는 일반 교양과목에 해당한다.

10

아우구스티누스의 고백

기독교 철학의 정수는 아우구스티누스(Augustine, 354~430)에 의해 발전되었다. 그는 《고백록》으로 자신의 내적 삶을 정리했다. 그는 "자기가 이미 신으로부터 존재토록 되어 있는 것인 이상 역시 어떤 선한 것임에 틀림없다"라고 했다(Augustine, 400/1985: 14). 고로 고백은 그것이 참된 고백이 되기 위해서는 단순히 죄의 고백, 자기 유한성의 고백만으로는 부족하다. 자기 자신으로부터 받고 있는 미(美)란 것을 솔직히 인정하고 거기에 대해서 감사의 고백을 해야 한다.

아우구스티누스는 카르타고의 서편 땅 타가스터(Thagaste), 북아프리카 출신으로, 기독교에 귀의하기 전에 수사학 선생이었다. 그는 10대 때 수사학을 배우기 위해 로마 영토의 카르타고 항구에 보내졌다. 그는 도시의 유혹의 희생자가 되어, 18세에 한 아이의 아버지가 되었다. 아우구스티누스의 세계는 죽어가는 이단의 문화와 출현하는 기독교 문화 사이에서 갈등을 겪었다. 그는 《고백록》에 자신의 갈등과 삶을 투영시켰다(James A. Herrick, 2009: 131).

아우구스티누스는 스물여덟 살이 될 때까지 10년간 마니교도(Manichaeans)로서 생활했다. 그 당시 아우구스티누스는 수사학에 뛰어난 재능을 나타냈으며, 키케로를 통하여 철학에 관심을 갖게 되었다(Bertrand Russel, 1945/1973: 444). 그는 밀라노(Milan)의 제국도시에서 수사학 교수가 되었다. 그때 그가 가르친 수사학은 카르타고의 유명한 수사학 학교에서 배운 것이었는데, 키케로의 작품들이었다. 이 학문은 아우구스티누스에게 부와 명성을 주었다.

아우구스티누스의 수사학에 대한 이해와 사회에서의 위치는 주로 제2 소피스트(*the Second Sophistic*)의 실천에 영향을 받았다(James A. Herrick, 2009: 132). 그의 수사학은 '회의주의' 경향을 지녔다(Bertrand Russel, 1945/1973: 447). 그렇지라도 그 수업에는 인문학으로 무장한 사람뿐 아니라 스타일에 관심을 가진 사람도 있었다. 전자는 해박한 지식으로 대중 설득을 시도하였고, 후자는 내용보다 전달(*delivery*), 스타일(*style*)에 관한 것에 관심을 두었다. 이들의 특징은 정서나 감정에 의해 좌우되는 사람들과 공감의 영역을 넓혀간다는 것이다. 이들의 경향은 기독교가 정교로 되기 전후 4세기 로마학교의 지배적 학문 경향이었다.

아우구스티누스가 4년간(384~388) 밀라노(Milan, 서로마 제국 수도)에서 소피스트 레토릭을 가르치는 동안, 그는 '기독교 지도자',[6] 암브로시우스(Saint Ambrosius, 340~397) 당시 주교를 만나게 되었고, 387년 영세를 받았다. 그는 그 후 히포스(Hippos), 카르타고 등에서 30년간 주교로 활동하게 되었다. 그는 대부분 시간을 교의 연구와 집필로 보냈고 도네이티스트(Donatists), 펠라네우스 주의(Pelagians) 등 이단집단과 논쟁을 벌인다.

---

6) 당시 기독교 지도자는 서로마 교회에서 박사라고 부른 성 암브로시우스(Saint Amborose), 성 제롬(Saint Jerome), 성 아우구스티누스, 그리고 교황 그레고리 대왕 등이었다(Bertrand Russel, 1945/1973: 427). 성 암브로시우스는 교회와 국가의 관계에 대한 교회의 입장을 확립하고, 제롬은 서방교회에 라틴어 성경을 소개하고 수도원 생활의 기틀을 닦았으며, 성 아우구스티누스는 종교개혁이 일어날 때까지의 교회 신학을 체계화하였다. 그리고 종교개혁이 있은 후에도 루터와 칼뱅 교리의 주요 부분은 아우구스티누스의 것이었다(p. 27).

아우구스티누스는 400년 《고백록》(*Confessions*)을 출판하게 되었는데, 그 책은 자신의 초기 삶, 기독교에서의 대화, 그리고 그가 가르친 레토릭에 대한 내용이었다. 《고백록》은 아우구스티누스 자신의 내적 설득의 수단이 된다.

아우구스티누스는 자신의 과거를 명상하고, 정화하고, 신에 대한 묵상으로 승화시켰다. 신의 은총으로 그에게 새로운 언어와 세계가 펼쳐졌다. 그는 과거의 그리스 전통 레토릭과 차별화된 새로운 신의 질서에 따른 레토릭을 구사했다. 그는 마음을 혼미하게 하는 과거 수사학을 바르게 하는 데 관심을 가졌다. 플라톤의 '진실된 레토릭'이 하나의 주제였다. 그 후 그는 과거의 진리를 거부하고 성서를 통해 새로운 신의 진리, 본질적 진리를 발견하는 데 관심을 가졌다.

아우구스티누스는 413년에서 426년 사이 《신국》(*City of God*)을 집필했다. 신국은 택함을 받은 사람의 사회인데 이성과 성경의 법칙에 따라 움직이는 곳이다. 그곳의 인간은 그리스도 앞에서 선한 인간이고, 그는 신의 도시 안에 존재한다(Augustine, 426/1958: 10). 로마는 정의를 잃고, 더 이상 존재 가치를 상실하게 된 것이다. 새로운 사회는 신의 사랑이 모든 사람을 묶고, 모든 사람은 시간과 공간에 관계없이, 온 세상의 사람으로 함께 엮인다(Augustine, 426/1958: 27). 그 도시는 진리(*truth*), 선(*the good*), 질서(*order*), 평화(*peace*)의 도시이다. 그는 《신국》에서 과거, 현재, 미래의 역사에 대한 기독교의 입장을 개관했다(Bertrand Russel, 1945/1973: 452).

그러나 여기서 시간의 개념이 인간 자연계의 시간은 아니다. 그는 신의 시간, 교회의 시간에 관심을 가진 것이다. 당시 위약한 서로마제국에 대항해, 역사적 사고의 바탕 위에 선 새로운 질서로서 교회가 구 로마제국을 대신하도록 하였다. 황제들의 무능과 중세 군주들의 약세로 말미암아 교회는 신국의 이념을 더욱 강하게 자각하게 되었다(Bertrand Russel, 1945/1973: 462). 당시 사람들의 일반적 경향을 아우구스티누스는 강조하여, 유능한 교회가 약하고 무능한 세속세계를 재건하기를 바란 것이다.

그는 편지로 교리와 교회의 규율에 관한 글을 작성했다(Bertrand Russel, 1945/1973: 429). 그 내용이 대부분 지금도 전해지나, 그의 개인적 삶은 커뮤니티의 붕괴와 같이했다. 그는 430년 젠세리(Genseric)의 반달족이 히포를 포위한 기간에(약 3달간) 죽음을 맞이했다. 아우구스티누스는 히포의 주교로서 반달족이 그곳에 쳐들어오는 고함소리를 들으면서, 세상을 떠났고, 서로마제국의 멸망과 운명을 같이했다.

아우구스티누스에게 하느님은 만물이 존재하게 되는 근원이요, 올바른 인식의 원리며, 인간에 대해서 최고선이고, 따라서 인간 생활의 절대 규범이다(최재희, 1984: 100). 그러므로 하느님은 모든 존재·지식·가치·행동의 중심이 되어 있는 것이다. 이런 하느님에게 휴식하게 되기 전까지 사람의 마음은 불안한 것이었다. 그는 개인의 영혼의 안식뿐 아니라, 신의 세계를 지구상에 조직화하는 교부(敎父, *church father*)였다. 그는 지상에서 '하느님의 나라'를 실현하는 것을 절대적인 목적으로 삼았다.

아우구스티누스는 《고백록》(*Confessions*)에서 젊은 시절 배웠던 소피스트의 레토릭에서 벗어났다고 했다(James C. McCroskey, 1997: 11). 젊은 시절 아우구스티누스는 레토릭에 박차를 가했고, 그 길은 부와 명성을 가져다주었다. 그는 이탈리아 대학, 다른 지중해 도시에서 그 주제로 강연을 계속했다. 그 시기에 그는 기원전 5세기의 소피스트와 같이 살고, 믿고, 가르쳤다(James A. Herrick, 2009: 132). 스피치의 술로 사람들에게 명성을 떨쳤고, '기만의 부자'(*deceitful riches*)라는 명성을 얻게 되었다(James A. Herrick, 2009: 132).

아우구스티누스는 과장된 레토릭을 경멸하였으나, 그렇더라도 강론이 전시주의자들의 수단이기보다, 사람을 설득하는 수단이라는 점에서 레토릭에 관심을 가졌다. 《기독교 교의에 관하여》(*De Doctrina Christiana*)는 아우구스티누스의 레토릭에 관한 주요 저서이다. 이 작품은 키케로의 《웅변과 웅변가에 관하여》(*De Oratore and Orator*)와 강한 연계를 가진 작품인데, 여기서 아우구스티누스는 고전 레토릭의 논문에서 유용한 것을 사용하자고 주장했다(James A. Herrick, 2009: 134). 물론 그 내용은 이단의 내용이 아니라, 인문학에 바탕을 둔 균형 잡힌 레토릭 이론에 관한 것이다. 그의 목표는 이 세상이 아니라, 하늘의 세계이고, 정치적 영역이 아닌 신성한 영역이다. 물론 레토릭은 성직자가 성서를 통해 신성한 진리(*divine truth*)를 발견하도록 도와주고, 집회에서 진리를 가르치도록 도와준다(James A. Herrick, 2009: 133). 또한 레토릭은 개인의 메시지 표출을 명료하게, 힘 있게, 스타일적으로 호소할 수 있도록 도움을 준다. 레토릭은 분명 즐겁게 하고, 마음을 움직이게 한다.

그렇다면 아우구스티누스는 레토릭에 대해서 상당히 적극적인 것 같다. 그는 진리를 위하여, 잘못된 것에 대항하여 무장하지 않는 것은 어리석은 것이라고 했다(Sarah Trenholm, 2011: 8). 같은 맥락에서 그는 사악한 웅변가가 달변과 거짓의 논쟁으로 수용자를 흔드는데, 그 내용이 듣기에 지루하고, 이해하기 어려운 방법으로, 결국 믿기 쉽지 않은 방법으로 진리를 알리면 사악하고, 값어치 없는 논의가 승리를 하게 됨을 경고했다.

반면 당시 기독교 강론자의 목표는 신의 말을 해석하고, 성서를 연구하고, 그 의미를 관통하는 것이었다. 아우구스티누스는 수사학이 기독교 성서의 진리인 '선험적 진리'(*transcendent truth*)에 봉사하도록 진정한 레토릭 술을 추구했다(James A. Herrick, 2009: 132). 그는 그리스 레토릭에서 진리를 규명하는 일에 몰두했으나, 창조주의 질서, 만물의 형상을 찾는 데 관심을 집중시켰다.

또한 그는 에피쿠로스, 스토아학파와 다른 사상을 기독교 안에 포용하는 수사학을 시도했다. 신앙 안에서 수사학을 설명하기 시작한 것이다. 그는 성직자로서 진리를 발견하는 일, 성서 내용을 가르치는 일 그리고 성서 진리를 옹호하는 일 등 세 가지 일에 관심을 가졌다.

아우구스티누스에게 신은 인간을 창조했으므로 인간 속에 있는 모든 것을 알고 있는 존재다. 아우구스티누스는 자신의 고백을 통해 신에 가까이 가고자 했다. 그는 《고백록》에서 "나는 자신에 대해 무엇을 알고 있는가를 고백하는 동시에 무엇을 모르는가에 대해서도 고백한다"고 했다(Augustinus, 1985: 257). 신과의 대화는 개인에게 필요하고, 그때 은총을 얻게 되는 것이다. 내가 자신에 대해 아는 것은 신의 빛에 의한 것이며, 자신에 대해 모를 때에는 내 어둠이 신 앞에서 대낮처럼 밝아지는 날이 온다고 믿는다.

물론 성직자의 내면적 의지가 중요시된다. 하느님도 힘을 보지 않고 의지를 주시한다고 했다(최재희, 1984: 100). 그러나 아우구스티누스는 기독교 교의에서 자유의지를 부정하였다. 아담(Adam)이 자유의지를 악용했기 때문에, 그 자손인 인류는 신벌로 말미암아 영원히 자유의지를 잃고, 벌을 받아 타락하였다. 이 죄의 상태에서 사람은 구제되어야 하되, 스스로 자기를 구제하는 능력이 없기 때문에, 그리스도를 통한 하느님의 은총에 의지하지 않을 수 없다(최재희, 1984: 101).

구원받는 것도 인간이 개별적으로 받을 수 있는 것이 아니라 지상에 있는 '하느님의 나라'인 교회에 의지해야 한다고 봤다. 개인뿐 아니라 교회 또한 하느님의 말을 묵상하고, 그 의미를 해석하는 것이 중요하다. 성서 해석을 통하여 신의 계시를 알아내는 것이다. 같은 맥락에서 개인은 사인(*signs*), 혹은 상징(*symbols*)을 통해서 서로 커뮤니케이션하게 된다.

사인은 그 자체의 결과로서 사람의 마음으로 들어오는 원인을 제공하는 어떤 것이다(Augustine, 1952: II, 1; Sarah Trenholm, 2011: 9). 불을 떠올리게 하는 연기 같은 자연적 사인(*natural signs*)이 신에 의해서 창조되었다. 물론 그 사인은 우리의 감각에서 오는 인상 이상의 것이다. 성서의 사인은 신의 계시로서, '신성한 진리'를 제공한다. 물론 말과 글의 단어로 관습적 사인(*conventional signs*)은 인간에 의해서 창출되어, 그 해석이 더욱 어렵다. 그러나 아우구스티누스에게 커뮤니케이션은 돌려주는 과정이며, 사인을 주는 사람은 그 자신이 마음을 다른 사람에게 전달하는 것이다(Augustine, 1952: II, 2; Sarah Trenholm, 2011: 9).

그에게 과정으로서의 커뮤니케이션은 화자가 그 상징으로 해석하고, 청자에게 그 상징을 전달한다. 아우구스티누스의 커뮤니케이션은 고백을 통해 내적 커뮤니케이션(*intrapersonal communication*)을 시도함으로써, 신과 대화를 시도한다. 이는 현대 커뮤니케이션 개념과 다를 바가 없다. 또한 그리스 커뮤니케이션이 인문학으로서 서로 나눔을 시도한다면, 아우구스티누스는 신과 커뮤니케이션을 시도한 것이다.

적과 토론하거나, 복음을 전파하는 강론의 지도를 위해, 교회 고위성직자는 레토릭 전통을 찾기 시작했다. 키케로는 중세의 학자들이 그리스 철학에 접근할 수 있게 했다(Christian Habicht, 1990: 2; James A. Herrick, 2009: 131).

11

아퀴나스의 이성, 계시, 직관

중세와 현대를 이어주는 철인이 토마스 아퀴나스(Thomas Aquinas, 1225~1274)다. 서구의 근세·현대사상은 중세사상을 모체로 하여 발생하였는데, 그렇기에 중세사상 없이는 현존하는 근세·현대사상이 성립되지 못했을 것이다(정의채, 2002: 11).

아퀴나스는 이성을 강조함으로써, 학문의 보편성과 범세계성을 정착시켰다. 또한 그는 아리스토텔레스의 《영혼에 관하여》(*De anima*)에 주석을 달면서, 상식·여론(koine dynamis, 즉 sensus communis)을 소개했다. 그것은 감각 인지(*sense perceptions*) 사이의 차별 능력이다(John D. Schaeffer, 2004: 282). 그 능력은 감각을 다루나, 여전히 아퀴나스는 각 육체적 감각에서 파생되는 차별적 감각을 도외시할 수 없다고 봤다. 즉, 각 감각은 다른 기능을 갖고 있지만, 하나의 능력으로 남아있다.

중세 말기 교회에서 일반 학문을 정식으로 학습할 수 있는 기회가 생겼다. 아퀴나스는 교회 내에서 철학을 가르치기 시작했다. 그의 아버지 아퀴노 공은 나폴리 왕국의 몬테카시노(Monter Cassino)의 성(城)의 백작이었다. 그 아버지는 토마스 아퀴나스가 다섯 살 때 그를 몬테카시노의 베네딕트 수도원에 봉헌하여 입원케 하였다. 토마스는 황제 프레데리쿠스 2세가 몬테카시노 수도원의 수도자들을 쫓아낼 때까지 거기서 면학하였다.

그 후 소년 토마스는 집으로 돌아와 몇 달 머문 후 다시 대학에서 공부하기 위해 나폴리로 갔다. 1239년부터 1243년까지 나폴리 대학에서 수학하였다. 그때 사학과 교수는 히베르니아의 페트루스(Petrus Hibermus)로 아리스토텔레스의 주해를 쓴 사람이었다(정의채, 2002: 24).

아퀴나스는 나폴리의 프레데리쿠스 2세 대학에서 6년 동안 공부를 한 후에 도미니크 교단의 수도사가 되었다. 수도사로서 아퀴나스는 교회 내 철학의 기틀을 잡았다. 아퀴나스는 당시 보편박사(*Doctor Universalis*)라고 지칭될 만큼 박학하였으며, 특히 아리스토텔레스와 알베르투스(Albertus Magnus)에게서 영향을 받았다(정의채, 2002: 24). 그는 1252~55년 파리 대학에서 성서학과 명제집을 강의하였으며 1256년에는 정교수가 되었다.

아퀴나스가 교회 내에서 잡은 철학의 기틀은 1279년에 교황 레오 13세가 교서(敎書)를 내린 후 오늘까지 하나의 규례가 되었다(Bertrand Russel, 1945/1973: 575). 지금까지 교회에서 신봉한 플라톤적 사고는 감각적 원리를 수용한, 아리스토텔레스로 넘어가기 시작했다. 아리스토텔레스는 영혼은 인간에 있어서는, 한 육체와 결합되어 있다고 했다. 영혼은 육체의 '형상'(形相)[1] 인 것이다(Bertrand Russel, 1945/1973: 583).

---

1) 형상을 최초로 생각해 낸 사람은 플라톤이며, 그에게는 이데아와 같은 뜻으로 유일한 진실재(眞實在)를 의미한다(Bertrand Russel, 1945/1973: 543). 예를 들면 고양이가 창조되었을 때, 그 고양이의 성질은 모두 고양이들의 각 개체 속에 있는 것이다. 본질적인 의미를 지닌 점은 아리스토텔레스와 같지만 플라톤은 그 형상이 개개의 사물 속에 공동으로 있을 수 있으며, 또 사물을 초월하여 자체적으로도 존재한다고 생각하였다. 그러나 아리스토텔레스는 형상을 질료와 상관적인 것으로 생각했다. 예를 들면 집의 질료는 목재요, 형상은 집이라는 개념에 상응하는 구조상의 형태와 기능이다. 물론 아리스토텔레스도 신은 모든 질료를 완전히 실현하여 오직 형상만 남는 것이라고 말한다. 한편 중세 스콜라 철학에서는

아퀴나스는 "신은 그 자체의 본질이다"라고 했다(Bertrand Russel, 1945/1973: 580). 신의 본질과 존재는 동일하다. 또한 신은 모든 사람들의 원인이 되므로, 그들을 알고 있다고 한다. 아퀴나스는 인간이 신을 알 수 있는 방법으로 ① 이성에 의한 방법, ② 계시에 의한 방법, ③ 계시에 의해 이미 알려진 일들에 대한 직관에 의한 방법을 제시했다(Bertrand Russel, 1945/1973: 586). 아퀴나스는 이성을 강조하고, 직관의 개념을 소개한 것이다.

아퀴나스는 "아리스토텔레스의 윤리를 해석하면서, 진리는 억측을 정지시키고, 정당한 이성은 진리로 인도한다"고 주장했다(Thomas Aquinas, 1967: 277; Craig R. Smith, 1998: 180). 그는 이성과 계시(폭로, *revelation*)가 진리로 인도한다고 봤다. 계시가 이성에 앞서는 것이 아니다. 이 과정에서 수사학이 제한적으로 작동한다.

아퀴나스는 스피치 자체가 완전하다고 생각하는 것은 아니다. 오히려 좋은 습관(*good habit*)이 필요하다고 보았다(Thomas Aquinas, 1967: 287; Craig R. Smith, 1998: 180). 우리가 보았듯이 설득적 스피치는 악과 열정의 노예가 아닌, 진정으로 덕을 작동시킬 만큼 고상한 습관을 가진 자유로운 청년이 도전하고, 움직이게 한다. 그러나 많은 사람은 수치감에 관심을 두지 않음으로써 스피치의 덕을 유발할 수 없게 된다. 아퀴나스에게 악과 열정의 노예 상태에서 벗어나는 일에는 수사학보다, 논리학이 더욱 설득력이 있었다. 그는 '열정'(*pathos*)을 수사학, 더욱이 '착상'에서 삭제한 것이다(Craig R. Smith, 1998: 180).

그렇더라도 당시 교계에 고상한 습관을 강조했던 아퀴나스는 아리스토텔레스를 수용한 것이다. 그의 철학은 본질적으로 실재론이며 경험적 구체에 근거한다. 즉, 형이상학은 존재를 존재로 고찰한다는 아리스토텔

질료로서의 형상과 우연적 성질로서의 형상을 구별하고, 베이컨은 형상에 새로운 의미를 부여하여 자연과학의 기본개념으로 삼으려고 하였다. 오늘날 형상은 보통 형식(形式)의 의미로 사용되고 있다.

레스의 사고를 수용한 것이다(정의채, 2002: 35).

아퀴나스는 인간 지성의 직접적 대상은 질료적 사물의 본질이라고 생각했다. 그는 그의 철학을 감각경험에의 반성으로 성립시킨다(정의채, 2002: 37). 즉, 아퀴나스는 실재하는 세계에서 출발하여 그 존재가 무엇인지, 그것이 어떻게 존재하는지, 그 존재의 조건이 무엇인지를 탐구한다.

그는 주관적인 생각에서 시작하지만 객관성에 근거한 학문을 시도했다. 아퀴나스가 보기에 인간 지성의 직접적 대상은 질료적 사물의 본질이다. 그는 그의 철학을 감각 경험에의 반성으로 성립시켰다(정의채, 2002: 37).

영혼의 불멸에서 개인적인 영혼은 불멸이 아니며, 불멸성은 오직 이성에만 속한다고 주장하였다(Bertrand Russel, 1945/1973: 576). 또한 이성은 비개인적인 것으로, 서로 다른 지적인 존재자 안에서도, 언제나 동일성을 갖는 것이다. 이성으로 모든 것을 풀어가려는 논리인데, 전통 가톨릭 교리와는 거리가 먼 논의였다. 그때 아퀴나스는 이성, 계시, 직관의 논리를 등장시킨 것이다.

그의 《이교도 반박대계》(*Summa contra gentiles*, 1259~1264)는 기독교의 진리를 논리적으로 확립하기 위하여 교인 아닌 사람을 상대로 씌어졌다. 그가 아라비아 철학에 능통한 사람이란 것을 알 수 있는 책이다(Bertrand Russel, 1945/1973: 577). 그렇게 본다면 아퀴나스는 플라톤과는 거리가 있었지만, 아리스토텔레스와는 가까웠다.

아퀴나스는 아우구스티누스의 입장에서 본다면 이단일 수 있었다. 그러나 십자군 이후 기독교에도 변화가 일어났다. 13세기에 서방세계가 회교도들에게 받은 자극으로 말미암아 스콜라철학이 생기고, 15세기에는 비잔티움인들의 영향으로 르네상스가 싹트게 되었던 것이다(Bertrand Russel, 1945/1973: 542).

12

르네상스 시대 수사학의 재등장

물론 아퀴나스가 '스콜라철학'의 변형된 기독교만으로 그 시대를 감당하기에는 무리가 따랐다. 이는 '십자군'[1]의 실패에서 비롯된 실망도 한몫했지만, 주로 당시의 교직자들이 부유하고 사악한 데서 빚어지는 도덕적인 증오감에서 비롯되었다. 이 시대 후에는 청교도의 기질과 비슷한 심정이 널리 퍼지게 되었다(Bertrand Russel, 1945/1973: 567).

종교개혁은 성 아우구스티누스의 구원의 결의를 다시 강조하였지만, 그의 신권정치에 대한 주장은 포기하여 에라스투스(Erastus) 파로 되었다. 여기서 프로테스탄트 에라스투스주의는 교회가 국가에 예속되어야

1) 교황 우르반 2세(Urban II, 1088~1099)는 처음으로 십자군을 일으켰다. 그는 1095년, 클레몽 회의에서 십자군을 선포하였다. 그 후의 십자군들도 교황이 주동이 되어 추진해 나갔다. 십자군으로 교황권의 확대를 도모하는 종교적인 광신주의의 일파가 형성되었으며, 참혹한 유태인의 학살도 선포되었다(Bertrand Russel, 1945/1973: 546). 그 외에도 십자군은 콘스탄티노플과 문화적인 교류를 하게 되었다. 12세기와 13세기 초기에 이렇게 문화 교류를 한 결과 희랍어로 된 문학을 라틴어로 많이 번역하게 되었다(Bertrand Russel, 1945/1973: 551). 콘스탄티노플과 빈번하게 교역이 이루어졌으며, 특히 베네치아인들이 여기에 많이 종사하였다. 이는 이탈리아에서 르네상스가 태동하는 데 원인을 제공했으며, 아퀴나스 같은 아리스토텔레스를 수용하는 교부 철학자가 등장하게 된 계기가 되었다.

한다는 교리이다(Bertrand Russel, 1945/1973: 462). 이러한 흐름에 따라 국가의 권한이 강화되고, 1400~1600년 르네상스(*Renaissance*) 시기를 맞았다.

아래로부터의 혁명이 일어났다. 가톨릭이 붕괴된 여러 원인으로 ① 부유한 상인계급의 대두와 ② 일반신자 사이에 나타난 지식의 증대를 들 수 있다(Bertrand Russel, 1945/1973: 609). 구텐베르크(Gutenburg)는 1450년대 초 인쇄술을 발명했다. 또한 1492년 콜럼버스가 신대륙을 발견하고, 1517년 종교개혁이 일어났다. 기독교적 세계관과 가톨릭교회에 큰 변화가 일어난 것이다.

같은 맥락에서 신 중심의 중세기에 빛을 보지 못했던 수사학이 인간중심 세상이 됨으로써, 다시 활기를 찾기 시작했다. 르네상스 유럽에서 휴머니스트 아이디어가 확산되면서, 중세인들은 레토릭에 관심을 갖기 시작했고, 이탈리아, 프랑스, 영국, 그리고 유럽 다른 도시로 그 경향이 확산되어 갔다. 더욱이 벌커는 "이탈리아 휴머니스트의 개념, 방법, 가치의 확산에 그 학파들의 기여는 명백히 결정적이었다"라고 했다(Peter Burke. 1990: 1; James A. Herrick, 2009: 168).

휴머니스트의 필자들은, 즉 당시 지식인들은 신의 자리에 인간을 가져다 두기 시작했다. 캠퍼스에 감금된 철학을 비판하고, 사람들의 일상생활에서 문제를 풀려고 했다. 그들은 스피치를 인간능력의 특성으로 고려하면서, 스피치를 거부하는 것을 개인의 인간성을 거부하는 것으로 본 것이다(James A. Herrick, 2009: 170). 휴머니스트들은 교회의 권위가 아닌 현실문제에 더욱 관심을 가졌다.

휴머니스트들은 철학을 레토릭의 하위개념으로 두기 시작했다. 그들은 철학의 윤리적 논쟁을 일반사람들의 도덕적 감정에 종속시켰다. 그들은 자신들이 현실적으로 직면하는 문제나, 도시의 문제를 직접 풀려고 했다. 개인들의 삶은 더욱 활기를 띠기 시작했으며, 그 변화는 유럽인들의 교육에도 변화를 가져왔다.

벨라(Lorenzo Valla, 1407~1457)는 스콜라철학을 비판하고, 수사학에 근거한 인간 이해의 새로운 방법을 도입했다. 그리고 그는 레토릭이 좋은 사회를 위한 시민 생활에 능동적으로 작동한다고 봤다. 또한 그는 도덕적 진리가 상식(*common sense*)의 표준으로 발견될 수 있고, 수사학은 상식의 도덕적 교육을 형성시키고, 영속화하는 역할을 할 것으로 기대했다(Jerrold E. Seigel, 1968: 251; James A. Herrick, 2009: 169). 말하자면 감각적 인상(*sense impression*), 상상력(*imagination*)의 중요성이 전면적으로 수용된 것이다.

한편 수사학의 글쓰기와 설득에서 변화를 감지할 수 있었다. 과거 문학과 그리스·로마 레토릭 전통이 되살아났다. 이탈리아 인본주의 학자들은 레토릭에서 개인의 성장과 사회발전의 수단을 발견했다(James A. Herrick, 2009: 152). 레토릭이 그리스, 로마, 기독교 유럽의 교육과 문화에서 현저한 요소였다면, 문명을 관통하는 레토릭의 영향력은 르네상스 시기의 유럽에서도 별로 다를 바가 없었다. 1400년에서 1700년에 이르는 3백 년 동안 레토릭은 영향력과 가치의 범위에서 가장 괄목할 만하게 변화했다(Brian Vickers, 1982: 133; James A. Herrick, 2009: 152).

이 시기 동안 레토릭 작업은 아리스토텔레스 전통이 대표하였지만, 그것이 지배적 레토릭의 영역은 아니었다(James C. McCroskey, 1997: 12). 지배적 형태는 스타일(*style*)과 전달(*delivery*)에 달려 있었다. 이와 함께 스타일을 강조하거나, 소피스트를 모방하는 경향이 일어나기 시작했다. 내용에 주안점을 두었던 라무스(Peter Ramus)는 논리와 변증법을 같이 보고, 수사학을 그 범주에 포함시켰다(John D. Schaeffer, 2004: 283). 논리에서 라무스는 착상과 성향, 레토릭에서는 스타일과 전달에 관심을 둔 것이다(James C. McCroskey, 1997: 12).

진정한 르네상스는 15세기 말, 혹은 16세기 초에 시작되었다. 그러나 14세기부터 일반인은 자신들을 둘러싸고 있는 세상에 대한 새로운 관심을 갖기 시작했다. 학생들과 선생들은 일곱 개의 인문학보다, 더 많은 것에 관심을 갖기 시작했다(Philip Emmert and William C. Donaghy, 1981: 16). 15세기 유럽인들은 중국에서 온 종이로, 목판인쇄를 하기 시작했다. 곧 구텐베르크(Johann Gutenberg)가 인쇄술을 발명했다.

레토릭은 소설과 시, 글쓰기, 법과 상업문서 등에서 활발하게 사용되기 시작했다. 르네상스 인본주의자들에게는 분명 수사학이 자신의 성장뿐 아니라 사회적 발전을 위한 수단이 될 수 있었다. 더욱이 수사학이 그리스, 로마, 기독교 유럽의 교육과 문화에 현저한 요소여서, 르네상스 시기의 유럽에서 레토릭은 가장 큰 영향력을 발휘했다(James A. Herrick, 2009: 153). 이 시기에 수사학 이론은 영향력과 가치의 범위에서 가장 괄목할 만한 발전을 한 것이다.

르네상스의 새로운 경향은 중세의 글쓰기 레토릭이 아니라, 스피치 레토릭이었다. 고전이 휴머니즘을 통해 부활한 것이다. 그 사이 레토릭이 가장 중심부에 자리를 잡게 되었다. 인쇄술이 등장하면서 16세기 중반 《고르기아스》(*Gorgias*), 《착상에 대하여》(*De Inventione*), 《웅변의 교육》(*Institutes of Oratory*), 《레토릭의 실체적 적용과 예증》(*Rhetorica ad Herennium*) 등이 출간되기 시작했다. 비카(Brian Vickers)는 1559년 버나디(Giovani Baptista Bernardi)가 《레토릭의 사전》(*Thesaurus Rhetoricae*)에서 5천 개 이상의 수사학 용어를 개념화했다고 한다(Brian Vickers, 1982: 269; James A. Herrick, 2009: 155). 학생들은 수사학적 인물을 계속적으로 반복해서 언급했고, 그들의 좋은 말들을 암기하였다. 수사학 훈련을 위해 중요한 사람의 연설을 암기하거나, 편지를 쓰는 매뉴얼, 관용어구와 인물의 안내서, 경구의 사전 등을 사용했다.

로마의 키케로가 하였던 것처럼 레토릭 술은 르네상스시대에 교육받았던 사람의 품질보증서가 되었다. 많은 측면에서 당시 수사학의 대가는 문학, 철학뿐 아니라 도덕적, 정치적 구사가 가능한 교양인의 아이디어를 갖고 있었다. 당시 어떤 휴머니스트는 달변의 지혜를 갖자면 철학이 필수라며 철학 연구를 수사학 연구에 종속시켰다. 물론 또 다른 사람은 철학을 지루하고, 무례하고, 비문화적 원시학문으로 간주함으로써, 철학을 수사학의 사전에서 제외시키도록 했다. 어떻든 당시 웅변가는 르네상스인을 대변했다(Donald R. Kelley, 1991: 82; James A. Herrick, 2009: 156).

레토릭과 르네상스 교육의 연계는 유럽사람들에게 그리스 언어를 배우게 했다. 휴머니스트들은 아리스토텔레스, 키케로 등의 작품을 탐닉하게 된 것이다. 고대 텍스트에 대한 관심은 휴머니스트적 연구의 재발견에 열정을 품었고, 당시 연구는 레토릭, 시, 윤리, 정치학 등 자유롭고, 능동적인 인간 정신의 발전을 중요하게 생각했다(James A. Herrick, 2009: 160). 그 연구에 따른 언어의 집중적 연구는 영어와 같은 지역언어를 함께 발전시키는 계기가 되었으며, 현재 인문학의 뿌리를 제공했다.

휴머니즘의 수사학은 그 변동의 첨예한 부분에 참여하기 시작한 것이다. 휴머니즘은 수사학과 동일한 부분이다. 즉, 휴머니스트가 고대 수사학 전통을 전승한 것이다. 특히 이탈리아 휴머니스트는 설득의 도구로서 로마의 전통 수사학을 발전시켰다.

14세기 초 북이탈리아 상업도시에서 휴머니즘이 태동했다. 당시 이탈리아는 지방의회, 위원회, 그리고 영향력 있는 가문 구성원 등에 의해 운영된 초라한 도시공화국이었다(Charles G. Nauert, 1995: 5; James A. Herrick, 2009: 161). 고대 로마공화국의 형태와 같이, 그곳에 사는 몇몇 부유한 가문이 플로렌스를 지배했다. 이탈리아 휴머니즘은 플로렌스와 다른 주요한 도시들을 주도하는 가정을 교육시키기 위한 노력의 일환으로 발전되었다(James A. Herrick, 2009: 153). 수사학은 주요한 가문의 권력을 유지하고, 실천하는 수단으로 발전된 것이다. 레토릭과 권력의 관련성은 수사학의 전체 역사를 대변한다.

이탈리아 지도층은 정부와 상업도시를 운영하기 위해, 협상, 기록, 합의문 등이 필요하게 되었다. 검찰과 변호사, 그리고 서기들은 더 많은 지식이 필요했다. 교회는 권위로 다스리지만, 정부와 상거래에는 더 능숙한 수사학 기술이 필요하게 된 것이다. 많은 시민 관리교육은 놀라울 것 없이 수사학의 지식이 필요했다. 수사학은 현실의 삶을 위한 기술이 되었고, 실제적 영향력을 가진 교육받은 전문가 집단이 수사학으로 무장하게 되었다. 대학에 참여한 사람들은 수사학, 변증법, 법학에 관한 라틴어 강의를 경청했다. 키케로, 베르길리우스, 세네카 등을 읽고, 후기 로마 작가를 읽는 것이다. 수사학을 공부는 그들에게 필수였다.

13

페트라르카의 서정시집 《칸초니에레》

초기 르네상스 이탈리아 휴머니스트 작가이자 유명한 학자로, 창의적 글쓰기를 한 페트라르카(Francesco Petrarca, 1304~1374), 혹은 피트라르크(Petrarch)로 잘 알려진 사람을 들 수 있다. 그는 고독한 삶에 관해 두 가지 측면에서 서술했다(Francis Petrarch, 1324: 25). 첫째 많은 사람에 둘러싸인 상황에서 탈출하여 지적 노력과 종교적 명상의 유리함을 생각하는 것이고, 둘째 모든 사회적 요구로부터 자신을 면할 수 있는 개인의 권리를 제기해 더 높은 개인적 행복의 길을 추구하는 것이다. 그는 고독한 자신을 선택한 것이다.

페트라르카는 아레초(Arezzo)에서 태어나, 서구 세계의 외교문화 중심지였던 아비뇽(Avignon)에서 유년기를 보냈다. 남부 프랑스의 강변의 도시인 아비뇽은 교황의 타이틀 요구로 도시를 수도로 만들었다. 그 도시에는 고전이 풍부한 교황의 도서관이 있었다. 유럽의 학자와 문인들의 관심을 끄는 중요한 교육 중심지였다. 페트라르카는 볼로냐 대학에서 다른 귀족들과 함께 문법, 기본 논리, 수사학, 수학 등을 배웠다.

페트라르카는 그의 후기 작품에서 "키케로는 전적으로 자신을 몰두하게 했다"라고 함으로써 그가 키케로의 작품을 탐닉한 것을 알 수 있다

(James A. Herrick, 2009: 162). 여기서 가정교사와 아버지는 학문의 기초가 되는 수사학을 훈련시킨 것이고 페트라르카의 진정한 좋은 스승은 그가 탐닉했던 키케로였음을 알 수 있다.

그는 법을 전공하기 위해 키케로와 베르길리우스의 시를 공부함으로써 문학공부를 첨가했다. 페트라르카는 시(詩)에 기초한 르네상스 수사학을 발전시켰다(Arthur F. Kinney, 2004: 80). 그는 시 쓰기를 좋아하는 문학소년이었으며, 역사와 문화에 관심이 많았다. 물론 시인은 역사가와 다른, 환상(*fancy*)과 픽션(*fiction*)으로 사실을 포장한다.

페트라르카는 1327년 4월 6일 생 클레르 성당에서 라우라(Laura)를 처음보고 사랑에 빠졌고, 1332년 《칸초니에레》(*Canzoniere*)에 게재할 라우라와의 사랑을 그린 시를 쓰기 시작했다. 그는 이후 현대 서정시의 아버지이자 인문주의 문화의 아버지로 불리게 되었다(Francesco Petrarca, 1374/2004: 6).

《칸초니에레》 시어의 내용은 가슴 깊이 사랑에 빠진, 시간의 흐름을 통해 인간의 생과 사의 숙명을 깊이 느끼게 된 내가 과거와 현재 그리고 미래에 대한 사념과 고달픔으로 지치고 마침내 외로움에 싸여 살다가 끊임없이 탄성을 지르며 자비를 갈망하는 것이다(Francesco Petrarca, 1374/2004: 9).

이 시집의 주제들은 세부적으로 나눠보면 여인에 대한 사랑, 삶, 인생에 대한 성찰, 동생과 친구에 대한 헌시, 조국애, 부패한 교황청에 대한 일침 등 여러 가지다(Francesco Petrarca, 1374/2004: 9).

따라서 《칸초니에레》의 주인공은 라우라와 프란체스코라고 볼 수 있으나 보다 엄밀한 의미에서는 서시에서 밝히고 있듯이 프란체스코의 '가슴을 가득 채우던 그 탄성들', 즉 그의 내면세계라고 보는 것이 옳다(Francesco Petrarca, 1374/2004: 10).

시에 나타난 수사학에는 이미지, 은유, 유추 등이 빈번히 사용됨으로써, 시와 밀접한 관계를 갖게 된다. 수사학은 현실성 없는 일을 가능하게 만들 수 있다. 이 세상에 불가능한 일이 은유로 엮일 수 있고, 성과 속, 혹은 음과 양이 빈번히 수사학적 은유로 공조하게 된다. 페트라르카는 수사학과 시 양자로 수용자에게 화자의 목적, 수단, 결과를 나누어 설명했다.

물론 페트라르카는 언어의 조화와 수려함에 매몰된 것이 아니라, 수사학의 설득의 힘에 관심을 집중시켰다(Jerrold E. Seigel, 1968: 34; James A. Herrick, 2009: 162). 중세사회의 긴 터널로부터 탈출한 상업적 사회는 논쟁과 설득능력을 통해 곧 자신의 정치적, 경제적 이익을 얻을 수 있었다.

휴머니스들은 감정을 수사학에 접목시킬 수 있었다. 그러나 수사학이 설득의 수단일지라도, 페트라르카와 다른 문인들이 그 당시 기독교의 진정한 진리에 닻을 내리지 않았으며, 따라서 고도의 설득 수사학은 기독교로부터 곡해를 받을 수 있는 상황이었다. 청자들에게 감정으로 스파크를 일으키면 선동정치인이 되는데, 선동가는 현실을 발견하도록 훈련된 것이 아니라, 그들을 조작하도록 훈련되었다.

페트라르카는 거짓으로 가득 찬 세상을 몸의 부분으로 묘사해 현실성을 더해 갔다. 그는 작품 속에서 라우라의 신체의 일부(두 눈, 얼굴, 손, 팔, 다리, 금발, 가슴 등)만을 노래하고 언급하는 가운데 침묵하는 여인의 모습과 더불어 모자이크처럼 수많은 조각들로 그녀의 빼어난 아름다움을 찬미했다(Francesco Petrarca, 1374/2004: 11).

그러나 페트라르카는 신체의 부분을 이미지, 은유, 유추의 소재로 사용하는 데 만족하지 않았다. 그는 "영혼이 엄숙하지 않다면 스피치가 존엄을 갖지 않는다"라고 썼다. 그는 글을 말로 전하는 것이 아니라, 글로 말을 전하는 데 익숙한 사람이었다. 당시 수사학과 시는 텍스트를 말로 작성하고 수용하는 과정에 참여하고, 계속적으로 새롭게 함으로써 글과 말이 혼합되었다(Arthur F. Kinney, 2004: 82).

한편 내용에도 변화가 있었다. 페트라르카의 언급은 지혜와 수사학의 만남을 강조한 키케로를 연상하게 한다(James A. Herrick, 2009: 162). '좋은 사람'이 좋은 화자(*speaker*)가 된다는 말과 일맥상통한다. 그는 좋은 스피치는 혼과 스피치의 만남이라며, 상황과 마음의 일치를 주장한 것이다. 그는 탐미주의자로 아름다운 스피치의 이슈는 아름다운 영혼에 깃든 것으로 봤다. 페트라르카는 고전의 회복으로, 이탈리아의 도덕성을 회복시키고, 이탈리아를 상업도시로 성장시키는 데 결정적 기여를 한 것이다.

휴머니스트들의 스피치 사랑은 계속되었다. 휴머니스트 중 에라스무스(Erasmus)는 인간이 동물, 짐승과 다른 점은 이성이 아니라, 스피치라고 했다(Erasmus, 1985: 369; James A. Herrick, 2009: 153). 스피치에 대한 관심, 특히 공적 연설에 대한 관심은 고전 레토릭의 연구를 다시 성행하게 한 것이다. 르네상스 지식인들은 문명을 형성하는 데 설득의 스피치의 역할에 대해 심각하게 고민하게 시작했다.

휴머니스트 신학자 로테르담의 에라스무스는 1519년 라틴어로 그리스 신약성서 첫판의 개정판을 출간했다. 첫 문장은 "하느님 세상을 창조하셨다. 그리고 하느님이 창조하신 모든 것은 말씀에 의한 것이다"(*God created the world. And everything God made, he made by speaking*)였다. 하느님이 쓰신 도구가 다름 아닌, 말씀이었다. 그래서 기독교를 '말씀의 종교'라고 한다.

북방 여러 나라에서는 르네상스가 이탈리아보다 훨씬 늦게 시작되었다. 그곳에서는 르네상스가 시작되자 곧 종교개혁이 뒤따랐다(Bertrand Russel, 1945/2008: 43). 네덜란드 등은 16세기 초 짧은 기간의 르네상스를 경험했다. 그들 나라에서는 프랑스, 영국, 독일 등과 같이 신학논쟁을 거치지 않고 르네상스의 철학이 파급되었으며 이에 따라 그리스와 라틴어 문헌들도 왕성하게 번역되었다.

14

모어의 유토피아 커뮤니티

서유럽 르네상스의 대표자라고 할 수 있는 사람은 에라스무스(Desiderius Erasmus, 1466~1536)와 토마스 모어(Sir Thomas More, 1478~1535)다. 에라스무스는 휴머니스트 내용의 정점을 이룬 사람이었고, 그의 저서 《격언들》(*Adagia*, 1508)은 3500개의 그리스와 라틴어 격언을 나열하고, 주석을 달았다. 고대의 '여론'(*common opinions*)이 수집되었고, 책으로 엮여 판매되었다(John D. Schaeffer, 2004: 282). 수사학에 사용된 '공통적 감각'들의 내용이 집대성된 것이다.

한편 모어는 스콜라 철학을 경멸하고 내부로부터의 교회의 개혁을 시도했다(Bertrand Russel, 1945/2008: 43). 당시 루터(Martin Luther)의 종교개혁 바람이 거세졌지만, 모어는 오히려 교회의 분열을 비판하는 입장이었다. 그러나 그는 당시 교회의 행태에 대해 곱지 않은 시선을 보냈던 대가로 1534년 교황의 권력에 의해 런던타워에서 옥살이를 했다.

그는 일관되게 르네상스의 휴머니스트로 명성을 얻었다. 그는 사실과 픽션으로 욕망이 절제된 유토피아 커뮤니티 건설에 관심을 가졌다. 당시 모어의 휴머니즘은 기독교 연구에서 새로운 접근으로 크게 공헌을 했으며, 그는 인간의 성격, 세계, 자신의 개념에 중요한 변화의 엔지니어였다(Sir Thomas More, 1516/1965: vii). 종교의 문제에서 '유토피아' 지지자들은 개인의 권리를 심오하게 존경하는 것을 지지한 것이다. 그들은 영혼의 불멸과 신의 존재에 대한 믿음을 요구하였으나, 종교를 갖지 않는 사람을 단죄하지는 않았다.

모어는 "중세적 사회질서에서 근대적 사회질서로 옮겨가는 재편성의 시기를 맞아, 또는 거기에서 생기는 사회 모순에 대한 단적인 반성으로서, 또한 근세 과학기술문명의 양양한 사회질서 대한 기대에서 유토피아가 생긴 것이다"(http//100. naver. com/백과사전) 고 했다.

모어는 런던의 법률가 존 모어의 아들로 태어나, 캔터베리 대주교 존 모턴을 섬기고, 나중에 옥스퍼드에 입학했다. 모어는 옥스퍼드에서 그리스어를 공부함으로써 당시 이단이라는 소리를 들을 수 있는 빌미를 만들었다. 즉, 그는 이탈리아의 이단들에게 동정심을 갖고 있다고 하여 당국이나 부친의 눈 밖에 나게 된 것이다(Bertrand Russel, 1945/2008: 51).

그는 다시 아버지의 뜻에 따라 링컨 법학원에 입학하였다. 대학 재학 중에 대륙의 르네상스 문화운동의 영향을 받아, 에라스무스와 뜻을 함께 했다. 모어는 그 운동에 가담함으로써, 르네상스의 경향을 지닌 《우신예찬》(*Praise of Folly*, 1511)을 작성했다. 그는 법학원 졸업 후, 변호사, 의원으로 활동했고, 1515년 통상문제로 네덜란드에 건너가, 외교 수완을 발휘했다. 《유토피아》는 그때 여행하면서 구상한 내용을 적은 것이다(http//100. naver. com/백과사전).

그는 헨리 8세의 신임을 얻어 1529년 대법관으로 임명되었으나, 왕의 이혼에 반기를 들고, 관직에서 물러났다. 1534년에는 반역죄로 런던타워에 갇혔다가, 1535년 단두대에 서는 비운을 맞았다.

그는 인문주의자로서 해학적이면서도 신랄한 언사를 서슴지 않았다. 모어는 휴머니스트 학자로서 궁극적으로 서구 종교, 철학, 과학의 역사적 주춧돌을 제공한 고대 텍스트를 재현하는 데 관심을 가졌다(Sir Thomas More, 1516/1965: vi). 고대 세계의 유산은 그리스, 히브리, 라틴 텍스트의 재발견에 있으므로, 휴머니스트는 자연적으로 이러한 어휘의 복원에 큰 강조점을 두었다. 레토릭이 부활한 것이다. 그러나 당시의 레토릭은 그리스의 구술전통이 아닌, 구텐베르크의 인쇄술에 힘입은 글쓰기에 의한 것이었다.

그는 《유토피아》〔*Utopia*, 1516, 그리스어 *ou_topos* (*no place*), *eu_topos* (*good place*)〕(en.wikipedia.org/wiki/Thomas_More)의 저자로, 히슬로데이(Raphael Hythloday)[1] 라는 한 선원이 우연히 남반구에 있는 한 섬을 발견하고 그곳에 5년 동안 산 이야기를 엮었다.

유토피아는 절박한 상황, 특수한 장소에서 일어났다. 물론 히슬로데이는 라틴어 지식에 익숙하고, 그리스 지혜에도 익숙하다. 세네카와 키케로 같은 사람의 작품을 제외하고는, 라틴어 지식보다 그리스의 지혜에 더욱 관심을 가졌다(Sir Thomas More, 1965: 3).

모어는 이상적 사회, 완전한 도시를 만들기 위해 사실과 픽션으로 당시 독자들을 대했다. 그는 사실을 사용하되, 아이디어 생산에 더욱 관심을 가졌다. 사람 사이에 좋은 사회적 연계는 조약보다는 배려, 언어보다는 정신에 존재하였다(Sir Thomas More, 1516/1965: 96).

그는 사실의 질서에 더욱 심취했으며, 그것을 언어로 표현한 것뿐이었다. 사실을 바탕으로 한 새로운 언어의 사용은 유토피아 사회를 형성시키기에 충분했다. 유토피아는 하나의 이상적인 공동체를 묘사하고 있다. 그 사회는 정의와 평등에 기초하여 누구든 인간답게 살 수 있는 조건이 갖추어진 사회였다. 유토피아 공동체는 토지를 공유제로 공유했고, 돈이 필요 없으며, 자급자족의 소박한 곳이었다.

---

1) 히슬로데이(Raphael Hythloday)는 난파된 배의 선원으로서, 로마와 그리스에 관한 지식을 많았다. 특히 그리스 작품에 심취된 사람이었다. 히슬로데이가 그리스 작품에 심취한 것은 철학에 관심을 가졌기 때문이었고, 그와 같이 라틴어를 사용하는 사람은 세네카와 키케로 정도의 작가가 있을 뿐이었다(Sir Thomas More, 1516/1965: 3).

물론 유토피아 커뮤니티는 새로운 사회였지만, 그 구도는 이미 존재한 고전의 산물이었다. 모어는 구체적으로 유토피아 신봉자로서 전적으로 르네상스 운동자이지만, 키케로, 쿠인틸리아누스 등의 예식의 연설 같은 것을 구비하고, 플라톤과 아리스토텔레스의 완전한 이상사회의 고전적 개념을 연계시켰다(en. wikipedia. org/wiki/Thomas_More).

모어의 소설에 등장하는 유토피아 사회는 돈을 사용하지 않는 유토피아 커뮤니티였다. 경제는 돈이나 사적 이익 같은 것을 위한 체제와는 거리가 멀다. 돈을 만드는 금과 은은 그 물체 자체가 갖는 자연적 성격 이상을 가지기 때문에 유토피아에 속한 가치가 아닌 것이다(Sir Thomas More, 1516/1965: 66).

모어는 "돈을 가짐으로써 인간의 삶을 박탈당하는 것을 엄청난 부정으로 생각했기에, 그는 인간 삶이 모든 소유의 행운이 줄 수 있는 것보다 더욱 값지다"고 했다(Sir Thomas More, 1516/1965: 18). 삶을 대변한 유토피아 커뮤니티는 그 자체의 가치들에 더욱 관심을 갖는다. 그 전제는 개인의 자유에서 시작한다. 그 목적을 달성하는 것은 노예생활로부터의 탈출을 의미하고, 자유로운 인간이 되는 것을 뜻한다. 그곳에서 인간은 돈과 노예상태에서의 자유를 갖는다. 또한 유토피아 커뮤니티에서는 누구나 평등을 갈구했다. 부의 평등으로 모든 구성원은 풍요롭게 모든 것을 가질 수 있는데, 그 풍요로움은 필요의 절제로 이뤄질 수 있었다(Sir Thomas More, 1516/1965: xv).

유토피아 사회는 기본적 필요가 완전히 만족되는데 그것은 새로운 필요의 제도를 통해서가 아니다. 그곳은 광고를 통해 새로운 필요를 끊임없이 창출하는 그런 사회와는 거리가 멀다. 사유재산은 가능한 배제시킨 사회이다. 개인은 그의 커뮤니티 구성원을 사랑하고, 그 구성원은 그를 사랑한다. 그들은 함께 살아가고, 그곳의 지배는 점잖게 이뤄진다.

유토피아는 플라톤의 공화국과 같이 공동 소유로 가능한 공동체이다. 모어는 재산으로 인한 불평등을 해소하는 새로운 이상국가 건설에 관심을 가졌다. 모어는 그 사회에 절대적 지배자, 독재자를 허용하지 않았으며, 민주적으로 선출된 162명의 구성원에 의해서 지배되도록 했다(Sir Thomas More, 1965: xvi).

설령 그렇더라도 플라톤의 공화국과 같이, 유토피아 국가는 완전한 신의 아들이 그곳에 살기 위해서 탄생하지 않는다면 기독교가 서구 안에 절대로 존재하지 않는다고 봤다(Sir Thomas More, 1516/1965: xxii). 결국 유토피아는, 공동체가 토지를 소유하고, 사유재산은 허용하지 않으며, 남녀는 같이 교육을 받으며, 완전히 종교적 관용이 있는 사회이다.

그 유토피아 사회에서 생존하는 것은 견딜 수 없이 무미건조하다는 것을 인정하지 않으면 안 된다(Bertrand Russel, 1945/2008: 57). 변화가 있어야 인간은 스릴도 느낄 수 있고, 모험심이 생긴다. 그러나 모어의 유토피아 사회에서는 그런 변화를 찾을 수가 없다. 오늘날 많은 계획된 사회주의 국가가 생기를 잃게 되는 것과 다름이 아니다. 욕심과 욕망이 작동되지 않은 사회는 섬나라와 같이 고요하기만 했다.

15

에라스무스는 로고스가 스피치다

모어와 더불어 '휴머니스트'[1] 중에서 괄목한 만한 사람은 네덜란드 출신, 에라스무스(Desiderius Erasmus)이다. 그는 부친이 신부였으며, 그의 사생아였다. 1493년, 에라스무스는 캠브레 주교의 비서가 되었다. 그러나 그는 스콜라 철학자들을 싫어했고, 철학에는 관심이 없었다. 플라톤이나 아리스토텔레스까지도 단지 옛날 사람으로 존경할 뿐 탐독하지는 않았다(Bertrand Russel, 1945/2008: 45).

에라스무스는 《우신예찬》(*The Praise of Folly*, 1509), 《어리석음》(*Moros*) 등 순수한 '라틴 스타일'과 '휴머니스트'의 글쓰기로, 중세사회 비극의 단면을 설명했다. 그는 가상적, 혹은 도발적 공격의 힘에 대항해 간접적 소설 형식으로 글쓰기를 시도했다(Thomas O. Sloane, 2004:

1) 휴머니즘(*humanism*, 인본주의)은 ① 인간 자신에 흥미를 갖는 것이요, 자연을 자연으로서 찬미한 것이다. 이렇기에 인문주의는 가톨릭에 대립하였고, 고대 희랍 정신으로 되돌아가서, 소외된 인간을 회복하려고 했고, 이런 인간과 조화한 자연을 옹호하려고 하였다, ② 사상과 예술의 모든 분야에 있어서 천재적 개성을 발견하고 또 이런 개성을 옹호하는 것에 관심을 가진 것이었다, ③ 여성의 전래적 지위를 변경시키는 것이었다. 중세교회는 몇 세기 동안이나 여성이 열등하다고 했고, 여성으로 하여금 결혼을 멸시하여 수도원을 찬미하도록 했다(최재희, 1984: 116~117).

112). 얼굴을 붉히는 종교적 논쟁에 그는 부드러운 소설형식으로 자신의 의견을 표시한 것이다.

에라스무스는 저서에서 기독교와 인간에 대한 관심사를 표출했다. 그는 수사학의 에토스에 집중했다. 세계시민주의자, 특히 서유럽 학자의 세계에서 개인의 정체성에 대해 논했다. 그의 키워드는 문인으로서, '자기 색깔의 정체성' (*self fashioned identity*) 이었다 (Thomas O. Sloane, 2004: 117). 에토스에서 화자 (*speaker*) 는 자신의 이미지 (*a self image*) 를 투영시켰다. 에라스무스는 정체성, 자기인격이 수사학의 주안점이다.

그의 개인화된 개성 (*character*) 이 르네상스의 주요 주체가 된 것이다. 르네상스 시대에는 과거의 혈통이나 가족 상황이 덜 기능하거나 덜 중요해졌다. 자기 정체성이 자신에게 유리하게 작동했다. 물론 에토스는 에라스무스가 실천적, 소통적 적응을 시도하는 잣대가 되었다.

당시 에라스무스는 문필가로서의 명성이 널리 알려졌다. 그의 글은 냉소적이면서도, 가벼운 일상사의 운율을 갖추고, 고답적인 것은 쉽게 풀이했다. 그가 라틴어로 번역한 《신약성서》(*New Testament*) 는 신선했다 (en. wikipedia. rog/wiki′Desiderius_Erasmus).

그는 "행복이란 어리석은 것이다. 가장 행복한 사람은 짐승에 제일 가깝고 이성에서 가장 멀리 떠나 있을 것이다. 가장 좋은 행복은 속임수에서 일어나는 것이다. 왜냐하면 실제로 임금이 되기보다는 임금이 되었다고 상상하는 것이 훨씬 더 쉽기 때문이다"라고 했다 (Bertrand Russel, 1945/2008: 46). 그의 작품은 대체로 교회의 폐습과 관련되어 있었다. 그에게는 스콜라 철학, 교황, 주교 등 모든 것이 큰 조소의 대상이었으며 특히 수도원 제도에 대해서 맹렬히 비난했다.

심지어 교황도 그의 비난에서 제외되지 않았다. 교황은 마땅히 그들의 주님에게서 겸손과 청빈을 본받지 않으면 안 된다. 그들의 유일한 무기는 성령이어야 할 터인데, 그들은 사실상 이 성령에서 멀리 떠나 있다는 것이다 (Bertrand Russel, 1945/2008: 47~48).

또한 그는 참된 신앙은 머리에서가 아니라 가슴에서 온다고 말했다(Bertrand Russel, 1945/2008: 48). 그는 그리스의 지성주의를 반대하고, 북방의 감상주의(*sentimentalism*)를 지지했다. 그는 감상주의를 문학으로 표현하고, 상식(*sensus communis*)에 기초하며, 산문과 운문으로 표현하는 방법을 고안했다.

그는 라틴어 회화책을 출간했는데 마치 공을 굴리는 유희와 같은 일상생활에 대한 회화를 가르치려는 것이 목적이었다(Bertrand Russel, 1945/2008: 50). 또한 그는 루터가 한참 종교개혁에 열심일 때, 〈율리우스가 쫓겨나가〉(*Julius exclusus*)라는 제목으로 풍자가 가득한 글을 썼다. 그 내용은 교황 율리우스 2세가 천국에 들어가지 못하였다는 것이었다(Bertrand Russel, 1945/2008: 50).

그는 종교 안에서 휴머니즘을 문학적으로 표현하는 데 더욱 집중했으며, 성스러운 성서를 현실감 있게 표현하는 데 관심을 가졌고 심도 있게 그리스도의 논리에 따랐다(Thomas O. Sloane, 2004: 114). 그리스도는 이 세상에서 숨겨진 점까지 갖가지 상황에서 자신을 도모했으나, 항상 자신의 최종 목적은 평화(*peace*)와 조화(*harmony*)였다. 또한 에라스무스는 로고스(*sermo*)를 스피치로 간주하고, 그리스도를 모방하며 살았다(Marjorie O'Rourke Boyle, 2004: 59). 그는 말씀의 과거 기독교 전통, 그 텍스트 그리고 성서의 문법과 대화를 시도했다.

로고스(*sermo conversation*) 대화는 한 사람이 혼자 있는 곳에서는 불가능하기 때문에, 그의 스피치(*oratio*)는 다른 사람과 합심하게 된다. 또한 로고스는 스피치보다 더욱 비형식적, 가식이 없는 문학적 대화, 담론, 논쟁에 의미를 둔다(Marjorie O'Rourke Boyle, 2004: 68). 또한 로고스는 내용에 대항해서 일반적 스피치, 말하기, 대화하기, 대화의 언어 등을 의미한다. 문자 그대로 로고스 대화는 스타일에서 풍자적 산문으로 사용된다.

그는 비정규적 일반적 담론의 로고스에 관심을 가졌고 스피치가 오히려 진정한 영혼을 반영한다고 믿었다(Marjorie O'Rourke Boyle, 2004: 69). 에라스무스는 스콜라 철학자에 의한 기독교가 아닌, 성서와 이성에 의한 교회를 강조한 것이지, 교회에 의한 성서를 강조한 것이 아니었다. 그는 학문의 표준을 더 정확한 그리스, 로마의 원저에서 찾았다. 그의 고전 번역은 엄격성 자체였다. 즉, 에라스무스는 성서에 의한 그리스도를 하느님의 완전한 현시로 본 것이다. 그의 논리에 따르면, 스콜라철학은 제도 안에서, 그리스도의 경건성을 살해시킴으로써 성서를 현실성 없는 종교철학으로 간주한 것이다.

그는 성직자보다, 자기 자신을 높이 평가하고 자기들의 행복을 부러워하는 하는 사람이 있으면 만족하였다. 그는 일반 영국인들의 판단에 관심을 가졌다. 그는 바울(St. Paul)과 아우구스티누스(St. Augustine)가 허용한 것보다 더 큰 자유의지(*free will*)가 필요하다고 주장했다(en. wikipedia. rog/wiki′Desiderius_Erasmus). 에라스무스의 기본적 주안점은 인간은 선택의 자유를 가졌다는 점이다.

로고스는 스피치이며(*Logos is speech*), 그것은 이성으로서의 로고스이다(Marjorie O'Rourke Boyle, 2004: 70). 예수는 로고스의 주체이고, 그는 하느님의 뜻을 스피치한다. 예수 그리스도는 인간에게 아버지의 메시지를 전한다. 에라스무스는 "계속적 언급, 이야기, 스피치, 말의 표출과 언급, 그리고 특수한 말과 그 언급 등을 형식으로 간주했다. 신약과 그리스도의 교부 문헌이 이 의미를 보존해준다"고 봤다(Marjorie O'Rourke Boyle, 2004: 67).

에라스무스는 가슴 따듯한 시민의 정서에 기대었다. 그에 의하면 정밀하게 생각해낸 신학은 다 피상적인 것에 지나지 않는다. 그는 로고스를 인간 언어의 형태로 간주했다. 가장 달변의 표현은 진정한 신학의 담론이라는 것이다(Marjorie O'Rourke Boyle, 2004: 74).

이러한 견해는, 일반화되어 신도들 사이에서는 상당히 환영받았다. 에라스무스는 영국에 두 번째 방문하여 런던과 케임브리지에 5년 동안

(1509~1514) 머물렀다. 그는 이 동안에 영국인의 휴머니즘(*Humanism*)을 고무하여 많은 영향을 주었다(Bertrand Russel, 1945/2008: 48).

휴머니즘은 당시 고전을 역사에서 특수한 순간에 살고, 특수한 이슈에 그들을 주목하는 현실의 인물로 재등장시켰다. 더욱이 휴머니즘은 말, 사료, 사건, 역사적 인물 등 확실한 사실을 강조했다(James A. Herrick: 166). 그 결과 그의 비판적, 역사적 글쓰기에서, 휴머니스트는 결사적 신화를 노출시켰고, 도전했고, 그가 말한 신화는 세속화의 길을 걷게 되었다.

16

베이컨의 귀납적 논리와 '사실'의 발견

17세기 초 베이컨(Francis Bacon, 1561~1626)은 귀납법의 창시자로서, 과학적 체계적 방법을 선택하여 레토릭을 학문적으로 끌어올린 사람이다. 그는 국새관(國璽官)인 니콜라스 베이컨 경의 아들이었다. 그는 국가의 정사가 다루어지는 분위기에서 성장하였다(Bertrand Russel, 1945/2008: 82). 그는 스물세 살에 의회에 들어가서 에섹스(Essex)의 고문이 되었다. 그는 에섹스의 총애를 받지 못하고 정치계에서 크게 성공을 거두지 못했다.

베이컨은 정통주의를 거부하지 않았고, 그렇게 할 만큼 어리석지도 않았다. 그러나 베이컨은 인간 이성의 존재를 굳게 믿었으며, 그것이 불가능할 때 신의 계시로 풀 방법에 관심을 가졌다. 그는 '이성의 진리'와 '계시의 진리'의 이중적 진리를 신봉한 것이다.

베이컨은 과학에 접근하는 방법으로 아리스토텔레스의 연역법과 귀납법 중 귀납법에 더욱 철저했다. 그는 "학문의 지혜는 밖으로부터, 위로부터, 관찰로부터 얻어지는 지혜이다"라고 했다(Bacon, 1971/1977: 238).

또한 그는 "수사학의 의무와 공공성이 의지를 더 잘 움직이기 위해 이성을 상상력에 적용하는 것이다"라고 했다(Sir Francis Bacon; Arthur F.

Kinney, 2004: 80). 그러나 그는 상상력을 이성적 도구에 묶어두었다. 베이컨은 아리스토텔레스의 연역적 논리학에 비판을 가하는 한편, 귀납법은 경험으로 결과를 도출하는 과학적 방법으로 간주했다. 그는 '인체해부학'을 통해, 과학적 방법으로 더욱 보편성을 지닌 논리를 개발할 수 있다는 자신감을 습득한 것이다.

로저 베이컨(Roger Bacon, 1214~1292)은 "지식인들이 삼학(*trivium*, 문법, 논리, 수사학)을 학습했다"고 했다(Craig R. Smith, 1998: 182). 그는 당시 깨어 있는 사람이 공개적으로 논쟁하고, 설득한다면 이들 방법은 적용이 가능하다고 봤다(Roger Bacon, 1967: 370; Craig R. Smith, 1998: 181~182).

베이컨은 '논리학과 수사학'[1]이 논쟁에 능하다고 했다(Bacon, 1971/1977: 239). 그에 따르면 논리학은 판단을 위한 것이고, 수사학은 장식을 위한 것이기 때문에, 두 학문을 배우면 어떻게 내용을 제시하고 배열할 것인지에 대한 모든 규칙과 지침을 익힌 셈이 된다고 했다(Francis Bacon, 1604/2002: 149).

그는 두 학문을 바탕으로 어떤 한 가지 논쟁의 법칙이 제시되면, 그것을 새로운 여러 가지 환경에 적용시켜서 시험해 보도록 권장했다. 만일 그 법칙이 그러한 환경에서 적용되면 그 법칙은 그만큼 확증된 셈이다.

콜럼버스가 미국을 발견하고, 베이컨은 과학적 방법을 발견한 것이다. 그는 실험과 관찰의 논리로 연역적 논리를 붕괴시켰고, 일반적 법칙이 조사로부터 성장한다고 믿었다. 또한 과학적 방법으로 풀 수 없는 영역의 확대로 인간은 우상을 갖게 된다고 봤다. 그는 네 가지 우상을 제시했

1) 논리학과 수사학은 너무 빨리 배우면 문제가 있다. 대학에서 학생들이 너무 미성숙한 조건에서 논리학과 수사학을 배우고 있다. 논리학과 수사학은 어린이나 신입생보다는 졸업생에게 더욱 어울리는 기예이다(Francis Bacon, 1623/2002: 148~149). 물론 두 학문은 제대로만 배운다면 모든 지식 중에서 가장 권위 있는 지식이요, 기예 중의 기예라 할 수 있다.

다(Bertrand Russel, 1945/2008: 86). 즉, ① 종족의 우상(선천적으로 인간성 안에 깃들어 있는 우상), ② 동굴의 우상(개인적인 편견), ③ 시장의 우상(언어의 횡포), ④ 극장의 우상(기성 사상체계) 등이 그것이다. 그는 플라톤의 '동굴의 우상'을 확장시킨 것이다. 특히 레토릭에 관련된 것은 '시장의 우상'이다.

베이컨은 《학문의 진보》(*The Advancement of Learning*, 1604; 라틴어판, *De Augmentis Scientiarum*, 1623) 등에서 레토릭을 언급했다. 그러나 그는 하나의 논문으로 체계적으로 레토릭을 다룬 것이 아니라, 두 책에서 간헐적으로 다루고 있다(James C. McCroskey, 1997: 12). 그는 현대 레토릭 과정의 관점에서 주요 작가로 인정되지는 않는다. 그러나 그는 인간의 정신을 이해(*understanding*), 이성(*reason*), 상상(*imagination*), 기억(*memory*), 욕구(*appetite*) 그리고 의지(*will*)로 분리시켰다. 각각 분리시켜 그 기능을 하나씩 연구하고, 통합하는 형태를 취하는 것이다. 이런 기능의 형태는 심리학에서 여전히 연구하는 과제이고, 각 기능은 귀납적, 경험적 연구가 가능한 영역이다.

그는 레토릭을 의지를 감동시키기 위해 이성에 상상력을 적용시키는 것으로 규정했다(Philip Emmert and William C. Donaghy, 1981: 17). 같은 맥락에서 베이컨은 상징을 사용하는 것이 한 사람이 다른 사람에게 전달할 수 있는 하나의 수단이라고 봤다. 다른 행위로 얼마든지 다른 사람과 소통할 수 있다고 간주한 것이다. 또한 질서정연한 아이디어로, 체계적으로 커뮤니케이션하는 것이 모든 목적과 어떤 상황에서도 적절할 것으로 믿지도 않았다. 베이컨은 화자보다, 청자가 커뮤니케이션 과정에 중심이 되도록 논리를 전개시켰기 때문이다(Philip Emmert and William C. Donaghy, 1981: 17).

그렇더라도 베이컨은 부분적으로 언어가 어떻게 사람들이 이해하고, 대답하고, 세상에서 살게 하는가를 결정한다고 봤다. 그는 언어, 사고, 행위가 떨어질 수 없다고 본 것이다. 개인은 언어를 통해 의견을 형성한다. 물론 전통사회의 의견은 커뮤니티 측면에서 정치적·종교적·도덕적·사회적 고려에 주안점을 둔다. 그리스는 그것을 의견(*doxa, orthodoxy*)으로 표현한다(Sharon Crowley and Debra Hawhee, 2004: 22). 수사학의 정치, 저널리즘, 종교, 논쟁, 문학, 정치, 역사, 법 등에서 쓰는 판단은 '수사학적 추론'(*rhetorical reasoning*)이라고 한다.

수사학은 커뮤니티 생존과 안정에 관한 것이지만, '과학적 추론'(*scientific reasoning*)도 가능한 한 영역이다. 어떤 명제가 훈련된 과학자들의 커뮤니티에서 인정된 믿음으로 작성되었다면 과학적 추론은 수사학적일 수 있다(Sharon Crowley and Debra Hawhee, 2004: 15). 그러나 베이컨은 '수사학적 추론'을 뒤로하고, 개인의 의견을 자신과 분리시켜 만든 객관적 데이터를 분석하는 일에 관심을 두었다. 그는 역동적 수사학의 상황을 고려하지 않았다. 그렇다면 분명 베이컨은 커뮤니케이션 연구의 비조(鼻祖)가 될 수 있었을 것이다(Philip Emmert and William C. Donaghy, 1981: 17).

더욱이 베이컨은 그리스와 로마 필자들이 한 것처럼 스피치 행위를 하는 데 수사학을 감금시키지 않았다. 상징이 아닌, 다른 형태로 커뮤니케이션 행위가 얼마든지 가능하다고 봤다. 하지만 언어적·비언어적 커뮤니케이션도 다양한 효과를 나타낼 수 있다고 본 것이다. 단어와 문장 하나는 사람의 마음을 움직일 수 있다. 더욱이 인쇄된 글은 같은 텍스트를 많은 사람이 읽게 됨으로써 또 다른 설득의 수단으로 등장할 수 있었다.

물론 베이컨의 상징은 언어의 상징과는 분리될 가능성을 내포하며, 사실에 의한 정보일 수 있다. 실험과 관찰로 얻어지는 정보(사실)는 명증성을 확보하기에 충분했다. 더욱이 사실에 부여된 중요성은 과학이나 기술로 현대의 신뢰를 얻을 수 있기 때문이다. 사실은 시각, 후각, 미각, 촉각, 청각 등으로 경험적 명증성이 언제든 가능하다. 우리는 인지한 것에 대한 선택을 하고, 인지한 기억을 계속적으로 재구성한다.

키케로는 착상(*invention*)의 '언어'[2] 자체나, 지적 과정 동안 커뮤니케이션의 믿음으로부터 창출될 논쟁을 시도했다(Sharon Crowley and Debra Hawhee, 2004: 16). 여기서 언어는 사고를 표출하고, 언어의 기능은 가능하면 명료하게 한 사람에서 다른 사람으로 사고를 전달하는 것이다. 그것으로 청자와 수용자에게 의미를 전달한다. 당시 언어는 그 이상이었는데, 언어가 커뮤니티의 사고를 표출한다는 것은 그 언어 자체가 벌써 권력을 내포한다는 것이기 때문이다.

개인은 언어로 자신의 정신세계를 표출한다. 물론 당시 지식인은 지식의 원천으로 의견에 가치를 두었다. 그러나 그 의견은 개인의 것이라기보다, 커뮤니티의 생존과 안정에 관심을 둔 것이다. 그들은 구체적 시간과 공간 안에서 벌어지는 의견에 관심을 가졌는데 그 의견에는 분명 태도가 들어있었다.

현대에 사실을 맹종하는 것과는 달리, 베이컨이 살던 당시에는 수사학 과정에서 사실을 별로 중시하지 않았던 것 같다. 현대사회는 실제 경험으로부터 얻는 사실을 '적절하게 해석하는 네트워크'가 존재하나, 그리스, 로마시대는 전문화와 거리가 멀기 때문에 언어가 중요한 설득의 수단으로 작동할 수 있었다. 물리적 세계의 사실에 대한 인간 인식은 필히 어떤 왜곡이 있게 마련이었다(Sharon Crowley and Debra Hawhee, 2004: 19). 이런 저런 이유로 당시 수사학자들은 단순한 사실의 리스트를 논거로 논쟁을 하는 것을 꺼릴 수밖에 없었다.

사실의 성격에 대한 회의주의적 경향 때문에, 고대 수사학의 선생들은 설득적 사실의 가능성에 회의적이었다. 아리스토텔레스는 사실과 증언

---

2) 키케로는 로마 공화국에서 극도로 세련되고, 영향력 있는 웅변가였다. 그는 "언어 사용의 목적이 가르치는 것, 기쁨을 주려고, 사람을 움직이게 하려고 하는 것"이라고 했다(Sharon Crowley and Debra Hawhee, 2004: 17). 수용자를 교육시키고, 즐겁게 하는 주안점은 그들을 움직여, 어떤 사고나 행위를 수용하거나, 거부하게 하는 것이다. 그 논리라면 사실의 증거로서 사람을 감동시키는 데 약점이 따른다.

을 수사학의 술에 포함시키지 않았다.

고대 수사학자들과는 달리, 베이컨이 말한 '착상'(*invention*) 은 논쟁을 창출하는 공공장소(*commonplaces*) 와 장소(*topoi*) 의 주제토론을 포함한다. 공공장소에서의 주제토론은 구체적 시간과 장소에서 이뤄지고, 수사학 시도자(*rhetors*) 가 중요하게 부각된다. 어떤 때는 청자가 함께 하면서 화자의 이야기가 명증성을 확보하게 된다. 이런 환경은 포퓰리즘이 쉽게 일어날 수 있는 장소이다.

물론 여기서 '착상'은 서술했듯 *invenire*라는 라틴어에서 파생된 것으로 라틴어에서 그 내용은 '찾아내다'(*find out*), '엄습하다'(*come upon*) 이다. 그리스어로 'heuriskein'은 같은 의미를 지녔다. 'heuristic'은 '발견하는 것을 돕다'(*An aid to discovery*), 혹은 '나는 발견했다'(*I Have found it*) 라고 한다. 즉 어떤 사람이 새로운 아이디어를 갖는 것이다.

새로운 아이디어는 공공장소에서 웅변가의 커뮤니티 역사와 믿음의 지식을 통해, 명증성을 확보한다. 그러나 베이컨은 이런 형태의 커뮤니케이션에 비관적이다. 그는 개인과 집단의 차원에서 유추하는 능력을 통해서 만들어지는 오류를 장황하게 서술하고 있다. 그러나 아이디어의 발견, 선택, 배열은 표출하고, 전달하는 것과 같은 정도로 중요하다고 믿었다(Philip Emmert and William C. Donaghy, 1981: 17).

물론 베이컨은 수사학의 상상력이 현실을 왜곡하는 수단이 될 수 있음을 강조하고, 윤리문제를 심각하게 논의했다. 진정성 있는 수사학만이 인간에게 복지를 가져온다는 것을 강조한 것이다. 그는 사실과 거짓에 대한 논의를 과학이라는, 고대 수사학자와는 다른 차원에서 논의하기 시작한 것이다.

윤리문제는 교회의 부패에 대한 일반인의 태도와 다를 수 없었고, 그 결과 교회에 정풍운동이 벌어졌다. 교회에 종교개혁(*Reformation*) 과 반종교개혁(*Counter reformation*) 이 일어난 것이다. 반종교개혁에 앞장선 예수회(Jesuit) 는 "구원이 믿음으로만 되는 것이 아니고 믿음과 행동이 함께 수반되어야 한다"라고 했다(Bertrand Russel, 1945/2008: 60).

한편 루터(Martin Luther), 칼뱅(John Calvin) 등 종교개혁자는 "아우구스티누스의 영혼과 하느님과의 관계에 대한 가르침은 그대로 추종하고 교회와 관련된 가르침은 따르지 않았다. 그들의 신학은 교회의 세력을 꺾는 것이었으며 죽은 사람이라도 미사를 올리면 구원받을 수 있다는 연옥의 사상은 찾아볼 수 없었다"고 했다.

개신교의 종교개혁은 과학의 발달과 맞물린다. 중세사회를 이끄는 동력은 개신교 운동과 더불어 과학의 발달에서 그 연유를 찾아야 한다. 과학이 발달하자 현실을 규명하는 데 연역법보다 귀납법이 더 널리 쓰이게 되었다. 여기서 귀납법은 구체적 사실로부터 일반적 원리를 도출하는 방법이다. 귀납법의 결론은 모든 경우를 고려하여야 한다(Philip Emmert and William C. Donaghy, 1981: 116). 그 추론의 과정에서 귀납법은 유사하거나, 알지 못하는 경우까지 포함해서 논의할 필요가 있다. 그렇다면 여기서 도출할 수 있는 것은 '확률'(*probably*)의 세계이다. 말하자면 연역법이 확실성과 명증성에 의존한다면, 귀납법은 확률성에 근거한다.

물론 명증성을 확보하기 위해서는 예증이 필요하다. 귀납적 추론(*inductive reasoning*)은 예증으로 추론한다고 부른다(Philip Emmert and William C. Donaghy, 1981: 116). 경우의 수, 혹은 예증이 많을수록 더욱 큰 신뢰성, 명증성을 확보할 수 있다.

귀납법에 더욱 관심을 가진 유명한 과학자로 천문학자 코페르니쿠스(Nicholas Copernicus), 천문학자 케프럴(Kepler), 물리학자 갈릴레이(Galileo Galilei), 그리고 물리학자 뉴턴(Isaac Newton) 등이 등장했다.

코페르니쿠스는 "① 옛날부터 믿던 것이 옳지 못한 것일 수도 있다는 사실을 인정한 것이며, ② 과학적인 사리의 판단은 꾸준히 사실을 수집하고, 그 사실을 서로 연결시키는 법칙을 대담하게 예측해 보는 데 있다는 것이다"라는 과학적 사고를 언급했다(Bertrand Russel, 1945/2008: 66).

귀납법과 과학적 사고는 항상 원인을 찾는 일에 몰두하게 된다. 특히 과거에 가졌던 종교와 인습에 대한 원인을 찾게 된다. 즉, 신은 창조주로서 남을 수도 있지만 그것마저 의심스러웠다(Bertrand Russel, 1945/2008: 77). 그것은 이 세상에 시간적으로 처음이라는 것이 있었는지가 분명치 않기 때문이다. 또한 과학이 가져다 준 또 다른 결과는 중세기에는 지구가 하늘의 중심이었으며 만물은 인간과 관련하여 하나의 목적을 가지고 있었다는 사실이다(Bertrand Russel, 1945/2008: 77). 뉴턴의 시대에 지구는 별과 별반 다른 것이 없는 하나의 별에 속한 조그마한 유성(流星)에 불과한 것이었고, 이 한없이 넓은 장치가 오직 바늘 끝만 한 곳에 살고 있는 작은 짐승을 위해 설계되었다고는 보이지 않았다.

창조의 질서가 일정 부분 도전을 받게 되었고, 중세 종교의 절대성이 제약을 받게 되었다. 사람들은 사실과 사건에 더욱 관심을 가지게 되었다. '무언의 교사'(*silent instructor*)가 언어를 추방하였다. 즉, 1733년 퐁트넬(Bernard Fontenelle)은 언어의 지배(*reign of words*)가 끝났음을 선언하고, 사물(*things*)이 시대의 흐름을 결정짓는다고 규정하였다(Elizabeth L. Eisenstein, 1983/1992: 278). 상업의 발달은 시간의 정확성을 요구했으며, 의견의 수준을 탈피한 정보의 개념화를 가져왔다. 도시에 대학이 등장하였다.

개인들이 사실을 해석하고, 사용하는 방법이 '해석의 네트워크'(*networks of interpretation*)에 의존했다. 중세사회에서 사실은 일정한 과학 전문가 집단에서 제한적으로 사용했지만, 종교개혁 이후 사실이 설득의 가능성으로 등장한 것이다. 르네상스 이후 서구인들이 당면한 큰 변화였다.

사실은 자체가 말을 할 수 없기에 그것을 해석하는 행위가 필요했다. 개인은 의견을 갖게 되는 것이다. 물론 수사학적 상황에서 의견은 개인의 사적 의견을 지명하지는 않는다. 그러나 실제 상황에서 의견(*opinions*)은 개인에 속한다(Sharon Crowley and Debra Hawhee, 2004: 22). 이때 의견은 개인의 정체성과 친밀하게 연계되어 있어, 사람들이 정체성을 변화시키지 않는다면 변화시킬 생각이 별로 없다.

사실은 객관적으로 존재하지만, 그들을 인지하고 증언하려면 관찰자의 관점에 영향을 받는다. 의견에 어떤 이데올로기(*ideology*)라는 경향성이 표출되는 것이다. 여기서 이데올로기는 사람들이 사건과 다른 사람의 행위를 이해하기 위해 사용하는 통일된 믿음이다(Sharon Crowley and Debra Hawhee, 2004: 25). 그 믿음이 사건이나, 행위를 예측하는 데 사용되고, 실천적 언어로 표출된다.

베이컨은 "미신과 뒤섞인 해설을 체로 걸러내서, 오로지 자연적 사실에 대해서만 수행되는 해설과 뒤섞이지 않도록 하는 것은 꼭 필요하다. 종교적인 기사와 기적을 다룬 해설의 경우는, 참이라는 것이 입증될 수도, 자연적이라는 것이 입증될 수도 없으므로, 자연사 서술에는 부적합하다고 하겠다"라고 한다(Francis Bacon, 1604/2002: 160). 같은 맥락에서 이데올로기는 우리 자신과 다른 사람을 이해하고, 자연을 이해하고, 우리와 자연과의 관계를 규명해준다. 또한 이데올로기는 우리가 알고 있는 가치에 관해서 어떤 결정을 하도록 도와준다. 커뮤니티 안에서 이데올로기는 진리, 좋은 것, 선한 것, 아름다운 것을 말해준다. 그 이데올로기에 따라 우리의 커뮤니티가 유지되고, 시민들을 교육시키고, 그리고 개인은 그런 이데올로기에 따른 언어를 사용하게 된다.

물론 이데올로기는 자신을 형성하게 한다(Sharon Crowley and Debra Hawhee, 2004: 25). 그것은 자신뿐만 아니라, 가족, 친구, 미디어, 커뮤니티, 인종집단에 의해 형성된다. 개인의 의견이 커뮤니티의 것이므로, 종교적, 정치적 믿음은 그들이 누구인지를 잘 말해준다. 고대 수사학자는 이데올로기를 '공공장소, 공론장'(*commonplaces*)이라고 부르는 언급이 조성되었다(Sharon Crowley and Debra Hawhee, 2004: 26). 여기서 공통(*common*)은 전술했듯, 많은 사람이 지금까지 알고 있는 내용, 그리고 사회 이슈 등이 공통적으로 나누어짐을 의미한다. 그러나 베이컨은 사실이나 의견이 이데올로기와는 엄격히 분리되는 것이 바람직하다고 봤다.

17

마키아벨리와 푸턴햄, 바흐친의 권력

전통 수사학자들의 나눔은 당연히 커뮤니티 생존과 관련된 정치적 이슈이다. 그렇다면 르네상스 휴머니스트로 가장 먼저 다루어야 할 사람은 마키아벨리(Miccolo Machiavelli, 1469~1527)이다. 그는 이탈리아 르네상스의 가장 활발한 시기에 태어났다. 르네상스의 분위기에 자라나고, 그의 종말과 더불어 르네상스는 끝을 맺었다.

다른 사람들은 그를 정치에 관해서 객관적 혹은 과학적 관점을 편 최초의 사람으로 간주했다(Roger D. Masters, 2002: 336). 그는 자기 자신이 겪은 여러 가지 경험에 기초해서 어떤 목적이 선하고 악한 것에 개의치 않고 그 목적을 이루기 위한 수단에 대해 관심을 가진 것이다. 더욱이 《군주론》은 전술의 방향을 설정하였는데, 권력을 쟁취하기 위한 목적에 대한 많은 부분이 '수사학적'[1]이다(Robert Hariman, 1995: Craig Smith, 1998: 203).

1) 군주가 가져야할 첫째, 그리고 나머지 덕목은 ① 종교적 주요 덕목을 전달하고, ② 동정심의 주요 덕을 전달하고, ③ 신뢰를 보이고, ④ 성실성을 보이고, ⑤ 신중함을 보인다는 것 등이다. 모든 사람은 군주가 보이는 것만 보고, 진정한 군주가 어떤 사람인지를 감을 잡지 못한다(Machiavelli, 1964: 18: Craig R. Smith, 1998: 205).

마키아벨리는 상업이 융성한 도시, 플로렌스 사람이었다. 부친은 변호사로서 부자는 아니었지만 가난하지도 않았다. 그는 고전 휴머니스트로서 교육받았다(Roger D. Masters, 2002: 335).

그가 20세 때 플로렌스에서는 사보니롤라(Savanorola)의 퓨리턴 정부가 1498년 실각했다. 사보니롤라가 비참한 최후를 맞자, 마키아벨리는 깊은 충격을 받았다. 그는 사보나롤라가 사형을 당했을 때 플로렌스 정부의 말단관리였다. 그는 1512년 메디치(Medici) 가문이 정권을 잡을 때까지, 외교관 등의 관리를 맡았다.

그러나 그는 정적의 고발로 투옥되고, 석방하여 산 카시아노(San Casciano) 고향에 은거하면서 《군주론》(*The Prince*, 유고작 1532), 《리비의 담론》(*Discourses on Titus Livy*, 1531)을 작성했다. 그 후 《만드라골라》(*Mandragola*, 1518), 《전쟁의 술》(*The Art of War*, 1521), 《플로렌스의 역사》(*Florentine Histories*, 1525) 등을 집필했다.

마키아벨리는 인간을 퍽 비관적으로, 즉, 인간이란 원래 은혜를 모르고 변덕이 심하며, 위선자요 염치를 모르는 데다가 몸을 아끼고 물욕에 눈이 어두운 속물이라고 보았다(N. Machiavelli, 1964/1991: 78). 인간에게 수사학적으로 질서를 주는 것이 필요했다. 그러나 그 질서는 상황 앞에서 무릎을 꿇게 되었다. 마키아벨리는 1527년 메디치가가 전복되고, 공화국이 설립된 직후 죽음을 맞이했다. 당시 로마는 찰스 5세의 군대에 멸망당했고, 그해 이탈리아 르네상스는 종말을 고했다.

마키아벨리는 종교를 퍽 세속적, 유물론적으로 바라보았다. 그는 "종교가 국가에서 중요한 위치를 차지하고 있다. 그것은 종교의 진리성 때문이 아니라 사회를 결합시키는 매개체로서 그 중요성을 차지하고 있는 것이다"라고 했다(Bertrand Russel, 1945/2008: 35).

그는 종교를 이데올로기 형태로 본 것이다. 그는 현실적으로 종교를 간주했는데, 교황이 행사한 지상권(地上權)으로 인하여 이탈리아의 통일이 훼방을 받게 되었다는 것이다(Bertrand Russel, 1945/2008: 35). 마키아벨리 논리대로라면 가톨릭은 사회를 결합시키는 것이 아니라, 오히려 방해하는 귀찮은 존재이다.

교회가 오히려 신앙을 멀게 하고, 커뮤니티를 파괴한다는 것이 마키아벨리의 논리이다. 그는 플로렌스의 안전을 위해, 정치적 수단을 용인한 사람이다. 정치공학을 용인하고, 이탈리아를 통일하는 일은 그에게 관심거리였을 것 같다. 《군주론》에서 "노골적으로 통치자는 전통적인 도덕을 가질 필요가 없다"고 말하고 있다. 어떤 통치자든지 착하게만 행동하면, 반드시 망하게 된다는 것이다. "통치자는 여우처럼 교활하고 사자와 같이 맹위를 떨쳐야 한다"고 했다(Bertrand Russel, 1945/2008: 36).

그는 "동시에 자기의 모든 행동에 위대함, 용맹심, 신중함, 강직함이 엿보이도록 애써야 한다. 다음, 신하들에 대한 개별적 문제에 있어서도 한번 내린 결단을 절대로 철회하지 않도록 해야 하고 또 어느 누구도 군주를 감히 속이거나 농락할 수 없다는 생각을 머릿속 깊이 심어주어야 한다"라고 수사학적 용인술을 이야기했다(N. Machiavelli, 1964/1991: 83).

인간은 자신의 국가의 생존을 위해 끊임없이, 영원히 자연을 정복할 수 있다는 것이다(Roger D. Masters, 2002: 337). 그러나 그는 인간이 힘, 지식, 충동을 잘 결합하여 운명과 기회의 반을 통제할 수 있다고 봤다.

정치공학으로 접근한 마키아벨리지만, 그는 정치적인 자유를 실천하기 위해서는 시민들 간에 어떤 종류의 개인적인 덕(德)이 필요하다는 것을 인정했다. 또한 그는 '인민의 소리가 하느님의 소리이다'라고 함으로써 반드시 권모술수만을 이야기하는 것은 아니었다. 그는 대중적인 정부가 전제 정치보다 잔인하지 않고 무분별하지고 않을뿐더러, 지속성이 있다고 믿었기 때문이다(Bertrand Russel, 1945/2008: 35).

그가 보는 정치요소는 ① 민족의 독립과 ② 국가의 안정 및 질서 ③ 정연한 법률 등이었다. 여기에는 현대 정치가 필요로 하는, 세속적 힘과 기술의 개념이 용해되어 있다. 마키아벨리는 과학과 기술의 계속적 발전을 기원한 것이다. 이를 위해 마키아벨리는 의기양양한 리더가 좋은 무기와 법률을 발전시키고, 유지하는 일을 해야 한다고 생각했다(Roger D. Masters, 2002: 337).

물론 안전을 유지하는 가장 중요한 요소는 언제나 인민들에게 더 많은 권력을 부여하는 것일 것이다. 그럴지라도 권력자가 자신의 힘을 여론으로 과시할 필요가 있다. 여론은 선전 여하에 달려 있으며, 선전에 있어서 적대자보다 더욱 의로운 것처럼 보여야 유리하다는 것도 사실이다(Bertrand Russel, 1945/2008: 40).

'권모술수'는 시민들과 거리가 멀어지게 하고, '정치공학'이 활개를 치게 한다. 중세 교회의 부패는 시민들이 냉소적 경향을 나타내는 데 영향을 주었다. 같은 맥락에서 세속화 군주는 민중들과는 거리를 더욱 멀리 했다.

한편 마키아벨리가 권력 추구의 도구로 수사학을 사용했다면 바흐친(Mikhail Bakhtin)과 푸턴햄(George Puttenham)은 권력을 냉소적으로 비판했다. 중세 민중시(詩)에서 나타난 적의의 카니발(*carnival*) 표현은 기존 종교와 사회에 대한 냉소적 경향을 대변했다. 민중의 웃음은 권력에 대한 또 다른 수사학이었다.

카니발은 민중들의 제2의 삶이었다(Mikhail Bakhtin 1965/1984: 9). 카니발의 웃음은 민중의 삶 자체였으며, 르네상스의 문학적 표현이었다. 참여한 모든 민중은 그 축제가 행해지는 동안 커뮤니티, 자유, 평등, 풍요로움 등 유토피안 삶으로 몰입하게 되었다. 당시 문인들은 카니발에서 과거의 형식적 운율을 수용하되, 본능을 적나라하게 표출하였다.

포모르사카(Krystyna Pomorska)는 러시아 문학에서 카니발화를 행위와 인지에 의해서 형성된 궁극적 삶의 구조의 상황으로 간주했다(Krystyna Pomorska, 1984: x). 바흐친(Mikhail Bakhtin, 1895~1975)은 《라블레와 그의 세계》(*Rabelais and his World*)에서 16세기 문맹 상황에서, 민중의 일상적인 성격을 묘사했다. 중세, 르네상스 시대 카니발 상황에서, 민중 유머의 문화를 표출한 것이다.

같은 맥락에서 푸턴햄은 《영국 작시의 술》(*The Arts of English Poesie*) 에서 당시 시의 경향을 나타냈다. 새로운 시의 경향은 과거의 나쁜, 왜곡된 작가의 리듬을 답습한 것이 아니라, 새로운 방언으로 시작한 것이다. 당시 카니발의 시에는 육체의 야만적인 무례함이 표출되었으나, 푸턴햄의 생각은 달랐다.

여기서 육체는 음식, 술, 대변, 섹스 등 인간 몸의 이미지가 지배적 역할을 했다(Mikhail Bakhtin 1965/1984: 18). 육체의 과장된 언어가 축제에서 개인의 사적 생활을 넘어서, 공통적 주제로 표현되었다. 축제는 여론(*sensus communis*) 을 극대화하는 노력이다. 바흐친은 모든 지식과 사고를 감각적으로 표현하는 데 만족했다.

야만시대에 직면한 푸턴햄은 방언의 유산을 지키는 것은 시골 사람의 정서가 고대에 얻었던 고급 수준을 유지하는 한편, 영국 시의 규칙을 규정하고, 모델을 제공했다고 보았다(G. Puttenham 1970/1589: 95; Wayne A. Rebhorn, 2004: 97). 카니발 향연, 코믹 관경, 예식 등이 중세 사람들의 삶의 중요한 부분으로 작동했다. 누구나 즐길 수 있는 일반적 삶의 형태를 시나, 소설로 표현했다. 당시 문인은 민중과 함께하려는 의도하에, 수준 높고, 정신적, 이념적 추상을 쉽게 표출하는 어떤 것을 기획했다. 문인들은 레토릭적 '착상'에 더욱 가까이에 있었다.

카니발 등에 참여하는 개인은 일반적 사회생활의 주변부, 혹은 비정상적인 현실을 묘사하는 어떤 것이어야 했다. 가령 프랑스 사순절 행사인 마르디 그라스(Mardi gras), 혹은 카레미프레난트(careme-prenant), 그리고 독일의 파스트나크트(Fastnacht) 등은 종교적 예식의 형태를 띠고 있었지만, 종교 밖에 새로운 종류의 양식을 만들었다. 신비적 극에 침투한 카니발의 민중 웃음은 종교와는 전혀 다른 문화가 만들어졌다는 것을 시사한다(Mikhail Bakhtin, 1965/1984: 15). 웃음은 종교의 다른 형태이며, 이는 순수한 레토릭이 실현된 것이다. 현실 상황에서 불가능한 커뮤니케이션이 이상적이고, 현실적 형태로 형성되었다. 민중은 누구나 즐길 수 있는 공통분모를 선택하기 때문에, 종교적 내용은 필연적일 수밖에 없다.

그러므로 당시 비웃음의 대상으로 종교가 성행할 수 있었다. 민중 카니발 유머는 하나의 문화에 속했다(Mikhail Bakhtin, 1965/1984: 4). 연기자와 관객이 함께했고, 축제 상황에서 일반인들의 정서가 레토릭 형태로 등장한 것이다. 또한 카니발 형태의 소설 장르도 르네상스 전후에 나타났다(Mikhail Bakhtin, 1965/1984: 157~8; Wayne A. Rebhorn, 2004: 97).

푸턴햄은 실제 카니발의 형식에 냉소적이었다. 그러나 그는 사랑의 기쁨과 아픔에 초점을 맞췄다. 푸턴햄은 목적론적이었는데, 도덕과 종교 이상으로 쾌락과 성적 환희의 자극에 대한 측면을 노골적으로 부각시켰다(Wayne A. Rebhorn, 2004: 101). 육체의 아름다움을 미학적으로 승화한 것이다. 푸턴햄은 성적 자극을 일으키는, 감미로운 언어의 쾌락에 관심을 두었다. 육체의 정서적, 감정적 표현이 언어의 형태에 표출되어 수용자에게 즐거움을 선사하는 카니발을 담은 시가 소개된 것이다.

푸턴햄은 그것에 만족하지 않았고, 카니발의 견지에서 성적 표출 같은 모든 것과 그가 살았던 실제 사회와 정치적 세계의 복잡한 연계를 시도했다(Wayne A. Rebhorn, 2004: 103). 그는 삶의 현실과 역사성의 형식을 도외시하지 않았다. 카니발기간 동안 민중의 삶은 그 법칙에만 종속되었고, 그것은 자신의 자유의 법칙이었다(Mikhail Bakhtin, 1965/1984: 7). 그러나 푸턴햄의 시는 고대형식과 르네상스의 정서에 철저했고, 고대 레토릭에서 중요시되었던 착상을 중요하게 부각시켰다.

카니발 정서와 은유는 회의적 인식론에서 시작했다. 추상적 사고나 내적 경험세계가 중요시되었던 과거와 다른, 사고와 몸 양자가 함께 전체로 살아가는 형태가 등장한 것이다. 전통의 절대 진리와는 거리를 두지만, 현실적 초 물리적 공간의 삶의 세계도 도외시하지는 않았다.

'충동적 개인'이 인정받을 수 있는 세상이 열렸다. 여기서 작가가 이해한 '충동적 개인'(*id*) 은 프로이드의 것이 아니라, 실존주의적 감각의 말이다(Mikhail Bakhtin, 1965/1984: 48). 개인은 언제든지 객관화가 가능한, 이방인의 개념을 갖고 있다. 그렇더라도 그때 레토릭은 절대적 진리라기보다, 상대적 진리로 새로운 가능성을 작동시킨다. 민중은 카니발의 웃음을 통해 자유의 환상을 갖게 되며, 자유를 가져올 카니발 정신은 중세 사회의 종말을 고하는 동기를 부여한다.

18

라무스 수사학의 논리학 강조

라무스(Peter Ramus, 1515~1572)는 프랑스의 휴머니스트, 논리학자, 교육개혁론자였다(http/en. wikipeida. org/wiki/Petrus-Ramus). 그는 논쟁에 관해 논리(*logic which he called dialectic*)를 주장한 파리대학 교수였다. 라무스는 논리(*logic*)를 발전시켜, 수사학을 변증법의 위치로까지 끌어 올렸다. 그리고 수사학의 다섯 개 강령 중 기억은 제외시키고, 스타일, 전달은 남겨뒀다. 분화의 과정에서 일반적인 것으로부터, 더욱 구체적 전제로까지 진행하게 했다(John D. Schaeffer, 2004: 283). 또한 수사학에서 논리를 강조함으로써, 수용자 고려를 제외시켰다. 대중매체로서 인쇄문화의 영향력이 강하게 작동한 것이다. 그리고 논쟁은 직감적으로 시작하도록 했다.

그는 중세 새로운 교육체제, 프랑스 언어, 그리고 새롭게 설명한 변증법의 진정한 방법 등을 선호했다. 그는 수학의 가치를 강조한 논리와 수사학의 기능을 조성했으며(Peter Ramus, 1986: 5) 600년 대학 전통의 '운동의 타성'(*the kinetic inertia*)에 프랑스 휴머니즘을 접목시켰다(Peter Ramus, 1986: 5). 스콜라철학에 반기를 든 라무스는 기존의 아리스토텔레스, 키케로, 쿠인틸리아누스 등은 아카데미의 신이라고 맹공을 가했다

(Peter Mack, 1993: 89; James A. Herrick, 2009: 173). 그는 《쿠인틸리아누스에 반대하는 수사학의 논쟁》(*Arguments in Rhetoric against Quintilian*, 1549)에서 "좋은 사람이 말을 잘 한다"(*The good man speaking well*)에 반기를 들었다.

쿠인틸리아누스는 덕성을 갖춘 말 잘하는 사람을 이야기했으나, 라무스는 말 잘하는 사람을 악인으로 묘사했다. 말은 '의미 없고', '우둔한 것' 등이 사람을 만든다는 것이다. 당시 그는 이탈리아 주변 수사학은 변증법이나, 논리를 거부하는 휴머니스트로 가득 찼음을 시사했다. 그는 실제 수학의 논리를 수사학 명증성에 철저히 봉사하도록 권장했다. 라무스는 수사학에, 그 당시 제도, 갈등, 이슈를 끼워 넣은 것이다(Peter Ramus, 1986: 11).

당시 프랑스에는 《인체의 구조론》(*De Humanis Corporis Fabrica*, 1543)을 출간한 베살리우스(Vesalius, 1514~1564) 해부학이 소개되었다. 또한 다빈치(Leonardo da Vinci, 1452~1519)는 회화와 조각에 두각을 나타내었으며, 그의 인체해부도는 정확할 뿐 아니라 예술작품이며 인체에 대한 철학적인 성찰이기도 하였다(민석홍, 2002: 292).

한편 철학자 라무스는 오히려 덜 수사학적인, 인문학 교육(*liberal education*)의 모델을 등장시켰다(James A. Herrick, 2009: 173). 라무스는 수사학에서 쓰기와 말하기를 하나의 행위로 간주했다(Peter Ramus, 1986: 14). 수사학의 강령은 설명이 지루하거나, 번거롭지 않게 어린 학생들에게 간단하게 전달해야 한다. 그렇더라도 실천은 항상 기본 문법으로부터 수사학까지, 심지어 기본 문법으로부터 변증법까지 각 단계에서 이론에 적용되어야 한다(Peter Ramus, 1986: 14).

라무스는 피카르디(Picardy)의 귀족 구성원 마을에서 태어났다. 자기 아버지는 농부였으나, 증조할아버지가 '성 바톨로매의 날의 대학살'(St. Bartholomew's Day Massacre) 때 학살당한 이래, 그의 가족은 궁핍의 길을 걷기 시작한 것이다. 천한 신분으로 12살에 나바레 대학(the College de Navarre)에서 낮에는 일을 하고, 부유한 학생들에게 봉사를 하면서, 학업을 계속했다. 스콜라철학이 비판을 받는 시기에 그는 학문을 시작한 것이다. 라무스는 새로운 시대와 구시대가 공존한 변동기에 성장기를 지냈다. 당시는 그의 이론과 스콜라적 아리스토텔레스주의 간에 맹렬한 논쟁이 벌어진 시기였다(http/en. wikipeida. org/wiki/Petrus- Ramus). 그는 그 시대를 대변하다, 참수 당했다.

라무스가 태어나기 1년 전, 1514년 네덜란드 휴머니스트 에라스무스가 《우신예찬》으로 인기를 끌었다. 그의 책에서는 변증법을 몰아낸 자리에서 문법과 수사학이 학문의 기초가 되었다(Cornelis Augustijn, 1991: 69; James A. Herrick, 2009: 173). 한 세대 이후 라무스는 그 휴머니즘 경향에 공격을 가한 것이다. 그는 착상을 수사학 연구로부터 배격하고, 《변증법 교육》(*Institutes of Dialectic*, 1543)에서 그 자리에 변증법을 삽입한 것이다(James A. Herrick, 2009: 173).

수사학을 언어의 연설의 종류, 그리고 그 결과가 별로 없는 학문으로 간주한 것이다. 라무스의 지적 영향력으로, 수사학은 상당한 정도로 연구의 권위를 상실하게 되었다. 그리고 그 연설의 기능에 대한 비판이 가해졌다. 그의 영향은 서구의 수사학에서 거리가 먼 이성과 언어 사이로 방향이 전환되었다(James A. Herrick, 2009: 173). 그는 인간이 동물과 달리 이성을 가졌다고 보고, 그 위에 신의 존재를 두었다. 그는 신을 유일한 완전한 논리학자(*logician*)로 봤다(Timothy Borchers, 2011: 71).

란햄(Richard Lanham)은 "라무스가 교육의 모델을 한층 높임으로써, 언어로부터 사고를 분리시켰는데, 이성이 스피치의 자유를 파괴시킨 것이다"라고 서술했다(Richard Lanham, 1993: 157~158; James A. Herrick, 2009: 173). 언어는 다른 전공을 발전시키기 위한 중립적 도구로서 만족하도록 권장했다. 그에게 언어는 더 이상 그 자체를 위해 교육을 받은 사람이 배울 값진 기술이 아니었다.

라무스는 스타일과 전달만을 진정한 수사학의 '술'로 간주하고, 그 과정에서 문법을 강조했는데, 이는 다른 사람 없이 수사학을 배울 수 있다고 가정했기 때문이다. 또한 그는 수사학을 문법을 제외한, 다른 모든 것 없이도 이해하고, 실천할 수 있는 것으로 간주했다.

라무스는 스타일과 연설을 토론 쪽으로 움직이기 시작했다. 담론의 실천적 기술과 같은 수사학의 재능이 중요한 이슈를 풀이하는 논쟁을 발견하는 데로 관심을 옮김으로써, 언어의 작업은 더 이상 근거를 잃게 되었다(James A. Herrick, 2009: 173). 수사학은 다른 기술을 아우르는, 삶 자체를 흔드는 전능한 기술이었으나, 제한된 실천적 적응이나, 의심스런 유산을 전승하는 한계가 뚜렷한 학문이 되었다.

수사학은 다른 영역으로 영역을 확장하기 시작했다. 라무스는 변증법적 논리(*dialectic logic*) 등 철학의 영역에 수사학을 포함시켰다(Timothy Borchers, 2011: 71). 즉, 그는 철학의 일반적 법칙의 진리, 정의, 지혜 등 큰 기존 논쟁에 수사학을 끼어 넣은 것이다. 그 논쟁에서 라무스는 아리스토텔레스가 비논리적으로 체계화시킨 것을, 임의적 기억술로 정신세계를 지배한다는 논리를 폈다(http/en. wikipeida. org/wiki/Petrus-Ramus).

라무스는 인문학 교육의 주제를 설정하기 위해 진리의 법칙을 사용했다(Timothy Borchers, 2011: 71). 그는 수사학의 학습원리로 진리, 정의, 지혜에 관심을 가진 것이다. 물론 모든 환경에서 진실이 아닌 진리는 연구할 값어치가 없다고 했다. 예를 들면 의견, 가능성, 불확실성은 일반적 진리가 아니고, 인문학 커리큘럼의 부분이 아닐 수 있다. 누구나 일반적 진리를 추구할 때, 이러한 학문은 그 가치를 배가시킬 수 있고, 교육은 일반적으로 용인된 진리만 가르치도록 했다.

라무스가 수사학의 적절한 학문영역으로 스타일과 전달에 관심을 집중한 것은, 수사학 교육을 고정된 일반론이 아니라, 갖가지 시간, 장소, 성격, 그리고 케이스에 따라 적용할 수 있는 이론이라고 보았기 때문이다(Peter Ramus, 1986: 101).

정의라는 측면에서 보면 착상과 배열은 논리나 철학의 영역으로 간주된다. 나머지 지혜의 법칙은 특수한 연구주체로 전체에 질서를 주는 것과 관련을 시켰다. 학문의 내용 문제는 일반적 언급에서 구체적 언급으로 질서를 부여했다. 라무스는 논리학(*logic*)을 수사학의 인문학 프로그램의 중심에 둔 것이다. 특히 수사학에 대한 기독교의 영향력을 라무스에게서 쉽게 찾을 수 있다(Timothy Borchers, 2011: 71). 라무스는 신을 완전한 논리학자로 간주하고 인간의 구원을 요구하였다.

또한 라무스의 수사학은 논리를 강조함으로써, 경험과 과학적 철학에서 많이 사용할 수 있는 도구가 된다. 더욱이 최근 인터넷 사용자는 사이버 세상에서 얻을 수 있는 많은 정보를 논리를 통해 엮을 수 있는 장점을 갖고 있다.

19

밀턴의 수사학적 개인성

계몽의 시기로 알려진 현대사회의 시작은 17세기 말에서 18세기 초로 잡는다. 종교는 세속화되었고, 내적 종교는 영향력을 상실했다. 남성과 여성은 합리적·독립적으로 진리를 결정할 능력을 가지게 되었다(Sarah Trenholm, 2011: 9).

근대성은 기독교 전통에 수용된 진리의 문제를 포함한다. 이 시기에는 다른 진리의 원천을 넘어서, 합리성(*rationality*)의 원리가 강하게 대두되었다(James A. Herrick, 2009: 181). 그로티우스(Hugo Grotius)는 《전쟁과 평화의 법에 관하여》(*De jure belli ac pacis, On the Laws of War and Peace*, 1625년)에서 국제관계에서, 자연법과 더불어 주권자에 의한 사회계약을 언급했다. 그는 이 책에서 개인들이 사회에 들어가면서 정치적 계약을 유지해야하는 이유를 설명했고 '사회계약론'을 설명했다(Victoria kahn, 2004: 128). 수사학 이론에서 중요한 근대적 개념의 계약과 법이 소개된 것이다.

그 후 홉스(Hobbes), 로크(Locke), 밀턴(Milton) 등 자유주의 이론이 수사학 이론에 등장하게 되었고 그들은 권리, 사회계약, 정치적 계약 등을 소개하였다. 자연법, 개인의 권리, 계약, 실정법에 의존하여 국가를 건설하면 평화가 올 것이고, 비합리성에 근거하면 국가 간, 종교 간, 시민 간에 전쟁이 일어날 것으로 예견했다.

16세기 말, 17세 초 정통성에 위기를 맞게 된 서구는 이러한 이론들로 개혁을 주도했다. 국가는 신, 교회와 국왕에 대한 개념을 재정립하기에 이른다. 개인주의적인 르네상스의 관점뿐 아니라, 현대 정치적, 종교적 조직의 상황에서 적용할 수 있는 방법을 규정하기로 했다. 개인의 능력이 커뮤니티 안정보다 더욱 중요한 요소로 작동했다.

개인의 이성과 사회성(*sociability*)이 부각되었다. 각 개인은 좋은 시민으로서 권리를 갖는 한편 자기 행동에 대한 의무를 강하게 져야할 부담을 지게 된다. 그러나 이런 사회는 여전히 임의적, 공상적, 가상적, 논리적 사회였다. 왜냐하면 상호 권리와 의무가 강하게 대두되지 않았기 때문이다(Victoria kahn, 2004: 137). 그러나 그 후 과학적, 경험적 세계관이 더욱 강하게 작동하기 시작하여, 인위적인 것이 현실적으로 더욱 명료해졌다.

사회적 방법론이 아이디어와 논쟁 등 사회문제의 경험적 해결책으로 대두된 것이다. 민족주의가 성장하고, 민주주의 형태의 정부가 세워졌다. '현대 수사학'[1]이 더욱 활기를 띠기 시작했다. 사람들은 정치적 도덕적 문제는 자유로운 스피치의 실천을 통해서 풀 수 있다고 믿었다(Sarah

1) 에닌걸(Douglas Ehninger)은 현대 수사학을 분석하고 이를 네 가지 경향으로 설명했다(Sarah Trenholm, 2011: 9). 즉, ① 고전적 접근(*classical approach*)은 고전 수사학 대가의 통찰을 탐구하여, 현대 사회에 적용시킨다, ② 심리적/인식론적 접근(*psychological/epistemological approach*)은 커뮤니케이션과 사고의 관계를 조사한다. 이들은 연설가가 스피치를 통해서 다른 사람에게 영향을 줄 수 있는 과학적 방법을 규명하려고 했다, ③ 순수문학적 접근(*the belletristic approach*)은 예술의 형태로 쓰기와 스피치에 초점을 두는데, 이들은 드라마, 시, 연설의 평가를 위해 비판적 표준을 발전시킨다, 그리고 ④ 웅변적 접근(*elocutionary approach*)은 웅변가의 언어·비언어적 발표를 개선하기 위해서 웅변의 교육체계를 정비하려고 했다.

Trenholm, 2011: 9). '계몽주의자'는 누구나 인정할 수 있는 일반적 논리로 문제풀이하는 방법에 관심을 가졌다. 사회는 물리적 법칙에 매료되었고, 지적 발전이 서구 사고에 주요 변화를 가져온 것이다.

일부 학자들이 언급했듯 18세기 수사학 이론은 논쟁의 착상을 위한 전통적 관심에서 벗어나서, 스타일, 좋은 탐미적 전달의 고민 쪽으로 방향을 선회했다(James A. Herrick, 2009: 182). 계몽(*enlightenment*) 시기에는 과거의 아이디어 계발을 뒤로하고, 연설 내용을 정성스럽고, 정밀하게 전달하는 데 관심을 가졌다. 프랑스 수사학자 페네론(Fenelon)은 스타일의 주요 목적은 명증성(*clarity*)이라며, 인위적이거나 기계적인 전달보다는 자연적 표현에 관심을 가졌다(James C. McCroskey, 1997: 13).

와니크(Barbara Warnick)는 논리 강조 성향의 선회가 16세기 라무스(Ramus), 17세기 데카르트(Descartes, 1596~1650) 등의 영향력을 반영한다고 설명했다(James A. Herrick, 2009: 183). 두 필자는 논쟁과 수사학의 과거 지배에서 벗어나 논리를 바탕으로 한 논쟁과 증명을 가능하게 했다. 수사학이 논리, 변증법, 수학 등의 지배 쪽으로 방향을 선회한 것이다. 와니크는 17세기 논쟁을 논리학으로 풀이함으로써, 과거 수사학 논리를 해체시켰다. 즉 수사학 연구에서 논쟁은 인문학의 '관리 강조'(*managerial emphasis*)를 가능하게 할 과학, 논리, 수학 등 정밀성을 강조하게 되었다.

계몽의 기간 동안 수사학은 추론(*reasoning*)을 통한 지식의 발견에 관심을 가진 것이다(James A. Herrick, 2009: 182). 수사학은 전문 분야로서, 지식의 발전과 커뮤니케이션에 관심을 가졌다. 이러한 영역의 사명감에 관심을 가지고, 수사학 학문의 정밀성을 요구한 것이다.

논쟁, 증명, 착상, 이성에 관한 수사학 연구는 스타일, 취향, 전망, 상상력에 더욱 관심을 갖게 되었다. 스타일은 명료성(*clarity*)이 강조된 것이다(James C. McCroskey, 1997: 13). 다루는 주제도 공공의 영역에서, 사적 영역으로 그 방향을 선회했다. 즉, 지금까지 시민의 담론, 커뮤니티 사업의 술 등 공적 역할에 관심을 가졌으나, 인간 정신의 창(窓)과 개인의 정제 수단으로서의 수사학에 더욱 몰두하게 되었다(James A. Herrick, 2009: 182).

이러한 변화를 가져온 인물은 인간 정신의 합리적 작동에 찬성하는 사람들이었다. 뉴턴(Isaac Newton, 1622~1727)은 《수학의 법칙》(*Principia Mathematica*, 1687), 로크(John Locke, 1632~1704)는 《인간오성론》(*Essay Concerning Human Understanding*, 1690), 흄(David Hume, 1711~76)은 《인간 이해력에 관한 탐구》(*An Enquiry Concerning Human Understanding*, 1748), 루소(Jean Jacques Rousseau, 1712~78)는 《사회계약론》(*Social Contract*, 1762) 등 근대적 이론을 등장시켰다. 그리고 수사학 부분에서 웅변의 운동이 일어났다. 셰리단(Thomas Sheridan)은 《웅변술의 강의》(*Lectures on Elocution*, 1756), 워크(John Walker)는 《웅변술의 요소》(*Elements of Elocution*, 1781), 버그(James Burt)는 《스피치 술》(*The Art of Speaking*) 등을 출간하여, 그 운동을 주도했다.

유럽의 수사학 연구가 이론적 맥락에 집중된 것과 달리 미국은 실용적인 연설에 수사학 연구의 관심을 집중시켰다. 근대 이론가들은 '새로운 과학'(*new science*)에 관련된 이론을 편 것이다. 중세와 다른, 논리(*logic*)에 관심을 가진 사람들이었다. 웅변가들은 "인간이 '자연법'(*natural laws*)에 의해서 통제된다고 믿었고, 이러한 통제하는 법이 체계적이다"라는 사고를 갖게 되었다(James C. McCroskey, 1997: 13). 그들은 과학적 방법을 계발하여, 화자의 화성, 매너, 몸동작에 관심을 갖기 시작했다. 그리고 전달의 가장 자연스러운 형태를 찾아냈으나, 결과적으로 보면 인위적 체계를 형성시킨 것이다.

르네상스 이후 영국의 근대 계몽주의 사상가로서 밀턴을 떠올릴 수 있다. 밀턴(John Milton, 1608~74)에게는 서사시인, 청교도, 인본주의자, 혁명가, 활동가, 은둔자와 같은 호칭이 붙어 다닌다. 당시 사회를 요동시킬 만큼 밀턴은 사회적, 종교적, 정치적 이슈에 참여한 탁월한 활동가였다. 그는 신이 창조한 일원론에 충실할 뿐 아니라, 에토스에 충실한 휴머니스트였다. 인간은 죄의 세계로 떨어졌지만, 그는 이성의 재생 가능성을 믿었다. 그는 인간의 자연적 이성에 무게를 둔 계몽사상가였다. 이성의 노력을 통해 인간이 진리를 발견할 수 있다고 믿었다. 거짓으로 가득 찬 세상에 진리 찾는 방법을 규명한 것이다. 밀턴의 합리주의는 진리 규명의 방법으로, 개인적 자유의 중요성에 대한 강한 믿음을 가졌다.

정치에서든, 종교에서든, 시에서든 이성은 선택하는 것으로 간주된다(Thomas O. Sloane, 2004: 121). 밀턴은 갈등과 효과를 언급함으로써, 에토스를 이야기하지만, 과거의 수사학이 아닌, 심각한 진리, 진심의 사랑에 근거한 서비스로부터 '부활한 이성'(*regenerate reason*)을 도출한 것이다. 그는 에토스(*ethos*)와 자아(*self*) 사이에 긴장을 유발했다. 그러나 전통 수사학이 화자와 청자 사이에 끝임 없는 갈등을 표출시킨 데 반해, 밀턴은 심적 갈등을 더욱 첨예화시켰다. 공적 사고에서 사적 자아로 관심의 영역을 옮긴 것이다. 밀턴은 사적 자아를 독특하게 부각한다(Thomas O. Sloane, 2004: 124).

밀턴은 1608년 런던에서 출생하였다. 그의 아버지는 청교도 신앙을 가진 부유한 공증인이었다. 밀턴은 성 바울학교(St. Paul's School)에 수학했고, 어릴 때부터 학문, 특히 문학에 재능을 갖고 있었다. 밀턴은 서사시를 쓸 만큼 재능을 가진 수사학자였다. 그리고 케임브리지의 크라이스트 칼리지(Christ's College)에 입학하여, 학사, 석사를 마쳤다. 그의 용모만큼이나, 그의 시는 귀족풍이었다. 그는 시를 통해 유토피아의 상황을 묘사할 수 있었다.

그는 1632년에서 1638년 사이 6년간 부친의 별장 호톤(Horton)에서 집필을 하고, 그 이듬해에 르네상스의 발원지인 이탈리아 등으로 유럽 여행을 떠났다. 그 후 그는 언론의 자유에 관한 논문인 "아레오파지티카"를 남겼다. 영국 국교회가 주교제도를 반대하고, 장로제를 주장한 청교도들을 박해하기 시작했다. 그는 성서주의, 영국 국교회 반대에 앞장섰다.

크롬웰과 같은 노선이었던 밀턴은 1949년 3월 크롬웰 정부의 국가위원회 소속 라틴어 서기로 임명되었다. 그는 언론 검열관이 된 것이다.

그러나 1660년 왕정복고가 이뤄지고 밀턴은 국가위원회 서기에서 추방되었다. 그는 시인이었으며 청교도 사상가로서 《실낙원》(*Paradise Lost*, 1667), 《복락원》(*Paradise Regained*, 1672) 같은 서사시를 집필했다.

밀턴은 《복락원》에서 그리스도가 자신의 회복을 기도한 것처럼, 수사학적 개인성('*a very private mode of thought*', '*rhetorical selfhood*')을 갈구했다. 그의 시는 예수가 공생활을 시작하기 전 40일간 황야에서 방황을 끝내는 부분에 초점이 맞춰져 있었다. 그리스도는 사탄과의 싸움을 승리로 이끌게 된다. 그 갈등은 자신과의 갈등일 뿐 아니라, 사회 내 악의 세력과의 싸움이다. 밀턴은 수사학의 상황과는 다르게 인쇄된 글로서 자신의 생각을 표출할 뿐이다. 글을 통해 밀턴은 그리스도의 진리를 찾아내고, 그것을 증거하려고 했다. 그는 사적 사고의 형태를 통해 그 시대의 아이디어를 대변했다(Thomas O. Sloane, 2004: 120).

그는 《아레오파지티카》(*Areopagitica*, 1644)에 인쇄된 산문 연설에서, '언론의 자유'를 주장했다. 1643년 7월 의회가 '인쇄를 규제하기 위해 내린 명령'에 반기를 들었다. 그 명령은 "책이나 팸플릿 또는 문서는 앞으로 허가관 또는 적어도 이 법에 따라 지명 받은 자 가운데 하나에 의해 인증 및 허가받지 않으면 인쇄될 수 없다"는 것이었다(Milton, 1644/1998: 27).

밀턴의 연설문은 출판의 허가제를 반대하는, 즉 자유를 주장한 것이었다(임상원, 1998: 17). 이소크라테스가 "아레오파지티카 담론"(*Areopagitic Discourse*)에서 말 대신 글로 작성하듯, 같은 맥락에서 밀턴은 글로 의회에 자신의 뜻을 전했다.

밀턴은 자유를 주장하는 이유를 설명했다. 그 이유로 "책이 사람을 죽일 수 있는 것과 마찬가지로 사람이 책을 죽일 수 있다. 한 사람을 죽인다는 것은 신의 형상을 띤 이성을 지닌 하나의 창조물을 죽이는 것이다. 그리고 우리가 좋은 책 하나를 파괴한다는 것은 이성 그 자체를 죽이는 것이고 이는 마음속에 있는 하나님의 형상을 죽이는 것이다"라고 했다(Milton, 1644/1998: 30). 또한 "좋은 책은 뛰어난 영혼의 고귀한 생혈이며, 책은 한 생명이 죽은 후에도 그 정신을 영원히 간직하고 비장해 두는 것이다"라고 했다(Milton, 1644/1998: 30).

밀턴은 《아레오파지티카》에서, 선악의 싸움의 현실로 진리를 세속화시킨 것이라고 했다. 내적으로 향하는 정신을 가졌으나, 밀턴은 종교에 별로 관심이 없었다. 밀턴은 진리가 신성한 창조주의 뜻으로 세상 안으로 잠입했다고 주장했다. 이것은 나일의 신 오시리스(Osiris)가 인간을 구원하기 위해 살해당한 그리스도의 몸을 연상하게 한다(Thomas O. Sloane, 2004: 114). 〔사악한 협잡꾼 티폰(Typhon)과 그의 공모자에 의해 죽임을 당한〕 오시리스의 몸은 온 세상에 갈기갈기 찢겨 뿌려졌다. 그의 아내 신 이시스(Isis)가 국토 전체를 헤매면서 오시리스의 사지와 몸을 찾아 그의 생명을 부활시켰다. 그가 현재의 신으로 다시 부활한 것이다.

같은 맥락에서 그리스도는 인간을 위해 사망함으로써, 그 진리가 세상에 뿌려지게 된 것이다. 그는 부활을 통해 진리를 다시 증명하게 되었다. 우리가 갖는 세상 진리는 그리스도의 몸이 그랬듯, 지상에 뿌려진 1천 개의 몸통 조각 같은 것이다. 모든 진리가 부분적일 뿐이어서, 자유방임으로 자기수정 원리가 필요하다. 우리의 임무는 세상 끝까지 산재된 진리와 몸을 다시 찾아 재생하는 것이다. 진리는 거짓으로 혼합된 것으로부터 찾아 해체와 재결합을 시도한다. 밀턴은 재결합한 진리에 관심을 가졌고, 그 재결합이 진리의 발견이며, 언론자유의 참 뜻이라고 생각했다.

밀턴 이후 영국이 수사학 연구를 주도하게 되었다. 18세기에는 다른 곳과 마찬가지로 영국에서도 수사학의 교육과 실기에 붐이 일어났다. 지식이었던 수사학이 대중에게 지식을 전할 수단으로 발전한 것이다(James A. Herrick, 2009: 186). 수사학이 대중 담론의 기술의 선두주자로 자리를 잡게 되었고, 결국 언어의 수단에 의해 행해지는 주요 커뮤니케이션

술로 간주된 것이다. 즉, 수사학이 학문의 왕도가 되어, 주로 스코틀랜드 출신에 의해 교육 혁명을 주도하게 되었다. 당시 수사학의 관심은 철학적, 심리학적 사고의 중심이 되었다(James A. Herrick, 2009: 186).

중세의 경우에 쉽게 볼 수 있었듯 교회에서 수사학을 수용하는 경향이 일어났다. 영국과 스코틀랜드 교회 내 작가들은 수사학을 그리스도의 변론, 설교, 쓰기의 서비스로 확산시켰다. 물론 인쇄술이 발전됨으로써, 구술의 전통은 그 영역이 줄어들고 있었지만, 수사학의 열기는 대단했다. 수사학은 광장, 미팅홀, 커피하우스, 정기간행물 등 '공공'(*public*), '공적 지배'(*public domain*)의 현대 감정으로 영국과 유럽에서 형성되기 시작했다(James A. Herrick, 2009: 187). 종교적, 정치적 이슈 영역에서 시민 간 소통이 활발해졌다. 당시 수사학은 고전 개념으로 상대와 토론에서 승리를 이끌어내기 위한 방법과는 거리가 멀었다. 일상적 화제를 전달하고, 그것을 토론하는 방식에 주안점을 두었던 것이다. 따라서 당시의 수사학은 일상의 삶과 같은 맥락에서 고려할 필요가 있다.

또한 수사학을 실제 웅변과 동일시하는 경향이 일어났다. 여기서 수사학은 인식론적인 면이 강하게 부각되고, 실천적 측면이 강조된다. 즉, 공적 삶의 중요한 스킬로서 수사학을 새로운 모델로 발전시키게 되었다. 수사학이 세속화의 길을 걷게 된 것이다. 수사학은 쓰기와 읽기를 발전시킬 좋은 언어를 구사함으로써, 자신의 신분을 향상시키기 위한 도구로 작동한 것이다.

20

블레어 수사학의 순수문학운동

계몽주의 초기 교육자는 종교인들이었다. 그들은 성서를 읽고, 설교하는 도구로서 수사학을 이용했다. 종교인들 이후, 수사학은 문학, 문학비평 그리고 일반적 글쓰기 등에 확산되어, 세속화의 길을 걷기 시작했다. 당시 영국과 미국에서 가장 인기 좋았던 블레어(Hugh Blair, 1718~1800)의 작품 《레토릭에 관한 강의와 순수문학》(*Lectures on Rhetoric and Belles Lettres*, 1783)에는 수사학에 관한 내용을 많이 수록돼있다. 그는 강의록에서 수사학 내용을 많이 언급하였는데, 47개의 강의 가운데, 10개는 공공 스피치에 관련된 것이었고, 2개는 스피치의 역사이며, 3개는 회의, 법정, 설교 등의 스피치였다(James C. McCroskey, 1997: 14).

블레어의 순수문학에 대한 탐구는 1760~70년대에 이뤄졌고, 주로 착상과 논쟁에 대한 대항으로 스타일 문제를 다루었다. 블레어는 국왕과 에든버러 읍 위원회의 승인하에 레토릭 교수로 임명됐고, 1762년 에든버러대학의 수사학과 순수문학의 국왕직 교수 과장(the Regius Chair of Rhetoric and Belles Lettres)으로 선임되었다. 그는 그 경험을 바탕으로 1783년 《레토릭에 관한 강의와 순수문학》이라는 대표작을 출간하였다.

블레어는 이 책에서 수사학과 순수문학 영역의 중요성과 장점에 관해 논했다(Hugh Blair, 1829: 10). 그는 수사학과 순수문학의 중요성을 언급하면서 정규 교육에 반영시킬 것을 강력히 권고했다. 블레어는 수사학이 인문학(*the liberal arts*)의 또 다른 영역으로 적합함을 피력하였다. 그는 수사학이 학생들에게 가장 실용적 학문임을 주장한 것이다.

'순수문학의 관점'(*belletristic view*)은 커뮤니케이션의 심리보다 스타일과 능변의 문제에 관심을 집중시켰다(Sarah Trenholm, 2011: 11). 그럴지라도 블레어는 고전학, 심리학 연구자들과 같이, 웅변가는 많이 읽고, 잘 교육을 받기를 원했다. 웅변가는 스피치에서 명료하고, 활기차고, 압축된 언어를 사용하기를 원했다. 또한 그는 화자가 동기를 자아내고, 논쟁 질서의 심리적 기초에 의존하기를 바랐고, 자연스러운 스타일로 동작과 목소리의 매칭을 권장했다.

블레어는 에든버러(Edinburgh)에서 태어났다. 그는 에어셔(Ayrshire)의 귀족 출신으로, 스코틀랜드의 성직자가 되었다. 그의 아버지 존 블레어(John Blair)는 상인이었고 젊었을 때 사업에 실패를 하였으나, 그의 아들 교육에 지장이 될 정도는 아니었다.

블레어는 에든버러에서 종교교육을 주로 받았다. 고등학교에서는 인문학 강의를 수강했고, 1730년 에든버러대학(University of Edinburgh)에서 11년간 인문학, 그리스어, 논리, 자연철학, 신학 등의 강의와 연구에 몰두했다. 그의 주요 의제는 문학, 철학, 신학이었다. 특히 "미(美)에 관한 논문"(*Essay On the Beautiful*)으로 논리학에 탁월한 재능을 발휘했다(Hugh Blair, 1929: vii). 논문 "자연법의 기초와 의무에 관하여"(*De fundamentis et Obligatione Legis Nature*)로 석사학위를 취득한 후, 11년간 그곳에서 가장 유명했던 에든버러 카논게이트(Canongate of Edinburgh) 교회에서 설교를 하게 되었다. 그는 설교에 몰두했을 뿐 아니라, 셰익스피어(Shakespeare), 아리스토텔레스(Aristotle), 롱기누스(Longinus), 키케로(Cicero), 쿠인틸리아누스(Quintilian) 등의 작품에 관심을 가졌다.

블레어는 수사학과 순수문학 강의에서 학생의 삶을 개선하는 방향으로 가르치는 것을 목표를 두었다. 키케로가 완전한 연설가는 능변, 지혜, 품위, 매력, 위트를 가진 사람이라고 하듯, 블레어는 학생들이 취향, 능변, 비판적 두뇌, 스타일 등의 수준을 발전시킬 것을 원했다(James A. Herrick, 2009: 192). 즉, 그는 궁극적 교육의 목적을 행복한 삶에 도움을 줄 효과적 스피치에 두었다.

구술로부터 문자 전통의 수사학이 인기를 끌었다. 착상으로부터 스타일을 강조하는 교육 중심의 수사학이 발전된 것이다. 블레어는 순수문학에만 만족하지 않고, 수사학과 연계시킴으로써, 문학에서 수사학을 연구하는 경향에 불을 지폈다.

연설과 작문 연구에 관련된 모든 것은 지적 능력의 증진과 즉각적으로 관련되었다(Hugh Blair, 1829: 12). 또한 적절한 스타일을 적용한 후, 글쓰기 연구에서 학생들은 이성 자체를 계발할 수 있었다. 그 결과 블레어에게 진정한 수사학과 건강한 논리는 같이 아주 가깝게 결합되었다(Hugh Blair, 1829: 12).

실체를 갖고 사고를 배열하고 표출하는 연구는 정확하게 생각하고, 말하는 것을 가르치는 데 도움이 된다. 연설가는 정감을 단어에 삽입하고, 항상 말을 더욱 독특하게 인지하도록 한다. 또한 수사학은 편견을 가졌을 때, 비평으로 바로 잡는다. 즉 수사학을 통해 단어, 구, 미사여구의 학문 연구에 몰두할 수 있었고, 비평 정신은 오류를 발견하는 데 도움이 됐다(Hugh Blair, 1829: 13).

수사학의 궁극적 목적은 미각(*taste*)을 발전시키는 것이다. 자신의 미각을 다른 사람의 미각과 공유함으로써 여론(*sensus communis*)을 쉽게 형성할 수 있었다. 대체적으로 블레어는 자연과 예술의 미로부터 즐거움을 수용할 수 있는 힘으로 미각을 들었다(Hugh Blair, 1829: 16). 미각은 내적 감각과 이성의 힘을 함께 공유케 한다. 내용과 소리의 미적 감각이 어우러지는 것은 수사학에서 좋은 하모니를 연출할 수 있었다.

여기서 좋은 감각과 더불어 이성은 일반적 용어이며, 이론적, 사색적 사고로 진리를 발견할 수 있게 한다(Hugh Blair, 1829: 16). 그렇다면 블레어의 관심은 수사학 강령 중 착상에 있었던 것이 아니라, 수사학의 취향(*taste*)에 있었다고 말할 수 있다(James S. McCroskey, 1997: 14).

미각은 좋은 감각을 갖게 하고, 이성을 계발하고, 재능(*genius*)을 성장시킨다. 또한 블레어는 "미각이 판단(*judging*)의 힘을 가졌고, 재능이 실행(*executing*)의 힘을 가졌다"고 봤다(Hugh Blair, 1829: 29). 미각은 시, 웅변, 예술 등 순수문학에서 발견될 수 있고, 재능은 항상 그 차원을 넘어 어떤 발명과 창조를 유입시킨다(Hugh Blair, 1829: 29). 말하자면 재능은 미각을 바탕으로 발전되지만, 미각만으로는 재능의 높은 정신적 힘을 갖지 못한다. 그는 이성의 계발을 통해 재능의 더 높은 차원의 '고상함'(*sublimity*)을 추구했다.

블레어는 교구의 사용, 개별적 사용 모델로 수사학을 제시했다. 즉, 연설을 개별 시민의 개인적 매력, 레저의 즐거움, 사회적 성취로 간주한 것이다(James A. Herrick, 2009: 192). 그는 수사학의 목표를 정보전달(*to inform*), 설득행위(*persuade*) 그리고 즐거움 (*amuse*)으로 간주했다(Timothy Borchers, 2006: 78). 더욱이 그는 '확신'(*conviction*)이 이해에 도움을 주는 것이어서, 가능한 내용물로 이성에 의존하기를 바랐다. 또 다른 한편 연설을 통한 설득은 화자가 정념, 열정을 가지게 하기를 희망했다.

궁극적으로 블레어의 이상적 수사학은 '미의 자연적 감각'(*natural sensibility of beauty*) 증진에 그 목표를 두었다. 그는 시나, 음악과 같이 멜로디나 하모니가 수용자 구성원을 즐겁게 한다고 했다. 블레어는 전통 수사학의 착상과 논쟁에 거리를 두고, 문학의 구조 그리고 그 효과에 관심을 둔 것이다.

드라마, 문학, 시 등 순수문학의 압축된 표현이 그에게 설득력이 있어 보인다. 그러나 그는 효과적 수사학은 수용자의 반응이 중요한 게 아니라, 교육을 통한 취향의 표준화가 중요하다고 간주했다(James A.

Herrick, 2009: 192). 이러한 관점은 실용주의의 장점보다, 쓰기와 구술에서 미각의 표준화에 관심을 둠으로써, 미학의 질에 기초한 연설의 비판주의를 강화시켰다. 또한 그는 연설의 스타일을 "인간이 언어의 수단으로 그의 개념을 표출하는 특수한 매너"라고 간주했다(Hugh Blair, 1965: 183~184; James A. Herrick, 2009: 192).

물론 그는 스타일을 넓게 사용했는데, '사고의 매너'(*manner of thinking*)까지를 포함시켰다. 설령 그렇더라도 블레어는 메시지가 명료하지 않으면, 모든 것을 잃게 된다고 했다. 화자는 메시지 전달 시 확신을 갖고, 결정적이어야 한다(Hugh Blair, 1965: 60; Timothy Borchers, 2006: 79).

결론적으로 블레어는 순수문학운동, 즉 아름다운 '문학이나 언어'(*belles lettres*)를 통해, 수사학을 문학, 문학 비평, 그리고 일반 글쓰기로 확장시켰다. 수사학은 더 이상 생산 행위가 아니라, 수용 행위다. 말하자면 그는 착상, 논쟁의 전통 수사학 분야로부터 독자의 효과연구 같은 영역으로 그 방향을 선회함으로써, 수용자에게 관심을 가진 수사학 연구와 그 교육의 중요성을 부각시킨 것이다.

21

캠벨의 언어 수사학

순수문학뿐 아니라 철학 분야에서 수사학 논의가 활발하게 전개되었다. 데카르트와 로크는 일상적인 수사학에 별 흥미를 느끼지 못하고, 인간의 합리성 이해에 굳건한 기초를 두는 담론에 관심을 두었다. 그 대표적 연구자가 캠벨(George Campbell, 1719~96)이었다. 그는 로크와 베이컨 같은 계몽주의자에 영향을 받은 현대 사상가였고, 철학자의 아이디어에 수사학을 접목시켰다.

캠벨은 흄의 '인간의 천성', 로크의 '심리적 숙고' 등에 관심을 가졌다. 또한 그는 철학에 고전 수사학자들의 전통을 융합시켰다(Sarah Trenholm, 2011: 10~11). 그런데 캠벨은 화자와 청자의 관계에 특별히 관심을 가지고 청자가 설득과정에서 능동적으로 참여한다고 가정하기 시작했다.

설득과정에서 화자와 수용자의 참여는 언어를 통하여 가능하다. 캠벨이 사람들이 말하고 쓰는 언어의 일반성에 관심을 둔 것은 아니다. 말하기에서의 그 사용은 유통이 아니라 오히려 유행으로 간주했다(George Campbell, 1911: 4). 그 결과 캠벨은 "효과적 커뮤니케이터는 인간 정신의 내적 작동과 능력을 연구해야 한다고 믿었으며, 혹은 유적 인간의 차별성에 개인이 말을 하는 큰 공감과 생생한 인지를 비중 있게 첨가시켜야 한다"고 했다(George Campbell, 1911: 133).

그는 개인 사이 여론(*sensus communis*)의 정서적 나눔을 강조한 것이다. 소설에 등장하는 사람들의 거짓 이름도 익명 개인의 이름자보다 영혼을 움직인다고 했다. 현대 수사학 이론가는 개별 수용자의 경험, 동기의 이해와 그 언어 법칙의 중요성을 강조한다.

캠벨은 1776년 《수사학의 철학》(*Philosophy of Rhetoric*)에서 수사학에서 철학의 적용을 이야기했다. 이 책은 아리스토텔레스의 《레토릭》, 키케로의 《웅변술》(*De Oratore*), 쿠인틸리아누스의 《수사학 강좌》(*Institutio Oratoria*), 롱기누스(Longinus)의 《극치에 대하여》(*On the Sublime*), 와틀리(Whately)의 《수사학의 기초》(*Elements of Rhetoric*) 등 역대 수사학 대가들의 저서 가운에 자리매김하였다(Timothy Borchers, 2006: 90).

또한 캠벨은 영국 계몽주의를 수사학에 접목시켰는데, 그는 수사학은 인간정신에 대한 것이라고 가정했다. 그는 정신세계의 새로운 철학에 접근을 시도하고, 새로운 그림을 그리기 시작했다. 그는 수사학을 인간사고 자체 이해와 그 확장의 어떤 수단으로 본 것이다.

캠벨은 수사학 지식의 3단계를 설명하면서 세 번째 단계에 주로 관심을 가졌다(Joel C. Weinsheimer, 2004: 141). 즉, 첫 번째 단계는 웅변가가 어떻게 말을 잘하는지를 인지하는 것이고, 두 번째 단계에서는 가장 효과적 연설을 하기 위해, 주로 직감적 '노하우'로부터 차별화시킨다. 수사학자는 성찰적 지식의 과정을 갖는 것이다. 성찰은 수사학 종류의 분류, 가장 효과적 연설을 하기 위해 적용해야 할 고안과 규칙을 포함한다.

세 번째 단계는 수사학자와 웅변가로부터 철학자를 분리시킨 일이다. 철학자는 수사학적 룰에 만족하지 않으므로 성찰적 지식을 탐구한다. 그는 그 룰이 작동하는 이유를 설명할 원리를 규명하려고 했다. 결국 캠벨은 '경험론주의자의 인식론'(*empiricist epistemology*)을 주장하면서 세 번째 단계에 관심을 가졌다.

캠벨은 좋은 저작자보다, 명성 있는 저작자가 "진리에 엄격하게 순종

한다"라고 했다(George Campbell, 1911: 5). 그는 공중이 명성이나 언어 둘 중 하나에만 충실하지는 않기를 바랐다. 캠벨은 그 이상의 것을 주장했으며, 사람과 사건에 대한 언어·문법·도덕·논리 등 진실성 등에도 관심을 가졌다.

그는 논리적 진실성에 대치되는 것은 오류(*error*), 도덕적 진실에 대치되는 것은 거짓말(*a lie*)이며, 문법적 진실성에 대치되는 것은 언어의 실수(*a blunder*)라고 했다(George Campbell, 1911: 67). 또한 명성을 가진 저작자는 그 성품이 다른 사람보다 더욱 결정적이며, 다방면에서 더욱 지적일 필요가 있다. 즉, 캠벨은 수사학자의 인격적·지적 수월성을 강조하였다.

그는 아리스토텔레스의 작품처럼 체계적 접근을 시도하지는 않았으나, 수사학에 적절한 아이디어를 위해 갖가지 학습 영역을 증명하려고 했다. 즉, 《수사학의 철학》은 직접적으로 수사학의 고전적 강령을 언급하는 대신, 지식의 원천, 명증성, 인간의 정념(*human passions*), 커뮤니케이션의 원천, 수용자의 분석, 수용자가 사용하는 위트, 유머, 웃음의 분석, 언어의 순수성, 명료성, 현실감 등을 포함한 다른 토픽을 생각하는 과정에서 이들 강령들을 사용했다(James C. McCroskey, 1997: 13~14). 캠벨은 수사학을 담론이 그 설득 목적에 적응하는 '술'과 '재능'으로 간주한 것이다.

그의 논리는 웅변이 방언을 사용할 때 생기는 다양성에서 그 편린을 볼 수 있다. 그는 각 지역에서 방언의 특수성은 발음, 억양, 말의 감화와 조합, 숙어 등에 영향을 주어, 국가나 다른 지역과 차이가 있음을 강조했다(George Campbell, 1911: 6). 뿐만 아니라 그는 시간적 요인도 중요하게 작동한다고 봤다. 이는 그에게 웅변은 수용자에게 감명을 주는, 음악적 조화를 갖는 '술'(*art*)임을 강조하는 부분이다.

아리스토텔레스의 《시학》의 논지와도 일치한다. 즉, 캠벨은 시는 감미로운 것일 뿐만 아니라 국가와 인생에도 유익한 것임을 주장하는 것이다(Aristotles, 607/1999: 33).

캠벨은 밀턴(John Milton)과 같이 내적으로 충만한 작가에게 더욱 관심을 가진 것 같다. 그는 명성에 대해서 말할 때, 지식에 관한 것뿐 아니라, 지식의 소통에 관심을 가졌다(George Campbell, 1911: 5). 캠벨은 수사학을 4개의 목표 중 하나로 간주하였다. 즉, 수사학은 '이해를 증진시키는 것'(*to enlighten the understanding*), '상상력을 즐기는 것'(*to please th imagination*), '정념을 움직이는 것'(*to move the passions*), '의지에 영향을 주는 것'(*to influence the will*) 등의 목표를 가진 것이다(James C. McCroskey, 1997: 14).

캠벨은 고대를 뒤로하고, 현대를 연, 즉 한 시대를 마감하고, 새로운 시대를 여는 열쇠를 쥔 사람이었다(Timothy Borchers, 2006: 90). 전통 수사학자는 화자가 말을 해야 할 것을 발견하는 착상에 관심을 가졌으나, 캠벨은 수용자의 관점에서 시작하여 인식론의 발전의 기초를 닦았다(Timothy Borchers, 2006: 94).

수사학적 메시지를 수용하는 심리적 과정에 초점을 둠으로써, 캠벨은 화자중심 이론 대신, 청자중심 이론을 폈다. 그는 청자의 측면에서 전 과정을 관리할 수 있도록 수사학적 과학(*rhetorical science*), 관리적 과학(*managerial science*)을 가능하게 했다. 캠벨의 입장에서는 언어와 사고가 일치하고, 정신과 몸이 하나가 된다. 하나의 질은 다른 것의 질과 같다고 본 것이다.

캠벨이 시도한 '관리적 수사학'(*managerial rhetoric*)은 공적 관계에 근거하는 요즘의 PR연구에도 사용할 수 있는 방법이었다. 물론 그가 말하는 과학은 철학이 오늘날 의미하는, 주제의 조직화, 합리성을 고려한 어떤 것이다(James A. Herrick, 2009: 194). 그의 과학은 귀를 즐겁게 하는 음악이고 눈에 아름다움을 주는 어떤 것이며, 윤리학과 심리학 같은 것이 포함되어 있다.

캠벨은 스코틀랜드 출신이었는데, 에든버러, 글래스고, 애버딘

(Aberdeen) 등 당시 유명한 학교가 있는 대학촌을 두루 다녔다. 그는 애버딘에서 태어났고 아버지는 성직자였다. 1738년 매리셜 칼리지(Marischal College)를 졸업했는데, 그곳에서 그리스와 라틴어를 공부하고 법학을 전공해, 에든버러에서 변호사 견습을 시작했다.

캠벨은 딱딱한 법에 흥미를 잃고 곧 신학을 공부하기 시작했고, 매리셜 칼리지에 교직자로 돌아왔다. 그 후 킹스 칼리지(King's College)에서 신학학위를 취득했다. 1746년에는 성직자 자격을 취득하고, 곧 목회를 시작했다. 그는 9년간 봉직하면서, 《수사학의 철학》을 집필한 것이다. 또한 애버딘 철학학회에서 능동적으로 활약했으며 매리셜 칼리지의 신학부 교수로서 중요한 위치를 차지했고, 설교집과 성서를 번역하는 일에 몰두했다.

캠벨의 학위논문은, "기적에 대한 논문"("Dissertation on Miracles", 1762)이었는데, 이 논문은 흄의 기적의 반대에 대한 변론을 서술한 것이다(James A. Herrick, 2009: 193). 그는 회의적인 과학의 시대에 그리스도교를 위한 합리적 근거를 발견하기 위해 노력했다. 또한 《성직자 웅변에 대한 설교》(*Lectures on Pulpit Eloquence*)를 써서 레토릭 이론을 해석하기 위한 중요한 프레임을 제공했다.

캠벨은 인간의 천성을 포함한 모든 성격은 신에 의해서 창조되었고, 가장 중요한 도덕적 사실적 진리는 신이 부여한 것으로 간주했다. 신의 관점에서는 삶의 어떤 상황도 명예스럽다고 보았다(George Campbell, 1911: 156).

비처(L. Bitzer)는 《수사학의 철학》 서문에서 자연과 초자연 세계 사이의 결정적 차이는 우리가 자연적 환경으로 아는 것과 계시로 아는 것이라고 밝혔으며, 철학과 수사학 이론을 구분했다(L. Bitzer, 1963: xix; Timothy Borchers, 2006: 91). 그의 수사학의 개념은 아주 넓어서 인간심리로까지 그 범위를 확산시켰고 이는 인식론으로 설명할 수도 있다. 그의 출발점은 인간 정신의 성격이었다.

캠벨은 언어를 통한 웅변의 설득술에 관심을 가졌다. 인간 정신에 대한 심리적 이론에 기초를 둠으로써, 설득적 웅변을 심리와 연계시킨 것이다. 그는 웅변을 담론이 목적을 수행하게 되는 '술'이나 '탤런트'로 간주했다(George Campbell, 1963: 1; James A. Herrick, 2009: 194). 다른 사람을 설득하기 위해 화자는 청자의 욕구나 정념(감정)에 어떤 흥분할 충격을 주고, 그 판단에 만족할 수 있어야 한다.

물론 그 도구는 언어다. 캠벨에게 언어는 시류의 종(種, *species*)으로서, 어떤 국가의 인민들의 동의에 의해서 만들어진 것이다. 또한 문법은 언어에 법칙을 주는 것이 아니라, 스피치로부터 그 권위와 가치를 유도하는 것이다. 언어와 문법은 설득의 가장 중요한 요소로 간주되는데 그 중에서도 순수성, 명료성, 고결성은 가장 엄격하게 일치하여야 한다.

언어와 문법을 통해 웅변가는 사람들의 마음을 얻게 된다. 물론 언어를 통한 설득은 합리성을 지녀야 하지만, 동시에 그 언어는 청자의 열정을 자극해야 한다. 즉, 웅변은 청자들을 설득하려는 행위와 그들의 흥분한 정념의 욕구를 만족시키는 행위 사이에 관계가 있어야 한다(Wilbur Howell, 1971: 587; James A. Herrick, 2009: 195). 첫째는 소리를 잘 반영하고, 둘째는 풍성한 지식을 전하고, 머리와 몸이 유연하게 움직여질 때 웅변이 성공할 수 있다. 언어를 통한 웅변으로 화자가 청자들을 흥분시켜야 수용자는 그에 따른 어떤 행위를 하게 된다. 캠벨의 웅변술은 어떤 아이디어를 수용함으로써, 그것을 진실한 선(*good*)으로 간주할 때 설득을 얻게 된다. 캠벨은 소피스트를 비판했는데, 그들은 진리보다 매력에 승부를 걸었기 때문이다(George Campbell, 1911: 118). 웅변은 항상 사물을 완전히 이해하려 한다기보다는, 불명료한 말을 믿음 없이 설득하려고 한 것이다.

물론 캠벨은 일반성보다 수사학의 특수성을 강조했다. 캠벨에 의하면, 논리는 일반적이지만, 문법학은 특수성에 관심을 둔다(George Campbell, 1911: 35). 웅변을 시도하는 주체의 언어가 특수성의 발음을 선택할 필요가 있다. 즉, 영어로 말하는 사람은 영어로 말해야 하고, 그 문법에 맞아야 하며, 그 숙어를 사용해야 하는 등 그 습관을 같이 해야 한다.

이때 수용자가 자연적으로 받아들이고, 싫증나지 않게 해야 한다. 또한 웅변가의 정신은 자연적으로 그리스도의 것과 같은 진정성, 선의 아이디어와 동일시된다. 순수한 설득은 신의 말씀을 전하는 것이다. 웅변은 우아하고, 힘 있게, 명료성을 갖고 말할 수 있는 능력이다(James A. Herrick, 2009: 195). 더욱이 캠벨은 진리를 아는 것에 몰두할 뿐 아니라, 그 진리를 어떻게 설득력 있게 수용자에게 전할 것인가를 함께 논의하고 있다(George Campbell, 1845: 354; Joel C. Weinsheimer, 2004: 142).

그는 누구나 건전한 유추를 통해 진리를 습득해야 하고, 그 확실한 명증성을 바탕으로 타인에게 전달할 것을 권고했다. 물론 그에게 진리를 습득하는 일은 개인의 행위이지만, 수사학은 다른 사람에게 영향을 주는 행위이고, 그 기술은 목적을 위해 수단의 효과를 극대화하도록 구성한다(Joel C. Weinsheimer, 2004: 143). 또한 수사학은 실용주의(*utilitarian*)여서 수사학의 기술은 전술적일 필요가 있다.

화자는 건전한 논쟁을 하고, 명증성이 있는 사실을 사용해야 한다. 웅변가는 아주 구체적 예증으로 수용자를 설득시킨다. 좋은 논리학자는 진실의 논리를 말할 때 더욱 설득력을 얻게 된다. 그에 의하면 웅변의 과학은 심리학의 과학에 기초를 두었다(James A. Herrick, 2009: 195). 이 웅변의 정신은 이해, 상상, 정념, 의지 등으로 구성된 것으로서, 로크의 인간이해와 일치하는 부분이다.

궁극적으로 개별 정신적 능력은 자신의 언어로 표출된다. 이해는 논리의 언어이고, 정념은 감정의 언어이다. 사람들은 인쇄된 내용이나, 영상을 통해 정보를 이해하고, 그 후 생생하고, 아름다운 상상(*imagination*)을 갖게 된다. 좋은 언어는 시(詩)의 아름다움이 될 수 있고, 소설과 같이 부드러울 수 있다. 화자는 메시지 스타일을 정하고 나서 어떻게 청자에게 전달할까를 생각할 필요가 있다. 수사학은 상상을 불러일으키기에 충분해야 하지만, 그 메시지를 가능한 명료·명쾌하고, 정확하게 전달해야 한다.

수용자는 전달된 메시지에 어떤 감정을 갖게 된다. 이때 웅변가는 웅대함에 의한 정념을 갖게 될 수 있고, 정념은 그 종류에서 크고 웅대한 강도를 가질 수 있다. 수사학은 언어를 통해 비밀스럽고, 엉뚱하고, 설명할 수 없는 정념을 일으킬 수 있는 감탄의 효력을 나타낼 수 있다. 더욱이 웅변은 마음에서 우러나오는 깊은 심정을 움직일 때 진정한 설득이 가능하게 된다. 그 목적은 단순히 큰 이미지를 창출하는 것이 아니라, 수용자의 정서에 영향을 주는 것이다(Timothy Borchers, 2006: 92).

수사학은 정보를 전함으로써, 수용자에게 확신을 준다. 그들은 어떤 정보에 대한 감정을 갖게 되고, 감정을 곧 행동으로 옮기게 된다. 캠벨의 수사학 방법은 현대 광고·홍보에서 쉽게 찾을 수 있는 수법이다.

과정의 각 부분은 다른 기능을 형성시킨다. 물론 '수사학 술은 과학에 근거한다'. 수사학적 과학은 문법의 규칙과 원리로 구성된다. 과학은 일반적 법칙으로 구성되어 있고, 그것은 예측과 통제가 가능하다. 물론 통제가 가능할 때에만 미래를 예측할 수 있다. 그러나 수사학의 실천에는 인식론적 지식과 기술의 적용으로 설명할 수 없는 부분이 존재한다. 수사학은 '술'로서 작동하기 위해, 설득의 최상의 길을 택하게 된다.

원론적으로 말하면, 인식한 사물의 이해는 정보를 전하고 그것에 수용자가 만족했을 때, 확신으로 대답한다. 상상은 미(美)로 인지되고, 정념과 의지는 행위로 움직인다. 이러한 능력은 설득과정에서 부분적으로 작동하게 된다. 웅변과 정신 능력의 관계는 캠벨의 수사학에 대한 사고의 중심이다. 그의 이론은 스타일과 전달에 중점을 두었다. 결과적으로 보면 캠벨은 서로간의 상호작용성을 이야기하지는 않지만, 그의 논의는 수용자에게 많은 중요성을 부과한다(Joel C. Weinsheimer, 2004: 143).

22

와틀리의 수사학의 명증성

캠벨과 마찬가지로 신학자이면서, 수사학자인 영국인 와틀리(Richard Whately, 1787~1863)는 수사학의 어원에 관심을 가졌다. 그는 수사학은 “공적 스피치(*public speaking*) 자체의 준거를 제공했다”고 했다(Richard Whately, 1846: 14). 당연히 이 정의에 의하면 수사학은 설득의 학문에서 벗어날 수 없다. 이때 필요한 것은 일반적으로 수사학 논쟁의 구성에 관한 것이고, 특수한 논리로부터 끌어낸 결론이다(Richard Whately, 1846: 16).

와틀리는 조셉 와틀리(Joseph Whately) 목사의 아들로 브리스톨 근처 사교육기관에서 훈련받은 후, 옥스퍼드의 오리엘 칼리지(Oriel College)에서 공부를 계속했다. 와틀리는 대학에서 영어 에세이로 이름을 떨쳤다. 옥스퍼드 수학 중에 와틀리는 나폴레옹 1세(Napoleon Bonaparte)와 관련한 역사적 의문을 복음의 역사에 적용시킴으로써 과도한 회의주의에 반기를 들었다(http/en. wikipeida. org/wiki/Richard-whately). 그 후에는 1829년 윌리엄(Nassau William Senior)을 승계해 옥스퍼드 정치경제학 교수직을 갖게 되었다. 그런데 와틀리는 1831년 영국정교회의 더블린 추기경으로 임명되어 그 교수직을 그만두게 되었다.

와틀리는 수사학, 논리학, 정치 경제학, 신학 등의 학문에 관심을 가졌으며 교회문제뿐 아니라 당시 철도문제, 처벌의 일반적 문제 등 공적 문제에 대해 계속 언급했다. 물론 그는 어떤 당파에도 속하지 않는 공공 문제에 접근하는 논리적 정립에 관심을 가졌다. 와틀리는 모든 논쟁을 논리로 풀어갔다.

전통 수사학 관점에서 보면 와틀리는 논쟁을 착상하고, 배열하는 기술에 집중했다(Whately, 1963: 40). 판단(*judgement*)에 근거해 논쟁한 것이다. 이로써 '열정'(*passion*), '정감'(*affection*)에 관심을 가졌던 캠벨의 삼단논법의 논리를 거부하고, 판단에 근거한 논리로 맞섰다. 그는 캠벨의 연역적·도덕적 추론의 현재 관련성을 캠벨이 오판한 것으로 간주하는 한편, '도덕적 추론'(*moral reasoning*)으로 논쟁의 전제를 발견했다. 그는 삼단논법의 논리는 이러한 전제로부터 결론을 도출하거나, 다른 사람의 논쟁을 평가는 방법을 제공할 뿐이라고 했다(Ray E. McKerrow, 1976: 7; James A. Herrick, 2009: 196).

그는 수사학에 철학적, 인식론적으로 접근하기보다, 수사학자의 격에 맞게 그의 논쟁에 대한 명증성을 위해, 논리학을 적용시켰다. 와틀리는 논리학의 분지(分枝)로서 수사학에 관심을 가졌다(Timothy Borchers, 2011: 97).

와틀리의 논쟁은 네 가지로 나눌 수 있다(Richard Whately, 1846: 38). 논쟁은 ① 정규적(*regular*)인 것과 비정규적(*irregular*)인 것으로 나누는데, 삼단논법에서 정규적인 것은 범주적(*Categorical*) 논법과 가설적(*Hypothetical*) 논법으로 분류되고, ② 도덕적(*moral*, *Probable*), 현시적(*demonstrative*, *necessary*)으로 분류되고, ③ 직접적(*direct*, *Deictic*, 直證的), 간접적(*indirect*, *Elenctic*, 間證的)으로 분류되고, ④ 예증(*example*), 증언(*testimony*), 그리고 원인으로부터 결과(*cause to effect*), 유추(*analogy*) 등으로 분류된다.

또한 연설자가 논쟁할 때, 두 가지 점에 근거해 논쟁한다(Richard Whately, 1846: 43). 첫째, 논쟁은 논쟁이라기보다 순리대로 풀어가는 형태이다. 화자는 사실을 설명하고, 원리를 유추하고, 승인된 진리를 지지하거나, 원인과 결과를 규명한다. 둘째는 자신의 주관적 성격이 적극적으로 개입됨으로써, 상대방의 전제를 비판하고, 비판적 논쟁을 시도한다. 화자는 징조(*sign*), 예증(*example*), 그리고 효과(*effects*)로부터 상황(*condition*)까지 논쟁한다. 어떤 원인은 여전히 논쟁거리가 되고, 가능성이 주종을 이룬다. 물론 논쟁할 때 양자가 함께 할 수 있고, 화자가 논쟁을 하는 근거로 이성(*reason*), 사실(*fact*), 의견(*opinions*), 신조(*doctrines*)에 의존할 수 있다.

와틀리는 논리학을 논쟁에 깊이 끌고 왔다. 또한 그는 수사학과 논리학의 다른 점을 명쾌하게 지적했는데, 논리학은 논쟁의 명증성을 더욱 정확하게 확보한다. 즉, 수사학은 다른 사람에게 영향을 주기 위한 방법으로 적용할 필요성을 갖게 된다. 논리학은 추론에 의한 진리를 확립하는 과정이며, 수사학은 추론, 명증성에 의해 다른 사람에게 진리를 전달하기 위한 과정이다. 수사학의 토론과 논쟁은 증명이 필요한데, 그때 논리가 담론을 구조화하고, 평가하기 위한 도구로서 작동한다.

물론 와틀리는 논쟁을 자세히 소개하는 설득의 도구로 논쟁을 언급한다. 그의 설득은 논쟁(*argument*)과 권유(*exhortation*)에 의존한다(Richard Whately, 1846: 136)고 본 것이다. 논쟁은 법정에서 이뤄지고, 권유는 설교에서 이뤄진다.

와틀리는 《수사학의 요소와 논리의 요소》(*Elements of Rhetoric and Elements of Logic*, 1828)에서 논쟁(*argument*)을 집약적으로 취급했다. 또한 그는 논문집으로 "그리스도적 명증성"(Christian Evidence), "추론의 쉬운 강의"(Easy Lessons on Reasoning), "도덕에 관해서"(On Morals), "정신에 관해서"(On Mind), 그리고 "영국 헌법"(The British Constitution) 등 많은 업적을 남겼다.

와틀리는 영국 정교회의 추기경이 되기 전 왕성한 학문 활동을 계속했다. 특히 수사학 연구에서 논쟁과 명증성 연구에 초점을 맞췄다. 또한 논쟁의 근거가 되는 착상과 배열의 술은 수사학이 전적으로, 독점적으로 주장할 수 있는 영역으로 간주했다(Richard Whately, 1963: 40; Timothy Borchers, 2011: 96).

아리스토텔레스에 심취하여 논리(*logic*)를 배웠지만, 와틀리에게는 논리로서 풀이할 수 없는 현실적 측면이 존재했다. 물론 추론(*reasoning*)은 추측(*inferring*)과 증명(*proving*) 두 가지 목적에 적용할 수 있는 것으로 고려된다(Richard Whately, 1846: 16). 와틀리는 이때 '유추'(*analogy*)를 통해 논리를 보강할 수 있다고 봤다. 예컨대, 어떤 약품의 독성이 사람에게 오염되면, 동물에게도 오염됨을 유추할 수 있다. 유추는 와틀리가 수사학의 역사에서 가장 흥미로운 기여를 한 부분이다(James A. Herrick, 2009: 197).

와틀리는 논리가 논쟁의 착상이 아니라, 판단의 부분과 관련을 지웠다. 그는 감정을 수사학에서 제외시키도록 노력했다. 그 대신 논리를 보강하여 시와 수사학을 연계시켜, 수사학을 논리의 법칙, 혹은 추론화된 담론(*reasoned discourse*)의 술로서 고려했다. 와틀리는 논쟁에 관한 논의를 통해 오늘날 수사학에서 많이 이용하는 논리를 제공한 것이다.

유추와 더불어 와틀리는 논쟁(*refutation*)에 관심을 가졌다. 논쟁은 명증성, 추론, 혹은 다른 기술로 한 논쟁자가 주장하는 것의 반대 실천을 시도한다(Timothy Borchers, 2011: 98). 이는 반대되는 의견에 논쟁을 할 때, 자신의 논리를 도울 논의를 찾아내 그것을 자신의 내용에 삽입하는 것이다. 그 내용은 상대방의 의견에 동의하지 않는 부분을 논리적으로 점검하는 것이다. 때로는 상대방의 의견 반대편에서 논리를 펼 수 있다. 어떤 때이든 자신의 논리는 일관성을 유지시킬 필요가 있다.

와틀리의 《수사학 요소와 논리의 요소》는 4장으로 나눠지는데, ① 착상(*invention*)과 배치(*disposition*), ② 에토스와 파토스, ③ 스타일(*style*), ④ 전달(*delivery*) 등으로 구성됐다. 이 책은 논쟁과 예증 사이, 논쟁과 유추 사이, 추측의 개념과 증명의 부담 등 확률성(*probability*) 같은 아리스토텔레스 개념의 발전에 현저한 공헌을 했다(James C. McCroskey, 1997: 15). 더욱이 그는 아리스토텔레스에서 명료하지 않은 에토스가 수용자의 인지에 기초해서만 결정된다고 했다. 에토스는 수용자가 화자에게 부여하는 신뢰를 전제로 한 것이다.

그만큼 설득에서 수용자의 중요성이 부각된다. 그들을 어떤 방법으로 설득할 것인가가 문제의 초점이 된다. 올리버(R. T. Oliver)는 "인간의 정신이 인상적, 경험적, 논리적, 수사학적 등 다른 방법으로 작동하는 것이 관찰된다"고 했다(R. T. Oliver, 1965; James C. McCroskey, 1997: 109). 그 특성에 따른 개인의 성격 유형은 설득 술에도 다르게 적용할 수 있을 것이다. 그러나 20세기에 들어서면서 고전 연구는 점점 그 근거가 줄고, 경험적·논리적 연구가 늘어났다. 과학세계에서 과학적 표준을 강화시키면, 수사학은 그 범위를 축소시킬 수밖에 없다.

설령 수사학이 파시즘, 스탈린 체제에서 그 영향력을 확장시켰다고 하더라고 그 강세는 제한적이었다. 긴 역사의 과정에서 보면, 과학적·경험적 방법이 더욱 설득력을 가진다. 그런데 '논쟁'(*argumentation*)에서 더욱 현저하게 전통 수사학과 다른 것이 발견된다. 물론 툴민(Stephen Toulmin, 1922~2009)과 페렐만(Chaim Perelman, 1912~1985)은 논쟁과 관련하여 영향력 있는 이론가이다. 영국인 툴민과 벨기에인 페렐만은 논쟁에 대한 사고에 새로운 방향을 제시했다(Timothy Borchers, 2011: 99).

그들의 관심은 어떤 것이 일어날 것이라는 당위성보다 사건이 실제로 일어난 논쟁을 연구하고 이해하는 데 있었다. 전통 수사학에서 논리는 착상과 배열에서 중요한 덕목이다. 그러나 그들은 수사학에서 결정적인 오류를 만드는 구별을 알 수가 없었다(Perelman, 1982: 3; Timothy Borchers, 2011: 99). 논리가 분명 체계적 추론에 기초한 진리의 문제를 결정하긴 하지만, 현재 논쟁이론가들은 특수한 수용자가 합리적으로 고려될 수 있는 언급과 창출, 평가를 위한 작업을 수사학이 간과하고 있다는 점을 명시한다.

23

툴민 수사학의 '합리적 추론'

툴민과 페렐만이 분명 논쟁의 언어적 성격을 강조했지만, 이 접근은 실천적 성격에 초점이 맞춰져 있다(Timothy Borchers, 2011: 99). 그들은 논쟁에서 수용자의 응답에 초점을 둠으로써, 화자 중심의 고전 수사학이 중시하는 분위기와는 다른 상황을 연출했다. 이에 따라 오히려 일상생활, 즉 '시장에서의 논쟁'이 더욱 설득력을 지니게 되었다.

《논쟁의 유용성들》(*The Uses of Argument*, 1958)에서 이들은 연구의 목적을 문제 풀이에 두는 것이 아니라, 규명의 영역에 관심을 설정하고, 문제를 제기하는 데 둔다고 한다(Stephen E. Toulmin, 1958:1). 툴민은 실제 수사학 자체의 맹점을 점검하기 시작하고, 현대 수사학이 사실로 명증성을 확보한다거나, 합리적 담론을 시도한다는 경험적 자료를 제시함으로써, 수사학에서 논쟁 자체를 의미 없게 만들었다. 수사학에서 추론(*reasoning*)이 기본적으로 모든 수사학 행위 결정에 강하게 영향을 주도록 한 것이다.

논리학(*logic*)은 인식론(*an episteme*)의 형식적 과학이 되었다. 논리학은 과학이고, 구체적으로는 객관적 과학이다. 이를 확대하여 논리학을 위한 야망은 객체의 특수한 집단의 이해를 '논리적 관계'(*logical relations*)

로 규정했다(Stephen E. Toulmin, 1958: 4). 이들의 작업은 이러한 종류의 관계를 지배하는 과학적 체제를 형성시켰다.

툴민은 수사학에서 논리학 적용에 관심을 가짐으로써, 어느 누구도 문제를 제기하지 않았던 영역에 대해 언급을 했다. 그러나 논리학이 어느 정도 형식적 과학일 것을 바랄 수 있을까? 논리학은 실제 논쟁의 비판적 판단에서 적용된 존재의 가능성을 포함한다(Stephen E. Toulmin, 1958: 3).

과거 수사학 연구자는 시대에 따라, 어떤 주제를 수사학에서 수용하고, 결론을 어떻게 도출할까에 관심을 가졌다. 그러나 현대 수사학은 인간 가치의 새로운 언어, 새로운 논리, 새로운 명증성을 필요로 하게 되었다.

물론 현대 수사학은 아리스토텔레스가 처음 과학적 인식론을 전개시킨 영역이다. 그는 논리를 사람들이 생각하고, 논쟁하고, 추론하는 방법과 관련시켰다(Stephen E. Toulmin, 1958: 3). 그러나 논리를 심리학에 연계시켰을 때, 여전히 논리학은 사람의 '실제 추론의 습관'(*actual habits of inference*) 문제에 아주 가까이 있다(Stephen E. Toulmin, 1958: 5).

더욱이 20세기 기술의 발전으로 모든 사회가 파편화된 상황에서 또 다른 정밀한 전략, 논쟁이 요구되었다. 수사학은 경제, 천문, 심리, 문학, 생물, 수학 등 각 분야에서 전문적 삶의 주요한 역할을 담당할 것을 요구받았다. 말하자면 수사학은 독특한 논리학의 도움이 필요하게 된 것이다.

툴만은 논리학을 사고의 법칙들에 관련시켰다(Stephen E. Toulmin, 1958: 3). 논리학은 심지어 윤리에 성과를 증명하기 위한 판단, 평가, 차별성의 근거를 제공할 수 있다. 또한 현대 사회의 확장된 인간 동기는 데이터를 해석하고, 제도의 배열을 창출하는 데 큰 역할을 한다(James A. Herrick, 2009: 205). 더욱이 과거에 그렇게 했던 것처럼, 수사학은 상황의 절박성을 항상 경험하기 때문에 시대의 조류에 민감할 수밖에 없다.

매크로스키는 수사학적 사고는 논리적이거나 비논리적인 것이 아니라, 심리적이라고 했다(James C. McCroskey, 1997: 110). 수용자 입장이 강화되면 심리적 요인이 더욱 강하게 작동하게 마련이다. 최초 심리적 논쟁의 모델은 아리스토텔레스의 '약식 삼단논법'(*enthymeme*)에서 설명되었다(James C. McCroskey, 1997: 110). 이 방법은 삼단논법에 갖가지 해석을 붙여서 도출된 개념들이다.

물론 아리스토텔레스는 약식 삼단논법의 심리적 규명을 시도했으나, 논리학자에 관련된 논리가 한 개인의 인간 정신의 현상이 아니라 습관과 실천이 사회적 진화의 코스로 발견되는 것이며, 한 세대에서 다른 세대로 부모와 선생에 의해서 전승된다고 봤다.

논리학을 심리학이라기보다 사회학의 발전으로 본 것이다(Stephen E. Toulmin, 1958: 3). 툴민은 이런 논리를 대표한 영국의 철학자이자 저자, 교육자였다. 블로크리더(Wayne Brockriede)와 에닌걸(Douglas Ehninger)은 툴민이 논리학을 커뮤니케이션학에 소개했다고 한다(http/en. wikipedia. org/wiki/Stephen-Toulmin). 그들은 툴민의 모델이 수사학 논쟁의 분석과 비판에서 좋은 구조적 모델로 유용할 것이라고 생각한 것이다.

툴민은 비트겐슈타인(Ludwig Wittgenstein)의 언어 사용과 의미관계 실험에 많은 영향을 받았고, 《도덕적 추론》(*moral reasoning*)의 집필에 몰두했다(http/en. wikipedia. org/wiki/Stephen-Toulmin). 작품 활동을 통해서는 도덕적 이슈 뒤의 윤리를 효과적으로 평가하는 실천적 논쟁을 발전시켰다. 즉, 그는 누구나 하는 판단, 평가 그리고 차별을 윤리 분야에서 만족스럽게 증명하려고 했고, 비판적 논쟁의 미학에 적용시켰다(Stephen E. Toulmin, 1958: 33). 그는 논쟁의 유용성을 통해, 아이디어의 값어치에 논리적 접근을 시도했다. 그는 '절대주의'와 '상대주의'의 표준을 거부하면서 자신의 논리의 모델을 만들어낸 것이다.

여기서 절대주의(*absolutism*)는 일반적 진리를 주장하는 것인데, 플라톤의 이념화된 형식적 논리로부터 도출된다. 절대주의자는 도덕적 윤리의 상황을 이야기하지 않고, 도덕적 원리의 표준화만을 주장한 것이다. 표준화의 원리는 인간이 만나게 되는 일상생활의 진실 상황에 무관심하다. 그들은 '상황 의존'(*field dependent*)을 무시한 것이다. 반면 인류학자들은 합리적 논쟁에서, 문화의 상대적 변수(*cultural variations*)에 영향을 받는다. 그러나 우리는 실천적 이슈를 풀이한 툴민의 저술을 통해 후일 수사학 분야에서 '수사학적 논쟁'(*rhetorical arguments*) 분석의 유용함을 발견하게 된다.

툴민은 듀이(John Dewey)를 연상케 한다. 그는 유추의 습관과 그 습관들의 규칙과 원리를 형성시킬 것을 권고했다. 듀이는 단순한 사회학자의 사고가 아니라 '적절한' 추론의 습관(*'proper' inferring-habits*)과 '합리적' 추론의 강령(*'rational' canons of inference*)을 주장했다(Stephen E. Toulmin, 1958: 4).

듀이의 논리학에 중점을 뒀던 툴민은 런던에서 태어나 1942년 캠브리지 킹스 칼리지(King's college)에서 순수예술로 학사학위를 취득하였고, 군복무 이후 같은 대학에서 1947년 순수예술 석사학위, 그리고 철학 박사학위를 취득했다.

툴민은 옥스퍼드대학에서 1949~54년에 과학철학을 가르쳤고, 호주의 멜버른대학(Melbourne University)에서 과학철학과 역사 초빙교수직을 받았다. 리드대학(the University of Leeds)에서는 1955~59년에 교수직을 갖고 과장을 역임했다. 그 후 뉴욕대학, 스탠포드대학, 컬럼비아대학, 미시간주립대 등에서 연구를 계속했다.

리드대학에서 교편을 잡을 당시 그는 《논쟁의 유용성들》에서 더욱 유용한 논쟁의 모델의 가능성을 제기했다. 즉, 논쟁의 연구로부터 도출된 가장 유용한 수사학의 도구로 논쟁 구조의 '툴민 지도'를 완성했다(Timothy Borchers, 2006: 99).

툴민은 성공한 좋은 논쟁을 위해 주장의 적절한 합당화를 시도했다. 물론 그의 논쟁술은 '절대주의'가 아닌, '실천적 논쟁'(*practical or substantial argument*)이었다(http/en. wikipedia. org/wiki/Stephen-Toulmin). 실천적 논쟁은 관심(*interest*)의 주장에 초점이 있고, 그것을 합리화하려고 했다.

또한 툴민은 논리학에서 다루기 힘든 주관적 문제(*subject matter*)에 관심을 두었다(Stephen E. Toulmin, 1958: 87). 논리학이 사고자의 사고에 대한 일반화를 시도한 것이다. 추론(*reasoning*)은 새로운 아이디어를 발견하면서 유추의 행위를 줄이고, 합리화의 과정을 통해서 성취할 수 있는 행위로서 기존 아이디어를 검증하고, 변화시키는 과정이 된다.

그는 주장(*claim*), 데이터(*data*), 근거(*warrant*)로 기본 모델을 꾸렸다(Stephen E. Toulmin, 1958: 99). 물론 그의 모델은 수사학의 전통이라기보다 논리적인 것에 기초를 두고 있다. 수용자의 추론에 근거하기 때문에 화자에게는 그만큼 착상과 배열에서 자신을 제약시켜야 할 부분이다.

그가 말하는 주장(*claim*)은 장점이 부각되어야 할 결론 부분인데, 그는 주장으로 개인이 설정하려는 것을 찾는다. 즉, 주장은 정보원이 수용자가 승인하기를 바라는 어떤 믿음이다(James C. McCroskey, 1997: 111). 한편 주장은 전 논쟁과정의 궁극적 극점이거나, 다른 논쟁을 위한 데이터나 근거로서 사용할 수 있는 극점이다. 화자가 확신을 가지고 주장하다 보면, 그 주장을 수용하기를 요구하게 된다.

한편 데이터(*data*)는 우리가 주장을 위한 근거로서 호소할 수 있는 사실이다(Toulman, 1958: 97; Timothy Borchers, 2011: 100). 사실적 문제나 의견은 수용자가 믿어야 데이터로서 작동을 시작하게 된다. 수사학 커뮤니케이션에서 사실과 인지가 관련된 문제인데, 만약 한 정보원인 어떤 것이 진리라고 확신을 하더라도, 수용자가 진리로 믿지 않는다면 그것은 데이터로 쓸 수 없다. 또한 논쟁을 위한 데이터를 선택할 때 윤리적 요인을 직시하게 된다. 특수한 사실과 의견을 데이터로 사용할 수 있을지에 관한 결정적 테스트는 수용자의 믿음 체계의 상황에 달려있다(James C. McCroskey, 1997: 112).

데이터는 명증성을 가져다 줄, 혹은 주장의 합당화가 가능한 역사적, 현재 사건의 사실일 수 있다. 다른 한편 이는 어떤 통계의 언급이나, 어떤 지위에 있는 사람들에 대한 언급일 수 있다. 함께한 데이터와 주장은 논쟁에 의해서 진행되는 구체적 언쟁을 대표한다. 그래서 데이터는 주요 증명의 주요요소가 된다.

나머지 한 부분은 근거(*warrant*) 인데, 이것은 화자가 데이터로부터 주장을 할 수 있는 이유를 설명하기 위해 필요하다. 즉, 근거는 데이터와 주장 사이에 주장의 논리를 제공하는 것이다. 툴민은 근거를 우연(*incidental*) 과 설명(*explanatory*) 이며, 정통성을 제공하는 어떤 것으로 간주했다(Stephen E. Toulmin, 1958: 100). 이는 자연과학에서 사용하는 논리와는 거리를 둔 영역이다.

툴민은 근거에 더욱 집중하고 이것을 '유추의 면허'(*inference license*) 라고 했다. 말하자면, 적절한 근거가 없다면, 어떤 주장도 상대가 수용하려고 하지 않으리라는 것이다. 물론 데이터와 근거의 특별한 차이점은 믿음의 일반성 정도이다. 즉, 데이터는 외적(*explicitly*) 으로 표현되고, 근거는 내적으로 표출된다(Stephen E. Toulmin, 1958: 100). 그렇다면 전자는 일반적 믿음의 근거이고, 후자는 더욱 구체적 믿음인 데이터이다. 언론은 구체적 믿음의 사실에 근거하여, 기사를 작성한다. 그러나 그 사실이 힘을 갖기 위해서는 데이터로 사용되는 사실과 의견은 언어로 포장하여, 믿음으로 승화시켜야 한다. 물론 그런 방식을 갖지 않더라도 특별한 개인 혹은 집단에 유용성이 있을 때 그 언어는 많은 사람에게 더 큰 감동을 줄 수 있다.

다른 한편으로 툴민은 데이터와 근거를 법정에서 사실의 문제(*questions of facts*) 와 법의 문제(*questions of laws*) 로 규정지었다(Stephen E. Toulmin, 1958: 100). 툴민의 데이터, 근거, 주장을 그림으로 그려보자(Stephen E. Toulmin, 1958: 99).

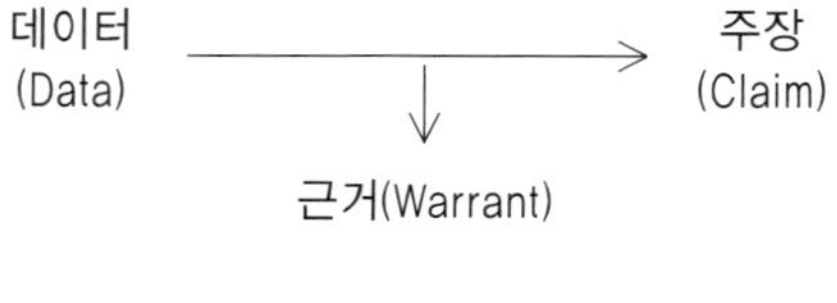

툴민은 데이터는 명증성(*evidence*)이라고 했고, 주장은 결론의 개념으로 설명했다. 그리고 근거는 데이터가 결론에 도달할 관계를 떠받치고 있는 가정이다. 이것은 삼단논법에서 으뜸 전제(*the major premise*)이다.

해리는 버뮤다에서 태어났다. (Harry was born in Bermuda) ⟶ So* ⟶ 해리는 영국의 국민이다. (Harry is a British Subject)

↓

Since

↓

버뮤다에서 난 사람은 영국의 국민일 것이다. (A man born in Bermuda will be a British subject)

물론 근거는 데이터가 주장을 연계시킬 논리이고, 데이터 대신 근거가 앞에 나올 수 있다.[1)]

버뮤다에서 난 모든 사람은 영국 국민일 것이다(주요 전제).
해리는 버뮤다에서 났다(소전제).
그러므로, 해리는 영국 국민이다(결론).

삼단 논법을 하고 있다. 또한 하나의 전제를 생략함으로써 삼단논법 중에서 약식삼단논법(*enthymeme*)으로 간주할 수 있다.

근거가 우연적이거나, 설명적일 수 있다. 이런 논리라면 전술했듯, 데이터는 논쟁에서의 외적 측면이고, 근거는 내적 내용일 수 있다. 또한 논쟁의 필요는 유추의 추론(*inferential reasoning*)을 위반하지 않는다면 하나

---

* 여기에서 'So', 'since'는 논쟁이 읽힐 수 있는 질서로 첨가되었다(Philip Emmert and William C. Donaghy, 1982: 118).

의 데이터 이상이고, 하나의 근거 이상이다.

툴민은 다음과 같이 설명했다(Philip Emmert and William C. Donaghy, 1981: 118).

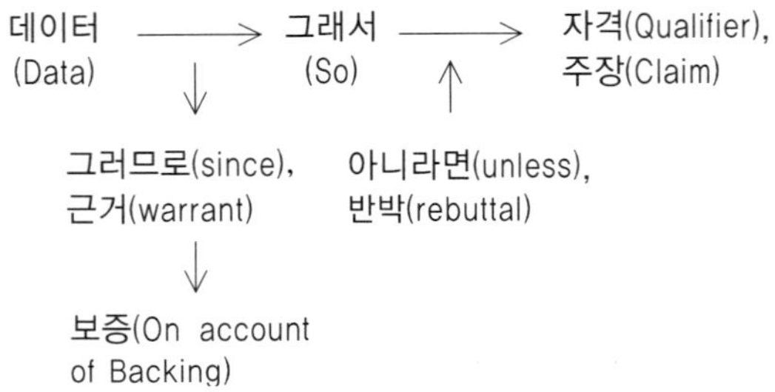

이를 풀이 예증을 들어보자.

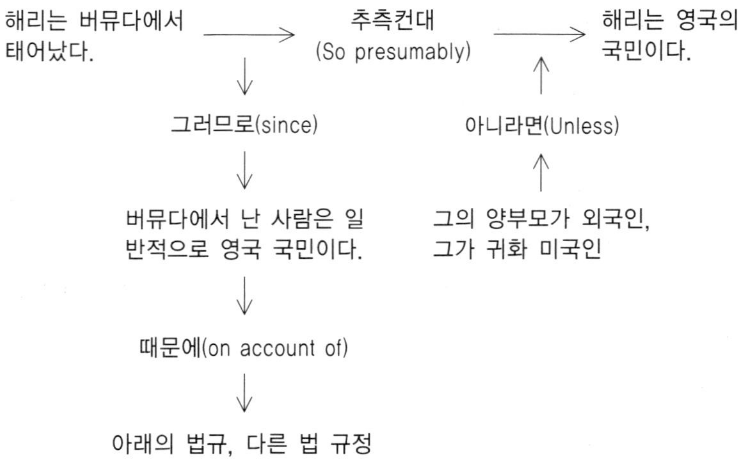

여기서 ① 규정자(*qualifier*)는 논쟁을 강화하는 언급으로, 화자의 주장에 관련된 힘과 확실성의 정도를 표시한다. 이는 가능성, 불가능성, 확실성, 추측성, 필연성 등 표현의 자격과 함께 쓰인다. 규정자는 주장의 가능성이나, 신뢰성에 관한 언급이고, ② 논박성(*rebuttal*)은 가능한 상황을 제공하고, 주장이 수용될 수 없는 측면이다. 같은 맥락에서 제한성은 어떤 예외의 표출이며, 언급한 논쟁의 부정을 뜻한다. 한편 ③ 보증(*backing*)은 근거에 첨가되고, 근거에 표출된 언급의 증명을 보장한다. 보증은 논리적이고, 더욱 명증성의 확실성을 높여준다.

한편 매크로스키는 논박성을 보류(*reservations*)로 표현했는데, 이는 논쟁에서 예외의 존재를 표출한 것이다(James C. McCroskey, 1997: 114). 물론 이런 주장은 예외적 상황하에서 논쟁에 도움이 될 수 없다.

유추적 추론(*inferential reasoning*)은 통찰력을 길러주며, 넓고 다양한 상황에 유용하게 적용할 수 있다(Philip Emmert and William C. Donaghy, 1982: 119). 즉, 개인이 받은 정보를 분석할 때, 이 정보를 분해해서 그들의 기본요소를 찾아내고, 명증성을 실험한다. 툴민의 모델로 윤리에서도 '좋은 이성'(*good reasons*)의 접근을 시도하고, 연구자의 주관성이나 감정주의에는 냉담하게 대하는 한편, 논리와 추론을 통해 결론에 도달할 수 있다. 툴민의 모델은 아리스토텔레스 이론의 논쟁 적용가능성을 타진할 수 있다(Brockriede and Ehninger, 1960: 44~53; Timothy Borchers, 2011: 102). 아리스토텔레스는 논리(*logic*)는 추론(*reasoning*), 윤리(*ethos*)는 신뢰(*credibility*), 열정(*pathos*)은 감정(*emotion*) 등으로 논쟁의 증명을 가능하게 한다.

또한 이런 논쟁은 실천적 논쟁(*substantive arguments*), 권위적 논쟁(*authoritative arguments*), 그리고 동기적 논쟁(*motivational arguments*) 등으로 분류된다(Timothy Borchers, 2011: 102). 실천적 논쟁은 아리스토텔레스의 logic(논리) 부분에 속한다. 논쟁은 근거를 포함시켜 우리의 일상사와 관련된 가정을 반영한다. 예컨대 어떤 건물이 필요할 때 왜 필요한지 개인이 근거를 수립할 때 사용한다(Timothy Borchers, 2011: 102). 이것은 귀납적, 연역적 범주로 크게 분류할 수 있다. 여기서 삼단논법은 물론 귀납적, 연역적 논쟁을 위한 구조와 규칙을 제공한다.

한편 '권위적 논쟁'(*authoritative arguments*) 은 에토스의 부분이다. 이 논쟁에서 증언을 시도하는 사람은 우선 데이터를 준 정보원을 신뢰할 수 있어야 한다. 주장은 데이터에 기반을 둔 언급을 반복한다.

마지막으로 동기적 논쟁은 아리스토텔레스의 파토스의 부분인데, 주로 수용자의 감정과 연관된다. 또한 이 논쟁은 권위적 논쟁과 흡사하다(Timothy Borchers, 2011: 106). 그러나 이 경우의 근거는 주장을 수용하기 위해 동기에 초점을 맞춘다. 이 동기는 추동, 가치, 욕구, 감정, 영감 등이 함께 어우러진 것이다. 다른 말로 데이터는 어떤 가치, 필요, 감정 등 인간의 경험에서 온 것이다.

동기를 증명하는 방법에 툴민은 새로운 방법을 제공했다. 전통적 논리 연구에 반기를 든 것이다. 그는 논쟁과 논리를 연구하고, 이해하기 위해 그것이 일어나야 하는 당위성 대신, 실제 일어난 현상에 대해 관심을 가졌다(Timothy Borchers, 2011: 99). 또한 과거의 논쟁이 연설가 중심이었다면, 그는 수용자의 반응에 초점을 맞춘다.

논쟁은 논리적(*analysis*) · 실천적(*practical or substantial*) 논쟁으로 분류된다. 정확하게 말하면 툴민은 양편을 같이 하면서 논리적 근거를 찾아냈다(Stephen E. Toulmin, 1958: 135). 전자는 분석적 삼단논법이나 논리적 언어에 속하는 영역이고, 후자는 덜 값어치 있고, 덜 의도적이고, 불명료한 논리적인 근거들이다(Stephen E. Toulmin, 1958: 149). 각 사회가 갖고 있는 도덕적 규범, 구성원 공감의 영역이 여기에 속한다. 이것은 더욱 수용자 중심적이고, 경험적이고, 역사적이다. 그러나 툴민은 양자를 구분하고, 통합하지만 '적절한 추론의 습관'과 '합리적 추론의 강령'이 논쟁에서 더욱 강한 요소로 작동한다.

24

페렐만의 가치 공유 수사학

벨기에 출신 페렐만(Chaim Perelman)은 툴민과 더불어 논쟁에 논리를 강조했다. 페렐만은 "토론과 논쟁이 이성적 인간에게 피할 수 없는 것이지만, 충실하게 사용된 명증성의 방법 연구는 과거 3세기 동안 논리학자와 철학자에게 완전히 푸대접을 받았다"고 했다(C. Perelman and L. Olbrechts-Tyteca, 1969: 1). 그는 전통적 수사학에 의문을 표현한 것이다. 페렐만은 토론과 논쟁이 필연성(*necessity*)과 자기명증성(*self-evidence*), 계산의 확실성을 피한다고 했다. 그는 아리스토텔레스가 '변증적'(*dialectical*)으로 명명한 증명(*the proofs*)에 관심을 가졌다(C. Perelman and L. Olbrechts-Tyteca, 1969: 5). 즉, 페렐만은 실제 토론에 나타나는 비판적 논쟁의 방법을 수사학으로 발전시키는 데 관심을 가진 것이다.

그는 합리적 인간이 동의할 수 있는 '새로운 수사학'(*a new rhetoric*)에 관심을 가졌다. 페렐만은 과학적 명증성이 아닌 인간 가치(*value*)의 문제를 합리적으로 결정하는 것에 관심을 가졌다. 예를 들면, 그는 문화에서 도덕적 주장이 어떻게 합리적으로 검정가능한지 등에 관한 의문을 제기했다. 이는 '공공 담론'(*public discourse*)에 대해 합리적 결정을 내릴 수 있게 한다(James A. Herick, 2009: 206).

수사학은 누구나 승인하는 의견으로 재정립해야 할 과제를 안고 있다. 페렐만의 기본 가정은 다원주의, 사회적 구조에서 어떤 주장과 결론이 자기명증성으로 진리를 얻을 수 없다는 전제에서 시작했다(James A. Herick, 2009: 206). 그 결과 페렐만은 실제 토론하는 방법에 관해 수용자에 초점을 둠으로써 수사학의 '임장감'(*presence*), 현실감을 더 강화시킬 수 있다고 가정한 것이다.

전통적 수용자는 연설에서 수동적 청중일 경우가 대부분이나, 페렐만은 수용자를 화자의 행위와 논쟁의 형태에 영향을 주는 사람들의 집합으로 간주했다(C. Perelman and L. Olbrechts-Tyteca, 1969: 26). 그는 인터액티브 상황에서 수사학에 접근하고 있다. 이는 요즘 인터넷, 트위터 등에서 논쟁을 끌어가는 방법과 유사하다. 물론 전통적 수사학의 논리는 그만큼 멀리 떨어져 있게 됨으로써, 그는 화자와 청자가 공론의 장에서 서로 공감할 수 있는 새로운 논리의 역동성을 강화시켰다.

페렐만은 폴란드 바르샤바에서 출생했지만, 교육을 비롯하여 대부분 생활을 브뤼셀에서 했다. 그는 브뤼셀대학(the Universite de Bruxelles)에서 공부하고 1934년 법학 박사학위를 받았으며, 1938년 철학자가 되었고, 수학자인 프레게(Gottlob Frege)에 관해 두 번째 학위를 취득했다. 그는 강사로서 브뤼셀에서 철학과 문학을 가르쳤으며, 제2차 세계대전이 끝날 무렵, 그 대학 역사학과에서 가장 젊은 교수가 되었다. 법학과 철학에 관한 그의 초기 연구는 '논리적 실증주의'(*logical positivism*)의 영향 아래 진행되었다. 그러나 그는 경험주의자의 정의 연구 이후에, 페렐만 가치판단을 위한 원리를 제공할 '회기 철학'(*regressive philosophies*)을 선호하게 되었다(http/en. wikipedia/wiki/Chaim-Perelman).

그의 이론적 맥락을 살펴보면, 그는 어떤 가치 판단은 모든 실천적 추론과 의사결정의 통합적 부분으로 형성되고, 가치판단에서 논리적 기초를 결한 것은 철학, 법학, 정치, 윤리, 저널리즘 등에서 합리적 기초가 될 수 없다고 보았다. 누구에게나, 혹은 어떤 주제든 합리적 장점을 결한 것은 거절했다. 페렐만과 타이데카는 합리적 과학의 가능성에 만족할 수 없었다(C. Perelman and Lucie Olbrechts-Tyteca, 1969: 2). 즉, 아리스토텔레스의 수사학 '확률성'에 강한 반발을 한 것이다.

페렐만은 같은 학교 동료교수 타이테카(Lucie Olbrechts-Tyteca)와 1948년부터 공동연구를 시작했다. 그들은 철학이 현실적으로 주장을 수용하는 구체적 수용자를 설득하는 데 더욱 많은 관심을 가진다고 했다(http/en. wikipedia/wiki/Chaim-Perelman). 페렐만과 타이데카는 수사학자와의 논쟁에서 '회기적 철학'이 특수한 상황과 특수한 가치의 다원성을 설명하는 것에 의존한다고 봤다. 그것은 사회적으로 구성된 진리에 협조하게 된 것이다.

그들은 제 2차 세계대전 동안 '회기철학' 이론을 폈다. 페렐만은 한 문화에서 도덕적 주장을 합리적으로 증명하는 방법의 문제에 관심을 가졌다. 구체적으로 서구 문명의 생존은 공적 담론의 모델을 발전시키는 것에 달렸다고 믿었는데, 그는 인간 가치, 종교적, 혹은 전체주의 이데올로기 등을 과학적 증명의 표준에 따라 분류하지 않고, 합리적 결정으로 보장할 수 있는 길을 택했다. 즉, 그는 비과학적 방법을 규명하였고, 가치를 포함한 담론을 위해 비신학적 근거를 찾기를 원했다(C. Perelman and L. Olbrechts- Tyteca, 1969; James A. Herrick, 2009: 206).

페렐만은 고대 수사학에서 논쟁과 수용자를 규명하고자 했다. 《새로운 수사학》(*The New Rhetoric*)에서 그는 스피치를 통해 즉각적으로 환기되는 아이디어, 즉 '수용자의 아이디어'에 관심을 가졌다.

페렐만과 타이테카는 신이나, 구체적으로 출현한 진리 같은 절대성의 담보는, 현재 다원주의 사회의 상황에서 중요한 이슈에 대한 논쟁을 보장할 수 없다고 가정한 것이다(James A. Herrick, 2009: 206). 인간의 가치에서 얻어낸 형식적 논리가 행위에 적절치 않은 결과를 가져온다. 그는 그것들보다, 공적 논쟁을 유지하는 과정에서 가치와 정책의 전제가 확실하게 합리적으로 검정되고, 정립될 수 있다고 봤다. 물론 그 과정에서 합리적 장점, 논리성을 결한 것은 수용할 수 없게 된다고 강변했다. 페렐만은 전통 수사학에서 빈번히 강조하는 몸, 이미지, 느낌, 감정 등을 제외시킨 것이다.

페렐만과 타이테카의 특수한 관심은 논쟁의 과정인데, 그들은 수용자를 참여시키고, 신뢰함으로써 아이디어를 검증하려고 했다(C. Perelman and Olbrechts-Tyteca, 1969: 6; James A. Herrick, 2009: 206). 《새로운 수사학》은 일상생활의 담론에서 일반적인 갖가지 형태의 논쟁의 카탈로그이다. 그 책에서는 논쟁의 효과와 예가 열거되어 있다.

그들은 실제 토론에 나타난 것으로 비판적 논쟁의 방법을 발전시키는데 관심이 있었다(Timothy Borchers, 2011: 106). 더 정확하게 말하면 그들의 토론 논쟁 방법은 수용자에게 초점을 맞추는 것이다. 즉, 수사학은 수용자와 논쟁의 개념이 분리될 수 없게 서로 혼합되어 있다. 수용자와의 관계에서 논쟁의 결론을 도출하려고 한 것이다. 이것은 형식적 논리와는 거리가 먼데, 그렇다고 그들이 상징의 의미에 관심이 있던 것도 아니다.

모든 논쟁은 '정신의 고수'(*the adherence of minds*)를 얻으려는 목적을 갖게 되고, 그 사실로 지적 계약(*an intellectual contact*)의 존재를 가정할 수 있다(C. Perelman, 1982: 14; Timothy Borchers, 2011: 106). 페렐만은 수용자를 화자가 그의 논쟁을 통해 영향을 주려 하는 사람의 집합으로 규정함으로써, 그가 가정하는 수용자를 언제나 논쟁과 논쟁의 기술로 준비한 사람으로 간주했다. 즉, 수용자는 능동적 참여를 준비한 사람이다.

이들은 ① 일반적 수용자(*the universal audience*),[1] 즉 모든 일반적, 나

---

1) '일반적 수용자'에게 하는 연설은 예식의 연설(*Epidictic speeches*)인데, 이 연설은 일반적 질서, 자연, 신 등에 호소하는 경향이 있다. 또한 이는 문제가 되지 않거나, 문제될 수 없는 가치를 선사한다. 예식의 연설은 화자가 주로 교육자이다(Perelman and Olbrechts-Tyteca, 1969: 51).

이든 사람일 수 있다. 언제든 논쟁의 합리적 판단이 가능한 사람들이다, ② 수용자로서의 가담자(*interlocutor*)는 의견과 가치가 중요하게 부각되는 특수한 수용자(*particular audiences*), 즉, 화자의 대화에 관심을 가진 사람이다, ③ 이 수용자는 주체 자신(*the subject himself*)을 표출하는 사람인데, 그는 논쟁이 합리적일 수 있는지 테스트하는 사람이다. 그는 자신의 행동을 옮기기 위해 자신의 합리성을 토론하고, 부여할 수 있는 사람이다(James A. Herrick, 2009: 207).

수사학은 분명 의미 있는 수용자에게 연출하는 방법을 가르치는 것이 아니라 수사학의 실험을 위해 구상되는 것이다(Timothy Borchers, 2011: 106). 즉, 수사학은 일반적으로 사실, 진리, 가정 등 '실제'(*real*)를 논쟁하고, 다른 것은 선호하는 것에 대한 논쟁을 한다. 잘 정리된 사실에는 누구나 합리적으로 공감할 수 있다. 실험적·귀납적 과학의 당파성에의 중요성은 사실(*facts*)의 확증을 원하지만, 진리만큼 중요하지는 않다(C. Perelman and Lucie Olbrechts-Tyteca, 1969: 2).

선호에 대한 논쟁은 그가 선호하는 집단에 대한 논의가 될 수 있고, 자신의 선호에 대한 논의가 될 수도 있다. 어떤 정책이든, 윤리적 문제이든, 다원주의 사회에서는 자신의 선호에 의한 논쟁은 당연히 합리적 과정과 논쟁에서 끝을 맺어야 한다. 그 과정에서 이성의 성격으로서 '자기명증성'(*self-evidence*) 아이디어가 중시된다(C. Perelman and Lucie Olbrechts-Tyteca, 1969: 3). 자기명증성은 모든 일상적 정신이 표출되어야 하고, 그것이 강압적으로 적용되려면 진리의 징조가 인지되어야 한다. 또한 자기명증성을 통해 논쟁의 이론에서 자기 자신의 행위를 인도하고, 다른 사람에게 영향을 주는 이성의 사용을 인지하게 된다. 이것은 논리를 가진 심리적인 것과 연관이 된다. 자기명증성은 내적·외적 경험, 자기 성찰과 더불어 과거의 수용된 행위 규칙 등을 포함한다.

이 논쟁에서는 이성에 강제된 논의보다, 항상 '임장감이 강조된다. 스피치에서 더욱 강조되는데, 화자는 그렇더라도 자기의 세계관을 표출한다. 더욱이 임장감의 설정은 어떤 아이디어와 사실이 다른 것을 넘어 강조하는 것을 선택하고, 수용자가 거기에 참여하는 것을 독려한다(James A. Herrick, 2009: 210). 물론 직접 참여는 추론의 합리적 선택을 방해하며, 음성과 관찰로 감각이 작동할 수도 있다. 수사학 실천자는 논쟁에 참여할 때 적절한 사실을 제시해야 하고 아이디어에는 진실성의 경험이 있어야 한다.

수사학자는 논리성을 뒷받침할 원리와 원칙을 요구한다. 20세기 자연과학과 사회과학자들은 과학의 속성상, 선동적 성격을 가진 수사학을 의도적으로 거부하는 경향이 있다. 원칙이 없는 수사학은 감정을 통제하지 못하는 수용자를 설득하거나, 조작하거나, 선동할 수 있다.

어떤 특수한 교육을 받은 사람이 어떤 원리로, 철저한 과정을 통해 논쟁을 검증할 필요가 있다. '자기 숙의하는 주체'(*the self-deliberating subject*)는 일반적 수용자의 각인으로 강화될 수 있다. 개인은 사적 개인으로 인지되더라도, 언제나 이성과 합리성의 잣대가 필요하다. 주체는 특수한 결정을 정당화시킬 합리적 논쟁을 필요로 한다. 특수한 논쟁의 과정에서 가담자에게는 독특한 합리성이 요구된다. 수사학은 어떤 학문 커뮤니티에서 승인할 수 있는, 더 정밀한 과학을 요구하게 된다.

'자기 토론 주체'가 자신의 사고를 언어로 표출하고, 언어는 인간의 상호작용에 영향을 준다. 어떤 다른 요소보다 수사학에서 언어는 중요하게 부각된다. 또 다른 연구자는 논쟁과 수용자 같은, 단순 규정한 요소에 초점을 두기보다, 수사학의 문화적 상황과 일반적 구조 그리고 서사구조 같은 큰 이슈를 강조했다(James A. Herrick, 2009: 224).

화자는 토론과 논쟁을 시도하는 동안 자신을 공개하고, 청자는 태도를 변화시킬 준비를 해야 한다. 즉 서로 간의 유연성이 확립될 필요가 있다. 그들은 가치 판단의 논리를 근거로 해서 토론을 통해 서로 수렴하거나, 반응한다. 화자와 수용자가 공통적 가치(*common values*)를 창출한다(C. Perelman and Olbrechts-Tyteca, 1969: 496). 결론적으로 페렐만과 타이테카는 다원주의 상황에서 각자의 가치가 논의되는 공론의 장을 탄생시킬 근거를 마련했다.

25

버크의 수사학적 언어

버크(Kenneth Burke, 1897~1993)는 수사학에 기본의 되는 '삶의 도구'(*equipment of living*) 언어에 관심을 가졌다. 언어는 위계질서 안에서 많은 외관이 표출되고, 어떤 질서(*order*)를 형성한다. 그리고 자연, 사회, 언어, 노동의 분업 등 이런 모든 것으로부터 위계적 동기가 필연적으로 발생된다(Kenneth Burke, 1969: 333).

개인의 동기는 언어로 표출되고, 자신 안에 어떤 사악한 특성을 상징화하려는 요구가 있음을 우리는 시(詩)에서 쉽게 인지할 수 있다(Kenneth Burke, 1969: 12). 시에서 개인은 자신의 마음과 모습을 동일시하고, 그 특성에 의해서 형성된 것이 그의 삶을 대표하게 된다. 우리는 시를 통해 그 창작자의 내면세계를 알게 되는 것이다. 개인의 특성이 시의 언어를 통해서 표출된다.

이처럼 인간에게 상징은 상당히 중요한 부분으로 부각된다. 버크는 수사학의 상징에 관심을 가졌고, '상징 사용'(*symbol using*)과 '상징을 사용하지 못하는' 동물(*symbol mis-using animal*)로서 인간을 논했다. 인간은 '합리적 동물'이라는 것을 비합리성의 동기에 감염된 것으로 본 것이 아니라 완전성을 합리성의 질서에 둔 것이다(Kenneth Burke, 1969: 14). 그렇다면 그 합리성은 말과 논리에 표출되어야 정당하게 된다.

같은 맥락에서 버크는 상징의 정확한 사용이 정확한 질서를 확립하고, 잘못된 사용은 '허위의식의 이데올로기'를 창출하게 된다고 했다. 그렇다면 언어는 인간의 상호작용에서 더욱 강력한 힘을 발휘하게 된다.

금세기 으뜸 언어 수사학자로서, 버크는 수사학 언어 자체의 기본적 기능에 뿌리를 두었다(Timothy Borchers, 2011: 144). 그는 설득보다 정체의 확인에 더욱 관심을 가졌다. 그러나 전통적 수사학은 '정체의 확인'(*identification*)이 아니라 설득으로 간주했다.

버크는 '정체의 확인'이 어떤 자체의 실체로서 독특성을 지니고, 그 자체로서 특수한 구조의 한정된 단위를 형성한다고 봤다(Kenneth Burke, 1969: 21). 말하자면 그는 언어를 통한 정체의 확인에 관심을 가진 것이다(Kenneth Burke, 1969: xiv).

그에 의하면 수사학의 지식은 ① 상징의 수단으로 우리 자신과 커뮤니티를 규정하고, ② 상징을 해석하는 일로, 의미 성격을 이해하고, ③ 인간의 동기와 행위를 이해하도록 한다(James A. Herrick, 2009: 227).

《동기의 수사학》에서의 난해한 그의 언어 기능은 전적으로 현실적이며, 상징 수단으로 언어의 사용을 계속적으로 새롭게 정리했다. 그 구체적 내용을 보면 버크는 언어와 다른 상징을 수사학 이론의 중심에 두었다. 상징 자체가 사람들을 설득할 수 있는 도구가 된다. 버크에게 인간의 가장 심각한 문제는 소외되고 분리되는 것인데, 수사학이야말로 자기 정체성을 확립할 수 있게 하고, 분리된 인간의 문제를 풀 수 있게 해줄 것으로 봤다(James A. Herrick, 2009: 225). 언어를 통한 수사학이 인간 해방에 근거를 제공한다.

버크의 수사학 이론은 극화주의(*dramatism*)이고, 이 연구는 언어와 다른 상징체계가 우리가 살고 있는 수사학적 세계를 어떻게 창조하는 것인지에 관한 것이다(Timothy Borchers, 2011: 144). 예를 들면, 극화라는 용어는 그 자체가 가진 가능성은 낮지만, 전체적 동기의 형식에서 어떻게 표출되든지, 이 기법을 사용함으로써 더 많은 상상력을 제공한다. 그러나 우리가 하나의 가닥, 편향, 요지로 복잡성을 줄일 때, 모든 중요한 변인이나, 규정을 제외시킨다(Kenneth Burke, 1969: 5). 그때 모든 일방향적 일반적 원리가 명료한 지배적 동기로 엮인다.

여기서 극화주의는 커뮤니티를 창출하고 유지하는데 이때 언어의 기능이 어떤 방향으로 작동한다. 극화주의는 철학적 영감의 원천인데, 다양한 범위의 극화주의는 수사학 관점에 기여한다는 것이다. 수사학은 정체성, 죄의식, 동기와 관련을 맺고 있고, 극화주의자는 '이야기 패러다임'(*the narrative paradigm*)과 '상징적 통합 이론'(*symbolic convergence theory*)을 시도하게 된다(Timothy Borchers, 2011: 144). 버크는 수사학의 목적이 언어를 통해 소외와 경쟁 사회에서 서로 분리된 개인을 통합하는 것이라고 보았다.

극화주의는 수사학의 성격과 그 암시를 이해할 수 있게 한다(Timothy Borchers, 2011: 149). 그는 동작(*motion*)과 행위(*action*)를 분리했는데, 동작은 비일상적이고, 행위는 상징, 혹은 수사학에 기초를 둔다. 나무의 성장은 단순히 생물학적인 동작의 형태이다. 우리가 '나무'라고 하면 언어 창작은 행위의 형태이다. 규정함으로써 개인은 행위할 수 있다. 좀더 자세히 동작과 행위에 대해 이야기하면 ① 동작은 행위를 수반한다. 우리가 말할 때 상징적 행위를 하고, 생각할 때 뇌 활동을 독려하여 말을 하게 한다, ② 행위 없는 동작이 존재한다. 이것은 나무의 성장에서 볼 수 있다. 바닷물의 흐름과 해가 뜨고 지는 것은 행위를 요구하지 않는 운동의 예이다, ③ 행위는 동작을 축소할 수 없다. 개인이 책을 읽을 때, 운동은 메시지 창출에 기여한다. 개인이 컴퓨터 키를 누르면, 단어가 기계적 움직임, 혹은 운동을 통해 컴퓨터 스크린에 나타난다(Kenneth Bucke, 1968: 447; Timothy Borchers, 2011: 149).

이러한 과정에서 행동은 선택을 요구한다. 인간은 어떤 상징을, 어떻게 사용할지 선택한다. 수사학은 인간이 행위를 하도록 기회를 제공하므로, 도덕적 규칙과 법은 행위 선택을 돕기 위해서 존재한다. 수사학은 도덕적 선택을 하도록 하고, 그 결과로 사회적 체제의 부분 부분이 질서를 형성하도록 한다.

버크는 아리스토텔레스 이후, 수사학, 문학, 사회비평에 큰 충격을 가져다준 사람이다. 그는 75년 일생에 18권의 책과 많은 논문을 발표했고 인류학, 언어학, 종교학, 수사학, 문학, 역사학, 경제학, 철학, 정치학 등 많은 분야에 현저한 업적을 남긴 사람으로 기록되었다. 어떤 한 학문에 정착하지 못하는 성격을 갖고 있었으나 그 결과 그의 아이디어는 한 학문의 영역에 머무르지 않고 경계를 넘나들었으며 그 당시 주류 이론에 반대하는 언급도 하게 되었다.

버크는 펜실베이니아 피츠버그 출신이었다. 그의 학력은 피바디 고등학교(Peabody High School), 오하이오주립대학(Ohio State University, 1학기), 컬럼비아대학(Columbia University, 1916~17) 등에 수학한 정도이다. 그는 작가가 되기 위해 학교를 그만두었다. 대학학위를 갖고 있지 않았으나, 라틴어, 프랑스어, 독일어를 자력으로 학습했고, 그것을 바탕으로 대가의 문학을 섭렵했다. 버크는 전 생애 동안 셰익스피어의 해석자였다(http/en. wikipedia. org/wiki/Kenneth-Burke).

그는 뉴욕의 그리니치빌리지에서 아방가르드 작가(*avant-garde writers*) 생활을 하면서, 문학잡지 〈다이얼〉(*The Dial*, 1923)에 기고를 많이 했다. 그곳에서 그는 총괄 편집자로 1929년까지 근무하고, 시카고대학, 베닝톤대학, 프린스턴대학, 인디애나대학, 드류대학, 펜실베이니아주립대학, UCSB, 하버드대학, 피츠버그대학 등에서 강사로 일했다. 그는 문학을 바탕으로 전공학문의 경계를 넘어 다녔다. 강한 인문학을 바탕으로 예술과 과학 그리고 사회현상과 정책을 논의한 것이다.

그는 《역 언급》(*Counter Statement*, 1931), 《영원성과 변화》(*Permanence and Change*, 1935), 《역사를 향한 태도》(*Attitudes Toward History*, 1937), 《동기의 문법》(*A Gramma of Motives*, 1945), 그리고 수사학으로 인

기를 얻은 《동기의 수사학》(*A Rhetoric of Motives*, 1949), 《종교의 수사학》(*The Rhetoric of Religion*), 《동기의 상징》(*Symbolic of Motive*) 등을 집필했다. 또한 그는 시, 단막극, 음악적 서정시 등을 썼다.

버크는 두 번의 결혼생활 끝에 다섯 아이를 두었는데, 그의 손자 중 해리 쇼팽(Hary Chapin)은 버크의 시 〈어두운 계곡에서 만난 불빛〉(*One Light in a Dark Valley*)에 곡을 붙였다. 물론 그의 관심은 수사학에 있었다. 상징의 정치적 사회적 권력은 전 생애에 동안 버크 연구의 중심이었다(http/en. wikipedia. org/wiki/Kenneth-Burke). 《동기의 문법》에서 그는 전쟁을 '정화'(*purification*)로 간주하고, '순수'로 전쟁의 제거(*elimination*)를 독려했다.

그는 자신의 수사학 연구는 "인간을 이해하는 것에 도움을 주는 것인데, 인간이 하고 있는 것을 말하고 왜 그들은 그것을 하고 있을까를 말할 때 참여하는 것이다"라고 했다(http://en. wikipedia. org/wiki/Kenneth-Burke). 그는 그러한 분석을 극화주의로 불렀고, 언어의 분석과 사용에서 그러한 접근은 갈등, 협력의 덕성과 위험함, 정체성과 동일체의 기회 등 기초를 이해할 수 있도록 했다.

버크의 초기 관심은 상상적 작품의 미학에 있었다(Herbert W. Simons, 2004: 153). 1930년대에서 40년대에 그는 언어의 수사학적, 드라마적, 변증법적 개념으로 활동영역을 크게 확장시켰다. 언어는 상징행위로 그 지배 안에서 모든 삶과 문학을 규정지을 수 있었다. 버크에게 언어는 생각하는 것과 아이디어 표출을 가능하게 하는 보고였다. 그는 언어의 미학에 관심을 가진 것이다.

상징들은 우리에게 세계를 감지하게 하는 스크린의 일종이고, 지적 눈금이 된다. 그는 언어와 이데올로기 사이의 관계를 이해하려고 했다. 버크에게 언어는 현실을 단순히 반영하는 것이 아니라, 현실을 축소시키거나 현실을 선택하게 하는 것이다(http/en. wikipedia. org/wiki/Kenneth-Burke). 즉, 개인은 '언어'[2] 선택으로 숨기거나 나타내고, 확장하거나 축소하고, 단순화하거나 복잡화하고, 높이거나 축소하거나, 연결하거나 분산한다. 언어로 사회 현상의 설명이 가능하게 된다.

버크는 언어를 통한 수사학에 학문의 단초를 제공한 것이다. 인간은 상징을 사용하는 동물이고, 현실은 우리에게 실제로 축적된 것이 아니라, 단지 상징체계로 행동할 뿐이다. 즉, 인간은 상징을 창출하고, 사용하고, 오용하는 능력을 가졌다. 우리는 사람, 장소, 객체 그리고 사건을 어떤 다른 것, 즉 상징으로 표현한다(Timothy Borchers, 2011: 146).

어떤 상징의 이름은 중립적 기술이 아니라, '신비적 기술'(*a magical art*)이다. 움직임(*motion*)은 상징이 아니지만, 행위(*action*)는 상징에 기초한다. 누구나 상징을 사실과 접근시키고, 임의성을 가능한 제약한다. 버크는 인간 소외의 상황을 '전투'(*warfare*)로 불렀고, 전투의 제거 쪽으로 그의 작품을 집중시켰다(James A. Herrick, 2009: 226).

---

2) "언어는 현실에 반응하는 것이 아니라, 현실을 선택한다. 언어는 진리, 경험, 아이디어를 묘사하는 것뿐 아니라, 어떤 것과 다른 사람을 일별하게 지시한다(Language does not 'reflect' reality, it 'selects' reality. Language does not just describe truths, experience, or ideas. Rather, it directs us to look at some things and overlook others)."(James A. Herrick, 2009: 228). 이 말은 프랑스 작가 파스칼(Blaise Pascal)이 쓰는 말이다. 버크는 《상징적 행위로서의 언어》(*Language as symbolic Action*)에서 이를 집중적으로 다뤘다(p. 228). 이 사고는 수사학을 통해 세상을 구성하는 방법을 서술했다. 《동기의 문법》은 인간 동기의 수단에 더욱 관심을 가진 영역이다. 5개의 요소는 행위(*act*), 장면(*scene*), 행위자(*agent*), 행위기구(*agency*), 목적(*purpose*) 등인데, 이것은 수사학의 도구이었다. 여기서 ① 행위는 어떤 것을 하는 것, 이미 한 것, ② 장면은 행위의 위치, 상황이며, 배경이다, ③ 행위자는 행위를 수행하는 사람인데, 그 사람은 합리적이고 선택을 할 수 있는 사람이다, ④ 행위기구는 행위자가 행위를 수행하는 데 필요한 수단이고, ⑤ 목적은 행위를 위한 이성, 의도된 목적 등이다(p. 229). 이들은 언어로 표현되고, 그 언어에는 각 요소의 '단순한 움직임'이나, '의도된 목적적 행위'가 있다. 여기서 각 요소와 그 요소들의 융합을 바탕으로 수사학이 이뤄진다. 그 구체적 형식(*form*)으로 삼단논법(*syllogistic*), 반복적 형식(*repetitive form*), 전통적 형식(*the status of a conventional form*), 반사나 돌발적 형식(*mirror or incidental form*) 등이 있다(p. 232).

인간은 소외에 경쟁으로 상징적 행위를 계속한다. 상징적 행위의 의미는 정체성과 분리되기도 하고, 투쟁과 긴장 등을 포함한다. 수사학은 다름 아닌, 가장 특정적인 인간 행위이고, 상징적 행위다. 자기 파괴를 피하려는 우리는 이에 가장 큰 희망을 갖게 된다. 상징적 상호작용을 통해 우리는 얻을 수 없는 완성 쪽으로 계속 압력을 가한다. 수사학은 협력 그리고 궁극적으로 평화로 인간을 움직이게 한다.

버크는 1945년 《동기의 문법》에서 경쟁과 갈등(*bellum purificandum*)의 전투 제거를 주장했다. 즉 개인은 '만인에 대한 만인의 투쟁'으로부터 탈출이 가능하게 된다.

관련 개인은 다른 사람과 정체성을 나눔으로써, '일체화'를 이룰 수 있다. 수사학 때문에 우리는 분리와 갈등을 경험하고, 위계(*hierarchy*)로 사람 사이에 차별을 증진시킨다. 질서의 비질서화된 구조가 사회 병리를 유발한다. 대부분의 사람들은 그 질서에 불만을 품고, 갈등과 분리를 시도한다.

분리를 극복하기 위해 우리는 다른 사람과 나눔과 일체화를 시도한다. 진정한 수사학은 수용자의 선택을 증가시키고, 그들과 협동 및 일체화를 시도한다. 수용자는 그 과정에 최대한 참여한다. 아리스토텔레스는 착상을 통해 수용자를 설득하나 버크는 수용자 구성원이 화자와 일체화를 이루도록 설득한다(Timothy Borchers, 2011: 151). 여기서 설득은 다른 사람을 설득하기 전에, 자신의 잠재의식에 근거한 설득의 가능성이 중요하다. 물론 일체화의 수사학은 자기 설득의 정도를 포함한다. 수사학은 다름 아닌, 화자와 청자의 '상호교차'(*intersection*)에 의존한다.

다른 신비스러운 일은 상징을 사용함으로써 개인은 일체화를 경험할 수 있게 되는 것이다(Timothy Borchers, 2011: 150). 한편 시적 상징은 다른 사람의 신비를 줄임으로써, 서로가 일체감을 갖게 된다. 정치인은 유권자와 분리되는 경험에 대해서 이야기한다.

물론 수사학은 합리적 이성을 부여하는 것, 이성의 장소에 감정과 정서로 호소하는 것이 있다. 또 다른 것은 협력의 경쟁적 사용으로서 수사학이 있는데 이것은 다른 사람을 위하여 혹은 자신을 위하여 수사학을 통해 장점을 추구한다(Herbert W. Simons, 2004: 157).

수사학은 인간행위와 그들의 상황을 형성하고, 변화시키기 위해 상징을 사용하는 것이다(James A. Herrick, 2009: 226). 버크는 초기 수사학의 지식(상징)이 인간 사회와 개인 생존의 양식의 이해를 돕는다고 봤다.

물론 우리가 쓰는 말은 전혀 중립적이지 않아서 수사학은, 우리가 살고 있는 상징의 세상을 탈출할 수 없다(Timothy Borchers, 2006: 152). 우리가 상황을 플레임하기 위해 사용할 수 있는 전략은 동기나 상황에 기초를 둔다. 버크는 상황(*situation*)은 다른 말로 동기(*motives*)라고 했다(Kenneth Burke, 1973: 20; Timothy Borchers, 2011: 150).

동기는 어떤 극화된 사회를 만들어낸다. 물론 그 과정에서 정체성 확인은 분리를 뜻한다. 우리는 그 분리된 현실을 수사학을 통해 사회화시키고, 당파성을 조장하게 된다(Kenneth Burke, 1969: 45). 개인은 분명 수사학을 통해 세계를 보는 일반적 방법을 형성하게 되고, 수사학의 교환에서 개인은 일반적 기대와 의미의 주관적 세계 양자를 창출한다. 이런 상황에서 '상징적 수렴이론'이 가능하게 된다.

26

하버마스의 공론장 형성

하버마스(Jürgen Habermas, 1929)는 비판 이론과 화용주의의 전통의 독일 사회학자이자 철학자였다. 그는 '합리적 담론의 상황'(*the conditions of Rational discourse*)에 관심을 가졌다. 그는 '소통의 합리성'(*communicative rationality*)과 '공론장'(*the public sphere*)으로 학계에 신선한 충격을 가져왔다. 여기서 공론장의 주체는 여론의 담지자로서의 공중(公衆, *Publickum*)이다(Jürgen Habermas, 1962/2004: 62). 그들은 비판적 이성을 갖고, 공개적 장소에 참여한다.

하버마스는 공론장에서 인간가치의 문제로부터 합리적 담론의 상황을 추구하기 시작했다. 일반적 화용론(*universal pragmatics*)의 목적은 공개적이고 공정한, 윤리적 그리고 합리적 담론인데, 이것은 지배로부터 인간의 해방에 목적을 둔다(James A Herrick, 2009: 241).

프랑크푸르트학파(the Frankfurt School)의 전통을 발전시킨 하버마스는 맑스의 비판이론과 프로이드 심리학에 영향을 받았으며, 정치적 붕괴, 범죄, 계급의 전쟁, 인간의 공포에 관한 주요 문제를 다루었다. 다양한 주제를 통해 그는 현재 물신화된 여론(*sensus communis*)을 비판하고, 합리적 수용을 독려했다. 개인은 공론장에 참여하여 사적 의견을 개진하고, 그 의견을 공적 의견으로 승화시킨다. 이 과정에서 변증법적 방법론이 설득을 얻는다. 그는 변증법을 통해, 수사학의 영역을 철학의 영역까지 끌어올린다.

하버마스는 현대에 산적한 문제를 해결할 공론장을 언급했다. 그는 '이상적 스피치 커뮤니티'(*ideal speech community*) 상황을 언급하면서 그 궁극적 목표를 '자아의 해방'(*emancipation of the self*)에 두었다(James A. Herrick, 2009: 239).

하버마스는 지금까지 수사학에서 논한 언어의 영역에서 멀리 떨어져 있는 게 사실이다. 그는 의식 패러다임의 퇴조에 대응한 언어 패러다임의 명확한 이전이었다(Jürgen Habermas, 1981/1984: ix). 그의 언어는 구문론이나, 의미론으로서의 언어가 아니라, 언어의 사용과 스피치에 중점을 둔 이론이었다. 그는 언어를 통한 인간 지식의 원천에 대한 비판으로 논의를 시작했다. 그의 비판적 작품은 기능적 비전에 의한 것으로서 서구 철학의 합리적 전통에 기초를 두고 있다.

하버마스의 '합리적 사회'(*rational society*)는 합리적으로 해방된 개인의 초석으로 설립되었는데, 평등하게 서로가 참여를 독려하며, 강압되지 않는 동의와 도덕적 행위를 하도록 구상되었다(James A. Herrick, 2009: 239). 이 사회에서 개인은 해방의 결과로 넓은 범위의 의견을 교환함으로써, 더 큰 정도의 선택과 자유를 허용 받게 된다.

그러나 실제 현실사회는 권력과 허위의식의 이데올로기로 점철되어 '비판적 수사학'(*critical rhetoric*)이 요구된다. 공론장에서의 수사학은 정당한 권력의 의사소통적 창출이고, 다른 한편으로는 체계의 명령에 대한 대중의 충성, 수요 및 '순종'을 조달하기 위한 여론매체 권력의 조작적 이용이었다(Jürgen Habermas, 1962/2004: 50). 후자는 '생활세계'(*the life-world*)를 식민화시켰다. 그는 체계의 세계로부터 원초적 공론장의 복원을 염원한 것이다.

하버마스는 공론장과 비판 수사학을 이야기한다. 민주주의를 보장하기 위해, 혹은 공론장의 복원을 위해 하버마스의 '생활세계'와 체계 사이의 차이를 살펴보자.

인간사회는 두 가지 영역이 상호작용한다. 우선 체계는 돈과 권력이 지배하고 자본가의 이익에 코드를 맞춘 기업, 상업, 정부 등이 그 영역이다. 한편 체계에 적대되는 생활세계는 체계의 다른 편에 존재한다. 그 영역은 상식(*sensus communis*)이 작동하는 인간 삶의 영역, 상호 작용이 가능한 영역, 즉 가족과 친구 등이 공감하는 영역이다. 그러나 하버마스는 체계가 생활세계를 식민지화함에 따라, 개인은 사회체계 안에서 더 많은 시간을 보내고 가족, 친구와의 관계를 최소화시킨다고 보았다. 하버마스는 민주주의가 방해를 받는 체계의 세계로부터 개인의 생활세계로 해방되기를 원했다.

하버마스는 자신의 성장기부터 체제의 강압을 경험했다. 그는 라인 지역의 뒤셀도르프(Duesseldorf)에서 태어났다. 그의 아버지 에른스트 하버마스(Ernst Habermas)는 나치 밑에서 콜로그네 산업과 통상실 실장(*executive director of the Cologne Chamber of Industry and Commerce*)으로 근무했다. 어릴 때, 히틀러 청년(the Hitler Youth)에 참여했으나, 제 2차 세계대전 마지막 달 나치와 갈등관계를 일으켰다. 제 2차 세계대전 당시 하버마스는 연합국 측의 국제 군인 재판인 뉘른베르크 재판(*Nuremberg Trials, Nürnberg Prozesse*; 독일의 전범과 유태인 학살 관련자 재판)을 지척 거리에서 목격했다. 그는 그 사건을 목격한 후 히틀러 집단의 전체주의적 교육을 비판하기 시작했다.

그는 괴팅겐(Goettingen), 취리히(Zurich), 본(Bonn)에서 철학, 역사, 경제를 공부했다. 교육과정에서 비트겐슈타인(Ludwig Wittgenstein), 베버(Max Weber), 뒤르켐(Emile Durkheim) 등 연구자들에게 많은 영향을 받았고, 본대학에서 박사학위를 받았다. 그의 논문은 "셸링의 사고에서 분파주의에 관한 절대성과 역사"(The absolute and history on the schism in Schelling's Thought)였으며, 그 후 가장 왕성했던 1960년부터 1970년 사이에 하이델베르크 · 프랑크푸르트대학에서 철학과 사회학을 가르쳤고, 그 당시 막스플랑크연구소(Max Planck Institute)의 소장을 역임했다.

호르크하이머(Max Horkheimer)와 아도르노(Theodor Adorno)는 그에게 영향을 준 인사였다. 하버마스는 '프랑크푸르트 사회조사연구소'(The Institute for Social Research in Frankfurt, of the Frankfurt School)에서 아도르노의 조사보조 일을 했다. 그는 1994년 퇴직할 때까지 하이델베르크대학(the University of Heidelberg), 프랑크푸르트 마인 캠퍼스(Frankfurt am Main), 스타른베르크 막스플랑크연구소(The Max Planck Institute in Starnberg), 뉴스쿨 사회조사연구소(The New School for Social Research in New York), 프린스턴대학(Princeton University), 캘리포니아대학 샌타바바라캠퍼스(The University of California Santa Barbara), 프랑크푸르트대학(The University of Frankfurt)에서 교편을 잡았다.

그는 프랑크푸르트학파가 제안한 민주적 정부에서 과학과 기술의 영향력을 문제 삼아 비판이론을 옹호하기 시작했다. 하버마스의 주요 저서는 《이론과 실천》(*Theory and Practice*, 1971), 《커뮤니케이션과 사회의 진화》(*Communications and The Evolution of Society*, 1976), 《의사소통행위이론 1, 2》(*The Theory of Communication Action Volume* 1, 2, 1984, 1987) 등이다.

하버마스는 진리와 거짓, 옳고 그른 것 사이에 차별화의 정당성을 논의했다(Jürgen Habermas, 1973: 7; James A. Herrick, 2009: 239). 그러나 어떻게 그 주장이 다른 것보다 더욱 진실하다는 것을 알 수 있을까? 개인은 커뮤니케이션 자체의 과정을 통하여 한 주제를 증명하고, 논쟁의 주체로서 주관성을 갖게 된다. 이런 커뮤니케이션 과정을 통해 그 주제는 합리성을 갖게 된다.

물론 하버마스의 해설은 주로 커뮤니케이션의 합리성(*communicative rationality*) 이론에 의존했다(Jürgen Habermas, 1981/1984: xx). 그것은

특히 내적 합리성에 연계됨으로써 발화 행위가 자연적으로 생기게 되는 합리적 연계 힘의 아이디어이며, 외적 힘이라기보다 내적 심리에 기초한 '간주간적 인지'(*intersubjective recognition*)의 과정으로 이뤄진다.

여기서 논한 커뮤니케이션의 합리성은 신비적이거나 종교적인 세계의 명증성의 주장에 체계적으로 문제를 제기하고 검증할 필요가 있다. 또한 허위의식의 이데올로기 비판은 하버마스 합리성 사회의 진화에 중심이 된다(James A. Herrick, 2009: 239). 그는 허위의식이 자리하는 비합리성의 사회를 비판한 것이다. 허위의식으로 허위 사고를 갖게 되고, 그것은 결국 사회체계를 왜곡하게 된다.

커뮤니케이션 행위는 스피치가 진리의 범주, 적절성, 진정성을 나누게 되고, 이들 덕목은 방해 받지 않는 커뮤니케이션 과정에서 일어나게 된다(Susan Wells, 1996: 103; James A. Herrick, 2009: 240). 커뮤니케이션에서의 그의 관심은 모든 자유와 공개된 인간의 상호작용이 타고난 합리적 특성의 신뢰를 강조하는 것이다.

하버마스는 18세기 프랑스의 살롱 전통과 합리적 담론에 관심을 가졌다(James A. Herrick, 2009: 240). 당시 부르주아 개인은 공개적 토론을 통해 숙의 민주주의를 시도하였는데, 18세기 '부르주아 공론장'[1]은 시민사회의 등장과 함께 성장한 것이다. 사적 시민들은 함께 자발적으로 참여하여 공중을 형성하고, 공론장을 통해 개인의 권리를 인식하고, 요구하기에 이른다. 하버마스가 구상한 초기 공론장은 사적 시민의 삶과 정부 사이에 존재하는 것으로 간주되었다(Timothy Borchers, 2011: 187).

1) 초기 '부르주아 공론장'은 이렇게 발전되었다(Jürgen Habermas, 1962/2004: 102). 즉, '도시' 우위는 영국과 프랑스에서 매우 다른 점을 보임에도 불구하고 동일한 사회적 기능을 맡았던 새로운 제도들로 더욱 공고하게 된다. 그것은 바로 1680년과 1730년 사이에 번창했던 커피하우스(*coffee house*)와 섭정시기, 혁명 사이 기간의 살롱(*salons*)이다. 이곳은 영국이나 프랑스에서 처음에는 문예적 비판의 중심지였으며 후에는 정치적 비판의 중심지가 된다(Jürgen Habermas, 1962/2004: 102).

공론장은 중요한 이슈에 관해서 정부에 충고하기 시작했다. 그들은 왜곡되지 않는 체계를 형성한 것이다.

물론 초기 살롱의 상황은 '문예적 공론장'으로 자유와 평등의 담론이 실천되는 장소로서 구성적 비판주의 관점을 유지했다. '비판적 수사학'은 기존사회의 지배를 비판했다. 즉, 공론장은 돈과 권력의 지배로부터 생활세계를 지키기 위한 해방의 공간이다. 하버마스는 《공론장의 구조변동》(*Structural Transformation of the Public Sphere*, 1962)과 《합리적 사회를 향하여》(*Toward a Rational Society*, 1970) 등에서 합리적 담론의 계발이 필요한 상황을 탐험했다(James A. Herrick, 2009: 240).

그러나 현대로 넘어오는 사이, 대략 1세기 전부터 부르주아 공론장의 사회적 기초가 다시 해체되기 시작했다(Jürgen Habermas, 1962/2004: 65). 공론장에서 다루는 뉴스 등 자체가 상품이 되면서 영리적 뉴스 제공은 시장의 법칙과 동일한 법칙에 종속되었다. 체계가 생활세계를 공동화(空洞化)하기 시작한 것이다. 공론장의 영역이 계속해서 대규모로 확장되었으나, 그것의 기능은 더욱더 무력화되었다. 그렇더라도 공론장은 여전히 우리 정치질서의 조직 원리로 작동한다(Jürgen Habermas, 1962/2004: 87).

하버마스는 원론적으로 합리적 '공론장'의 상황을 공개하였으며, 모든 사람이 그 아이디어에 관심을 갖도록 하고, 토론하고, 정제했다. 하우저(G. Hauser)는 "개인과 집단이 상호 관심의 문제를 토론하기 위해 협력하고, 그들 문제에 대해 가능하면 일반적 결론에 도달할 산재된 공간이다"라고 공론장을 규정했다(G. Hauser, 1998: 21; James A. Herrick, 2009: 240). 그곳에서 정치, 사회, 문화의 문제는 일반적 용어들로 공개되고 합리적 토론이 이뤄진다. 그곳에서는 언어를 통해 다른 사람을 지배하기보다는 공정하고, 합리적인 교환의 대화를 모색한다. 부르주아 여론(*sensus communis*)이 복원되는 것이다.

당연히 그곳에서 관심과 지식을 논할 사람 사이에 수사학이 진행될 전망이다. 공론장에서 정부의 일들이 논의된다면 정부는 왜곡되지 않는 공적 기능을 수행할 수 있다. 물론 공론장이 형성되려면 커뮤니케이션 능력을 가져야 한다(James A. Herrick, 2009: 240). 그 능력은 "① 진정한 주장이 화자와 청자에 의해서 나눠져야 한다. 화자는 청자와 유사한 열정을 가진다. ② 청자는 화자의 의도를 이해하고, 수용해야 한다. 진실성 있는 주장 아래서, 능력 있는 청자는 동기의 작동을 시도한다, ③ 화자는 청자의 세계관을 수용한다. 이것은 몇 세기 동안 수사학 사고의 핵심 부분이었는데 이 말은 수용자의 적응에 관심을 갖는다는 뜻이다"(Sonja K. Foss, Karen A. Foss, Robert Trapp, 1991: 241~272; James A. Herrick, 2009: 241) 등에서 실현된다.

공론장에 비판적 수사학 담당자로서 사적 개인이 참여한다. 그 과정에서 하버마스는 정치적으로 논의하는 사적 개인들이, 절대주의 지배에 대항해 비판을 제기하는 과정에서 자신을 비정치적이라 생각하게 된다고 했다(Jürgen Habermas, 1962/2004: 197). 수사학에 복합적 요소가 가미된 것이다.

여론은 도덕의 이름으로 정치의 합리화를 시도한다. 18세기 정치철학의 아리스토텔레스의 전통, 즉 '사회적'(*social*) 이라는 말이 복원된다. 즉, '자연' 및 '이성' 결국 '사회적인' 영역까지 복원이 가능하게 된다.

공론장에서 또 하나의 사고가 등장한다. 물론 이성의 공적 사용을 위해서는 언제나 개인이 자유로운 상태를 유지해야 한다. 자유로운 개인은 공론장에서 만나게 된다. 여기서 그의 이념형적 스피치 구도인 '간주간성의 형식'(*the intersubjective orientation*) 이 구현된다. 하버마스는 상호, 비강압적 커뮤니케이션 구조에 관심을 가졌다. 공론장과 더불어 합리성과 담론은 《커뮤니케이션 행위 이론》(*The Theory of Communicative Action*) 에서 집중 부각되었다.

물론 공론장에 참여하는 것은 개인에게 해방의 의미를 가진다. 개인의 비판적 수사학은 공론장을 통해 왜곡된 체계의 세계를 붕괴시킨다. 하버마스는 왜곡된 현실을 직시했다. 사적 성격을 상실한 사생활 부문이 대중매체에 의해 공동화(空洞化)되고, 문예적 성격을 상실한 허위 공론장이 일종의 초가족적 친밀 지대로 남게 된다(Jürgen Habermas, 1962/2004: 270).

계몽된 공중의 공적 논의가 아니라 광장으로부터, 즉 구두 동의를 보내기 위해 모인 공민으로부터 여론은 그것의 공공적 속성을 얻는다(Jürgen Habermas, 1962/2004: 191). 진정한 여론(*sensus communis*)이 복원된 것이다. 최근 체계의 성격이 강화된 현실에서 공론장의 복원은 비판적 수사학의 목표가 되어야 한다.

27

안재홍과 민주공화국의 상징적 행위 수사학

1. 민주공화국 건설 논의

민세(民世) 안재홍(安在鴻, 1891~1965)[1]은 대한민국 민주공화국의 이론적 정립에 으뜸 공헌자이다. 그는 일본 제국시대부터, 해방 이후 신민족주의까지 일관되게 민주공화국 정신을 발전시켰다. 안재홍은 '민족주의', '신민족주의', '열린 민족주의', '민주공화국' 등 상징을 사용하면서 자신의 정체성을 확립했다. 그는 상징을 만들고, 그 '상징적 행위'(*symbolic action*, '*symbol-making*')를 계속 영위했다. 물론 그 상징은 객체, 사건, 사람을 묘사하기 위해 사용된다(James A. Herrick, 2009: 228). 연구자는 상징적 행위에서 정체성, 즉 자신과 커뮤니티를 규정하고, 상징의 의미를 해석하고, 그들의 동기와 행위를 이해한다.

안재홍은 상황론의 입장에서 논지를 폈으며 정치·경제학 사설 집필자로서, 전 조선기자대회(1925), 신간회(1927), 신민족주의(1948) 등

1) 안재홍은 〈시대일보〉 논설기자(1924년 5~9월), 〈조선일보〉 주필(1924년 9월~1928), 〈조선일보〉 부사장, 사장(1929~1932), 〈조선일보〉 객원논설위원(1935. 5~1936), 〈한성일보〉 사장(1946~1950) 등 언론과 인연을 맺었다. 그는 언론 전면에서 일제시대, 그리고 해방 후의 삶을 영위했다.

각 상황에 따라 사회운동을 주도하였고, 대한민국의 민주공화국 질서형성에 결정적으로 기여했다.

안재홍은 1950년 9월 21일 납북되었다. 그는 1946년 미군정의 남조선과도입법의원의 관선의원으로 임명되었고, 1947년 2월 5일 미군정청의 민정장관을 역임했다. 그는 '열린' 민족주의, 즉 신민족주의를 주장했다. 그때 개인은 민주의 주체로서, 인격을 갖고 있고 이성적으로 판단한다. 자유로운 인격체인 것이다. 또한 그에게 국가는 다름 아닌 도덕적 '인격체'이고, 평화로운 공존체였다.

칸트는 《영구평화론》에서 '공화정'[2]이 "① (인간으로서) 한 사회 구성원의 자유의 원리에 의해, ② (신민으로서) 모두가 단 하나의 공통된 입법에 의존하는 의존의 원리에 의해, ③ (국민으로서) 평등의 원칙에 의해 확립된다"라고 했다(Immanuel Kant, 1796/2008: 26). 안재홍은 민정장관으로서, "하나의 공통된 입법이 의존하는 원리"를 완성시키는 데 결정적 기여를 했다.

안재홍의 상황론은 해방공간에서 공화국의 원론과 부딪치게 되었다. 그의 정체성은 유권자에게 투영되었다. 안재홍이 민정장관 당시 미소공동위원회가 열렸으나, 남북한이 갈린 상황에서 1948년 5월 10일 남한 단독의 제헌국회의원 선거가 실시되었다. 1948년 5월 31일 제헌국회가 개

---

2) 이 과제는 100주년을 맞는 2010년 안중근(安重根)의 《동양평화론》 논의에서 시작한다. 안중근은 《동양평화론》 서술 목적을 "도덕세계를 구현하기 위해 일제의 대외침략 정책을 수정하도록 하는 데 두었다"라고 했다(안중근, 2010: 10). 이 서적은 "한일협정 제1조의 취지로 일본 정부가 그 국민에 대해 가지고 있는 공권 작용하에서 한국인도 균등하게 보호할 것이라고 해석하여, 공권 작용의 일부에 속하는 형사법을 여기에 적용한다"라고 한다(p. 65). 안중근은 "나를 처벌하려거든 국제 공법(公法)에 의해 다스려 줄 것을 희망하는 바이다"라고 했다. 그 발상은 칸트(Immanuel Kant)의 《영구평화론》과 맥을 같이 한다. 《영구평화론》에서 칸트의 공화국은 '자유, 입법, 평등' 등의 요소를 갖고 있다(Kant, 1796/2008: 26), 이 연구는 세 가지 요소로 민주공화국 사상의 원류를 풀이한다.

원하여 초대 의장에 이승만, 부의장에 신익희 · 김동원을 선출하였다(정진석, 2008: 357). 이어서 7월 20일 열린 국회 제 33차 회의는 출석의원 196명 가운데 180표를 얻은 이승만을 대통령으로 선출하였다. 김구는 13표를 얻어 차점이었고, 안재홍 2표, 서재필 1표였다.

미군정에 협조한 안재홍의 동기와 그 효과는 전혀 다른 차원에서 진행되었다. 그러나 안재홍의 민주공화국 질서 수립 동기는 그 이상이었다. 안재홍은 '신민족주의'(1948/1983: 327~370)를 논하면서 ① 국민이 다 일하는 국민개노(國民皆勞), ② 대중이 더불어 살아가는 대중공생(大衆共生), ③ 만인이 다 다스리는 만민공화(萬民共和)를 기치로 내세웠다. 그는 공화국 헌법의 핵심을 이야기하였고, 그 정신은 칸트의 '영구평화론'과 멀리 떨어져있지 않았다.

안재홍의 구상은 신민족주의 3개의 범주로 정체성을 규정지었다. 이 사상은 조소앙(趙素昂)의 정치균등 · 경제균등 · 교육균등 등 삼균주의(三均主義)와 같은 맥락이다. 특이한 점은 삼균주의와 달리, 신민족주의는 경제가 정치보다 앞선다는 점이다. 물론 안재홍은 당시 사회주의의 득세 상황을 배려했다.

물론 그의 신민족주의 정신은 제헌국회에서 투영되었다. 이 헌법정신은 1948년 6월 23일 제 1회 국회 제 17차 회의에서 구체화되었다(헌법안 제 2독회, 제 1회 국회 제 22차 회의 1948년 7월 1일 속기록; 신우철, 1948: 37). 이 역사기술에 의하면 "대한민국 헌법안은 우리나라에 있어서 대한민국 임시정부 헌장, 현 민주의원에서 제정된 임시헌장, 과도입법의원에서 제정한 약헌 등을 종합하고, 그 외에 구미각국에 현재 있는 모든 헌법을 종합해서, 이 원안이 기초된 것이라고 볼 수 있는 것입니다"라고 되어 있다.

안재홍은 과도입법의원으로 참여했고, 당시 민정장관을 역임함으로써, 행정가로서 대한민국헌법 제정에 실제 가담했다. 그의 신민족주의('열린 민족주의') 사상은 민주주의와 사회주의가 함께 공존할 수 있는 민주공화국 정체의 기틀을 마련한 것이다.

이 연구는 안재홍 언론사상 동기의 궤적을 살펴봄으로써, '대한민국은 민주공화국이다'라는 헌법 사상의 원류를 찾아보고자 한다. 논문의 논리적 전개를 위해 이 연구는 수사학의 관점에서, 당시 안재홍의 기본 사상의 원류를 밝히는 데 집중한다. 이 원인이 규명된다면 간접적으로 현재 위정자가 국가를 운영하는 통치철학과 처음 구상했던 헌법정신과의 차이를 발견할 수 있을 것 같다.

결론적으로 말하면 민주공화국의 초기 구상에 안재홍이 결정적으로 기여했음을 밝힌다. 그러나 이 논문의 의도와는 달리, 후세 사람들은 안재홍에 대해 인색한 평가를 했다. 우리의 역사는 사람을 제대로 평가하지 않는 못된 습성을 가지고 있는데 안재홍 평가에도 예외는 아닌 것 같다. 언론학에서 언론인 안재홍의 평가가 인색하다며 정진석(2008년)이 본격적으로 안재홍을 논할 정도이다.

대한민국 정체성에 대한 논의가 언급되었다. 상해 임시정부는 "국호(國號)를 대한민국으로 정했다"라고 한다(이한우, 2010). 1919년 4월 10일 밤 10시 중국 상하이 프랑스 조계 내 김신부로(金神父路)에 있는 현순(玄楯)의 집에서 이동녕, 이시영 등 독립운동가 29명이 모여, 망명 임시정부 수립을 위한 임시의정원(국회)을 구성했다. 그 자리에서 일본 유학생 출신 26살 청년 신석우(申錫雨)가 먼저 "'대한'(大韓)이 어떠냐"고 발의했다(이한우, 2010). 또한 그는 공화제에 해당하는 '민국'(民國)을 덧붙여 국호를 '대한민국'으로 하자고 제안했다. 의정원 의원 다수가 신석우의 제안에 공감하여, 임시정부의 국호를 '대한민국'으로 결정했다.

신석우가 대한민국의 국호를 제정하는 데 기여를 한 것이다. 신석우는 조선 왕조 말 경무사(警務士) 신태휴(申泰休)의 아들로서, 일본 와세다대학 정경과를 나와 상해 동제사(同濟社)라는 독립운동단체에서 활동한 자이다(방우영, 1990: 123).

그는 1924년 9월 13일 송병준(宋秉畯)에게 8만 5천 원을 주고, 〈조선일보〉 경영권을 인수했다. 당시 신석우는 민중의 지도자로 존경받는 이상재(李商在)를 사장에 추대하고, 본인은 부사장에 머물렀으며, 발행인 겸 편집인에 김동성(金東成), 주필에 안재홍을 영입했다.

안재홍은 1914년 와세다 대학 정경학부 경제과를 졸업했다. 신석우는 같은 동향인 안재홍을 주필로 영입한 것이다. 물론 당시 '혁신' 〈조선일보〉에는 〈동아일보〉에서 건너온 이상협, 김동성, 홍증식(洪瑠植) 등과 그들의 소개로 들어온 민태원, 유광열, 김형원 등 우익계가 있었다. 홍증식은 좌익계 박헌영, 김단야, 임형원 등을 동참시켰다(방우영, 1990: 124).

혁신 〈조선일보〉에는 좌(左)와 우(右)가 함께 공존한 것이다. 안재홍은 좌·우가 함께한 혁신 〈조선일보〉의 논조를 책임지는 주필이었다. 주필은 말 그대로 으뜸 논객이다.

안재홍의 독서습관이 소개된다. 이희승(李熙昇)은 1919년 8월 어느 날 그를 방문하게 되었다. 그는 "점심이나 함께 하며 이야기나 더 나누자고 하면서, 동양을 중심으로 한 세계정세의 추이(趨移)·전변(轉變)에 대하여 말씀해 주셨다. 선생의 책상에는 일본의 정치·사회에 관한 잡지 〈개조〉(改造), 〈중앙공론〉(中央公論) 등이 쌓여 있었다(이희승, 1991: 437).

3·1 운동 당시 안재홍은 그 운동의 앞으로의 방향에 관심을 가졌다. 자기 정체성 혼란에는 소외된 부분을 회복하는 길이 필요하다. 말하자면 안재홍은 일본제국주의 질서에 적대적 상징운동을 전개하려고 했고, 언론활동이 하나의 방편이었던 것이다.

그러나 안재홍은 기자로 언론사에 입문한 것이 아니었다. 1924년 5월 최남선이 창간한 〈시대일보〉의 논설반 근무가 그의 첫 언론활동이었다. 그는 3개월을 근무한 채, 그 신문의 사주인 보천교(普天教)의 개입에 의한 경영분규로 그 회사를 떠나, 혁신 〈조선일보〉에 주필로 입사했다.

안재홍은 혁신 〈조선일보〉 1924년 11월 1일 사설에 〈조선일보의 신

사명: 민중에게 申明함〉이라는 글을 작성했다. 그는 우선 상황론의 관점에서, 민족주의를 대별할 수 있는 이야기를 했다.

> 즉, "조선인으로서 딱 당한 문제를 떼여버리고 별로히 세계의 문제가 잇슬 수 업다. 사람은 자기에게 당면한 문제를 해결할 사명과 책임을 마튼 것이요. 또는 자기의 힘이 미칠 수 있는 한도 이외의 문제를 참견하지 못할 천연의 구속이 잇다 할 것이다〔안재홍, 1981(선집 ①): 74; 방우영, 1990: 131〕.

민족주의는 〈조선일보의 신사명〉과 안재홍 것이 겹치는 부분이다. 안재홍은 늘 일본 제국주의의 폭력에 대항하여 자민족 중심주의를 주장해 왔다. 또한 그는 언론인으로서 현재 상황의 문제를 직시했다. 이 논설에서 기자의 사명이 서술된다.

> 즉, 인생이란 워낙 영원히 쉬임이 업는 정전(征戰, 출정하여 싸움)의 길을 나아가는 나그네이다. 궁달(窮達)과 승패의 계선(界線)을 초월하고 고락과 생사의 경역(境域)을 해탈하여서 다만 최선의 노력 ― 영원한 정전이 잇슬 뿐이다(〈조선일보의 신사명〉).

안재홍은 '신사명'에 끊임없는 투쟁의 기자정신을 투영시켰다. 정체성 회복에 언론의 역할을 접목시킨 것이다. 그 후 그는 약 8년간 〈조선일보〉에 근무하면서, 주필, 발행인, 부사장, 사장을 역임했다. 이 기간 동안 사설 980여 편, 시평 470편 등 1,450여 편에 이르는 글을 쓰면서 그는 네 차례에 걸쳐 1년 이상 옥고를 치렀다(방상훈, 2004: 97). 또한 그는 필화 외에도 각종 시국 강연이나 신간회를 비롯한 사회운동 등으로 당시 언론인 중 가장 긴 시간 동안 옥고를 치렀다. 그는 1928년 일본 산동출병(山東出兵)에 관해 쓴 〈제남사변(濟南事變)의 벽상관(壁上觀)〉, 1927년

'신간회 사건', 1942년 '조선어학회사건' 등으로 모두 아홉 차례에 걸쳐 7년 3개월을 복역했다.

안재홍이 살던 시대는 일제강점기였으며, 조선인은 "정치를 할 수 없었기에 신문사에 몸을 담고 활동을 벌이는 일 자체가 정치였다"고 한다(정진석, 2008: 348). 즉, 안재홍은 정치운동가로서 신문과 잡지에 논설을 쓰고 역사논문을 저술하는 상징행위 방법으로 항일운동을 전개한 것이다.

안재홍의 수사학 역정은 "그 대표적인 하나로서, 그가 붓을 들매 솟구치는 투지가 넘쳐 민중의 격서처럼 일필휘지의 속도로써 날마다 사설과 논평을 발표하였으며, 따라서 필화도 누구보다 많이 당했다"라는 언급으로 유추해볼 수 있다(방상훈, 2004: 98). 상징행위는 타고난 설득술을 구사한 것이다.

'민세체'[3] 에 불만을 품은 종로경찰서 고등계 형사, 사이가 시치로〔齋賀七郎〕는 "안재홍을 '직업적 혁명운동자'"로 규정하였다(정진석, 2008: 349). 정진석에 의하면 "시치로는 당시 독립운동가와 언론인, 사상범을 전문으로 다루면서 야만적인 고문을 자행하여 악명을 떨친 인물이었다"고 한다.

3) '민세체'는 동서고름을 아우르는 깊은 지식을 바탕으로 논지를 펴는 것이다(방상훈, 2004: 98). 유광렬은 안재홍이 쓴 사설 〈제왕의 조락〉에 대해 '누가 보든지 장강대하(長江大河) 같은 명문이었다'고 평했다. 〈제왕의 조락〉은 여러 나라 왕실의 몰락을 예로 들면서 일본에도 이런 현상이 올 수 있음을 암시한 내용이다. 또한 〈조선일보〉 편집국장 대리를 지낸 이선근(李瑄根)은 "민세의 논설들은 참말 대기자라 하리만큼 명문 중의 명문"이라며 "너무 감명이 깊어 그 일부를 욀 정도였는데 사실상 읽은 사람이면 눈시울이 뜨겁지 않은 사람이 없을 정도"라고 했다고 전한다. 또한 그는 붓으로 한문 문장을 써 성(成), 유(有), 가(可)와 같은 긍정적인 글자가 먼저 나오면 바로 글쓰기에 들어갔다. 반대로 불(不), 무(無), 부(否)와 같이 부정적인 단어가 나오면 잠시 틈을 두었다가 집필을 시작하곤 했다. 그래서 그에게는 '필점(筆占)하고 원고 쓰는 이'라는 말이 붙어 다녔다(pp. 99~100). 물론 그의 글들에는 '날카로운 시국관이 배어 있었다'고 한다.

또한 시치로는 안재홍을 평하면서 “그는 조선에서는 비합법적인 활동이 곤란하기 때문에 신문에 원고 투고, 팸플릿 발행 혹은 강연, 좌담회 등의 방법으로 민족주의를 선전・선동함으로써 조선민족 독립의 필연성을 고취하여 조선민족으로 하여금 자발적인 독립운동을 하도록 상시 집요하게 불온언동을 일삼은 ‘악당’이다”라고 막말을 했다(정진석, 2008: 349).

물론 안재홍의 사상은 민족주의, 민주주의 그리고 사회주의를 포함하고 있었다. 그중 〈조선일보의 신사명〉에서는 사회주의에서 강조한 평등뿐 아니라, 공화정에 필수요소인 자유를 포함시켰다.

> 즉, 오인은 밋노라. 천하의 진리는 일부 인의 독창으로써 귀함이 아니오. 천하의 긴급사는 일인의 참신한 제창으로써 그 기교함을 자랑할 없는 바이다. 오인은 이제 개인아로서 민족아로서 사회아로서 인류아로서 가장 침핍(侵逼)과 억압과 모독과 유린이 업시 그의 권위와 존엄과 안전과 행복의 온갖 권리와 기회를 평등적으로 향수하여야 할 것이오. 종족과 계급과 성과의 차별이 업시 모든 경제적 평등의 안전한 기초를 보장하여야 할 것이오. 그리하야 모든 사회적 영예와 및 교화의 시설에 제진병참(齊進並參)하기를 역도하여야 할 것이다. 이것의 완성이 업는 곳에 우리는 오히려 안마(鞍馬, 말안장)를 버릴 날이 업슬 것이오 안식을 탐낼 날이 업슬 것이오 천하의 민중으로 더부러 떠날 날이 업슬것이오 유동(流動)하는 시간과 갈릴 틈이 업슬 것이다. 오인은 다만 최선한 노력 — 영원한 정전(征戰)이 잇슬 뿐이다(〈조선일보의 신사명〉).

안재홍은 폭력은 배격하고, 인격체로서 활동하는 개인을 염원했다. 한편 그에게 개인은 개인아로서, 민족아로서, 사회아로서, 인류아로서 행동하는 인격체이다. 더불어 안재홍은 ‘자유로운 인격체’가 함께 하면서 이뤄지는 ‘평화로운 공존’을 구상했다. 그는 공화국의 정체를 이야기했고, ‘영구평화론’을 폈다.

더욱이 안재홍은 '인류아'로 논리를 전개시킴으로써, 자민족 중심의 민족주의를 주장하지만, 다른 한편으로 열린 민족주의를 언급했다. 즉, 개인은 한 국가 안에서 시민이요, 국가 간의 호혜적 관계에 참여하는 시민이고, 세계 보편적 시민인 것이다. 그는 칸트가 《영구평화론》에서 말하는 '세계시민'을 논한다.

안재홍은 폭력으로 점철된 일본 제국주의하에 살아가면서 민족의 정체성을 찾으려고 노력했을 뿐 아니라, 공화정 건설의 노력을 아끼지 않았다. 그는 제국주의 이데올로기의 허위의식을 배격하고, 변증법적 진리규명에 앞장섰고, 새로운 질서형성에 참여했다.

이 연구는 그가 공화정 건설에 남긴 족적을 논의하겠다. 따라서 (1) 시대적 상황과 열린 민족주의에서 ① 시대적 상황, ② 신민족주의, ③ 열린 민족주의, 끝으로 (2) 민주공화국 사상의 원류 등을 논하겠다. ① 조선기자대회 · 신간회, ② 신민족주의 건설 등을 통해 그의 공화정에 대한 기여를 탐구한다.

이 연구에서 문제 삼은 수사학적 관점에서, 민주공화국의 원류에 관련된 참고문헌은 칸트(Immanuel Kant, 1796/2008)의 《영구평화론》이다. 칸트는 '인간의 존엄성', '인격체', '도덕적 인격체' 등의 말을 사용하고, 이런 맥락에서 자유 · 평등을 도출한다. 경제학 사설을 주로 쓴 안재홍은 자유는 칸트와 같은 맥락이었지만, 평등은 경제적 불평등으로부터 논리를 전개했으며, '국민개노'에서 불평등을 해소코자했다. 그 외 이 연구는 버크(Kenneth Burke)의 '상징적 행위', 뷰허(Karl Buecher, 1979)의 '사회연계 역할'을 하는 언론에 관심을 가졌다. 또한 정진석(2008)의 '구국운동' 측면에서의 안재홍, 조맹기(2006)의 '민족주의주자' 안재홍 등을 함께 논의했다.

2. 시대적 상황과 열린 민족주의

1) 시대적 상황

안재홍은 새로운 시대에 글을 쓰기 시작했다. 과거 언론인들은 왕조, 기껏해야 입헌군주제하에 글을 시도했으나, 안재홍이 맞이한 시대는 전혀 새로운 시대였다. 3·1운동이 일어난 1919년 고종은 승하(昇遐)하였다. 군주제가 막을 내리고, 중국의 상하이에서는 공화정 형태의 임시정부가 출범했다. 전통사회에서의 주체 세력은 역사의 뒤안길로 사라진 반면, 청년·노동자·여성·학생 등과 같은 근대적 범주의 새로운 세력의 시대가 열린 것이다. 새로운 시대는 새것을 요구하게 마련이었다.

새 시대를 맞이한 안재홍이었지만, 일본의 제국주의는 조선을 압박했다. 안재홍은 일편단심의 '애국심', '민족혼'으로 맞섰다. 그는 민족정신을 파헤침에 있어서, 아득한 상고(上古)로 거슬러 올라가 깊숙이 그 뿌리에서부터 더듬어, 흐름을 타고 구석구석의 슬기로움과 자랑스러움을 찾아냈다(송지영, 1991: 461).

《신민족주의와 신민주주의》에서 그의 민족주의는 지극히 상황적이다. 송지영은 안재홍의 상황론을 소개했다.

> 조선은 누세기간 국민적 침체와 문화적 불순화와 사회적 원심(遠心) 경향이 하나의 특수경향이 되었다. 반세기에 가까운 폭학(暴虐)과 탄압과 비굴 종순 중에 퍽 많은 병적인 사회기풍이 조장되었고, 또는 과거 몇 세기의 도학편중적인 문화경향에 화(禍)된 바 되어 자못 공소(空疎)한 관념병적인 상태에 빠져 있다. 숭외사대의 악몽은 배외적인 기습과 병존하는 상태다(송지영, 1991: 461).

안재홍은 "역사성을 정당히 파악하는 자만이 시국을 정당하게 개혁하는 것이다"라고 했다(송지영, 1991: 461). 그의 민족주의는 '직감의 묶음', 즉 동기의 표현에서 도출한 '드라마의 언어'(*the language of drama*) 였다.

그는 그 민족성의 정체성하에, 소외된 부분을 찾기 위한 투쟁을 계속했다. 당시 일본 정체성의 이데올로기는 폭력이었다. 즉, 제국주의나 군국주의의 본질은 폭력이다(김봉규, 2010: 68). 그것은 개인의 '인격권'을 침해하듯 한 국가의 주권을 침해하고, 결국 그 국가의 구성원들, 개별자들에게 폭력을 가하는 것이다. 이는 이데올로기의 허위의식에서 발생하는 왜곡된 질서를 형성했다.

새로운 시대에 직면하여, 혁신 〈조선일보〉에서 안재홍은 자신의 행위를 정리했다. 또한 주필 안재홍은 언론의 시대적 사명을 적극적으로 논의했다.

> 아아 만천하 조선인 동포여, 여러분은 현대를 떠나서 잇슬 수 업는 조선인이요 조선을 떠나셔 잇을 수 업는 세계인이오. 현 조선과 현 시대의 사명을 떠나서 그의 존재의 의의를 해석할 수 없는 시국해결 시대창조의 사역자들이다. 그리고 〈조선일보〉는 이러한 시대의 조선인과 그의 승패와 고락과 진퇴와 휴척(休戚)을 함께하는 이외에 그의 존재와 발전의 필요와 의의와 사명이 업슬 것이다(〈조선일보의 신사명〉).

안재홍은 폭력이 난무한 계급사회, 그리고 허위의식의 이데올로기적 상황하에서 언론의 사명을 논한 것이다. 그는 언론인, 정치 운동가, 경제적 평등의 주구로서 언론활동을 시작했다. 혁신 〈조선일보〉에 가담하기 전, 안재홍은 벌써 언론운동의 전면에 나섰다. 그는 〈시대일보〉 논설기자로서 같은 시대적 맥락을 논했다.

> 즉, 사람으로서 또 조선사람으로서 천하민중의 시대적 요구를 몸 받아서 그의 시대의식의 돌아가는 바와 시대인들의 원하고 구하는 바를 여실하게 표현하여 그로써 민족적 일대 표현기관을 만들자 함이 이 시대일보의 생명이요 정신이요 및 그 존재한 의의와 가치인바 …. (〈시대일보〉,

1924년 7월 10일).

안재홍은 일본 제국주의 당시, 시대적 사명으로 독립국가의 건립을 우선순위로 정했다. 그는 폭력이 없는 평화의 나라 세우기를 당면과제로 삼았을 것 같다. 같은 맥락에서 칸트는 개인의 인격을 자연스럽게 인격체로서의 국가로 확장시켰다(김봉규, 2010: 68).

이런 국가는 "자신을 제외하고, 어느 누구에 의해서도 명령이나 지배를 받지 않는 인간의 사회이다. 국가는 그 자체 뿌리를 지닌 줄기와 같다. 나무의 접붙이기처럼 한 국가를 다른 국가에 병합시킨다면, 그것은 도덕적 인격체로서의 국가의 지위를 파괴하는 것이며 국가를 물건으로 간주하는 것이다"라고 했다(Kant, 1796/2008: 16).

칸트는 개인 인격체의 연장으로 국가를 생각한 것이다. 이 논리라면 제국주의 폭력성은 개인성을 상실시키고, 평화를 방해한다. 안재홍 역시 국가를 개인아·민족아·사회아로서 동일한 선상에 일치시킴으로써 칸트의 국가론을 논했다.

안재홍의 사상은 안중근(安重根)의 '평화와 평등'을 내세운, 《동양평화론》과 맥을 같이 한다. 개인은 제국주의 폭력에 대항하여, 그 국가의 생존을 위해 투쟁의 필요성을 절감하게 된다. 즉, 안 의사는 "사람이 세상에서 살아갈 때, ① 몸을 닦고, ② 집안을 다스리고, ③ 나라를 보호해야 한다"고 했다(안중근, 2010: 33). 즉, 개인은 몸과 마음을 서로 합하여 생명을 보호하고, 부모와 아내와 자식을 유지시키고, 모든 국민의 단결에 의해서 국가를 보전시킨다.

2) 신민족주의(국민개노, 대중공생 그리고 만민공생)의 실천

안중근은 현 조선의 상황에서 생존보호의 방법을 언급했다. 같은 논의에서 안중근은 "우리나라가 오늘날 이같이 비참한 지경에 빠졌으니 그 까

닭은 다른 것이 아니라, 서로 화합하지 못한 것이 제일 큰 원인인 것이다" 라고 전했다. 같은 맥락에서 안재홍은 그 논의의 해결책으로 '국민개노', '대중공생'의 신민족주의를 언급했다. 또한 같은 맥락에서 버크는 기본적 언어 자체의 기능에 수사학의 근거를 삼았다(Kenneth Burke, 1968: 43).

안재홍은 모든 사람이 직업을 갖는 공존의 원리를 찾았고, 평등에 관련된 대중공생에 깊은 관심을 가졌다. 또한 그는 조선일보사의 주필로서 그 명성을 떨치기 시작할 당시, 경제적 불평등의 체제에 관한 관심을 가졌다. 즉, 사회주의 운동가로서 안재홍은 경제적 불평등의 현실적 폭력에 맹성을 촉구한 것이다.

안재홍은 조선의 현실을 직시하고, 〈조선일보〉 1924년 12월 7일 사설, 〈진도사건에 대하여〉에서 "자본주의국가의 특수부대인 동척회사(東拓會社) 및 그 충실한 반려인 흥업회사(興業會社)가, 그와 상호의존의 관계에 있는 관권과 공동하여, 사지(斯地)의 원주민을 억압 또 구축코자 하는 것은, 그들이 추구한 수획품과 함께 그의 비고에 감추어둔 예정의 계획이다"라고 했다.

또한 안재홍은 같은 신문 1924년 12월 8일 사설, 〈당국자에게 與함: 진도사건과 언론압박〉에서 "그릇된 안녕질서라는 개념에 갇힌 적패인 구습 중에 있어서, 맹목적 또 몰비판적 선입주견으로 다만 농촌의 저항으로 보아, 사회의 안녕과 호조의 정신을 파괴하는 특권계급들로, 관권의 양해를 믿어 만모(慢侮)와 폭행을 자행한다"라고 했다.

물론 이 회사는 배후에서 일본정부와 조선총독부가 조종하고 있었다. 동척회사와 흥업회사가 불평등을 조장하고, 폭력을 행사한 것이다. 그러나 조선의 항쟁은 무저항운동에 불과했다(방우영, 1990: 136). 안재홍은 사회주의자・언론인으로서 현실의 대안을 규명하기 시작한 것이다.

그는 정치경제학, 경제교환 과정에서 불평등 해소에 참가한 저널리즘을 생각한 것 같다. 안재홍은 뷰허(Karl Buecher)[4]와 같은 맥락에서, 신문이 없으면 현대 자본주의 경제가 불가능하다고 본 것이다. 신문은 체제가 자본주의 메커니즘에 직접 연결되고, 뉴스의 유통이 결국 경제의 유통에 도움을 준다는 논리이다. 안재홍은 물질적 불평등이 폭력으로 작동하는 현실을 고발했다.

당시 〈조선일보〉는 자유와 평등에 기초한 새로운 계층의 형성에 노력을 기울이는 한편, 러시아의 노동(勞農) 계층에 관심을 갖는다. 〈조선일보〉는 1월 15일 스탈린 체제가 등장하고, 일본이 소련과 외교관계를 수립하자 1925년 2월 20일 모스크바에 논설반의 김준연[5] 을 특파했다〔한편 〈동아일보〉는 이관용(李灌鎔) 을 특파〕.

김 특파원은 6월 10일 귀국하여, 〈조선일보〉 15일자부터 혁명 뒤의 소련의 모습을 〈노농(勞農) 로시아의 관상(觀相)〉이라는 제목으로 40회 연재한다(방우영, 1990: 138). 또한 그가 얻어온 부하린의 기고 〈도시와 농촌과의 관계〉를 8회에 걸쳐 게재했다.

당시 논설반에는 주필인 안재홍, 김준연, 신일용(辛日鎔) 이 근무했으나, 신문의 편집방향은 주필에게 민감한 사안일 수밖에 없었다. 신일용에게 가혹한 일이 벌어졌다. 그가 1925년 9월 8일 〈조선일보〉 사설에

---

4) 뷰허(Karl Buecher) 는 언론이 갖는, '사회의 연계'(*The Linkage of Society*) 의 기능에 관심을 가졌다. 즉, 뷰허는 "경제적 발전이론의 상황에서 일어나는 사회에서 언론의 역할과 기능에 대해서 논했다"고 한다(Karl Buecher, 1979: 99). 경제학자로서의 뷰허는 아이디어의 교환 장소로서, 또한 경제적 현상을 규정하는 현대적 범주에서 교환을 강조했다. 당시 언론인은 현대사회의 참여자, 중재자로서 역할을 한다. 이때 뷰허는 사회의 갖가지 부분을 연계시키는 역할로서 언론인을 규정함으로써, 언론인을 매일 어렵고 중요한 결정을 내리는 판사로서 규정했다(Karl Buecher, 1979: 101).

5) 김준연(金俊淵, 1895~1971) 은 전남 영암 태생으로 일본의 동경제대를 나와 〈조선일보〉에 입사했다. 〈조선일보〉에서 특파원을 지낸 뒤 〈동아일보〉로 가서 편집국장을 지냈다(방우영, 1990: 138). 1927년 사회주의 단체 화요회(火曜會) 에 합류하고, 또 ML 조선공산당을 조직하고, 신간회에도 참가했다. 그는 계속적인 사회주의적 색채로 결국 3차 조선공산당사건으로 7년간 복역했다. 해방 뒤 그는 제헌국회의원과 법무장관(1950) 을 지냈다.

〈조선과 노국과의 정치적 관계〉라는 사설을 게재하자, 이 사설로 〈조선일보〉는 3차 정간을 당했다. 당시 논설 집필자는 구금되고 발행인 김동성은 징역 4월, 집행 유예 6월의 판결을 받았다(남시욱, 2006: 540).

신일용은 사설에서 "'적로(赤露, 붉은 러시아) 국가는 일 계급의 국가가 아니고 전 인민의 국가이며 또 그 입국정신은 침략적이 아니라 인도적'이라고 기대를 나타냈다. 그는 '(식민지) 조선의 현상을 타개하는 요체는 정치적인 제국주의와 경제적인 자본주의를 합리적인 다른 제도로 대체하는 데 있다'면서 '(조선의 현상 타개는) 반드시 적로의 세계혁신운동과 그 보조가 일치되어야 할 것이다'라고 주장했다"고 한다(방상훈, 2004: 192).

한편 일제는 사회주의자에게 테러, 폭력을 획책하였다. 사회주의의 경도에 대해 일본 제국주의는 치안유지법으로 대응했다. 1925년 5월 12일부터 시행된 이 법의 목적은 '국체의 변혁이나 사유재산의 부정을 목적으로 하는 일체의 행위를 금지'함으로써 사회주의를 근절하는 데 있었다(이준식, 1999: 52; 강준만, 2007: 196).

3차 정간을 당한 〈조선일보〉는 안재홍, 신석우, 김동성, 최선익 등 간부들이 화요회, 북풍회, 이상협계가 망라된 17명을 해임 조치했다(방우영, 1990: 148). 좌익계가 신문에서 거세된 것이다. 더욱이 신의주에서 일어난 1925년 11월 25일 제 1차 조선공산당 사건 등으로 사회주의 계열은 위기를 맞게 되었다.

안재홍과 더불어 〈조선일보〉는 붉은 러시아에 대한 사랑에 마침표를 찍는다. 국내에서 사회주의 논의는 종말을 고한 것이다. 같은 맥락에서 그의 '국민개노', '대중공생'의 신민족주의는 시련을 겪게 된다.

한편 언론의 자유에 대한 노력이 이어지고, '만민공화'에 대한 노력이 시도된다. 1925년 4월 15일 서울에서 열린 전 조선기자대회에서 안재홍은 큰 역할을 담당했다. '언론의 권위'를 위해 7백 명이 참석하는 대회를 열었는데, 의장에 이상재(李商在), 부의장은 안재홍이었다. 당시 이상재 의장은 75세여서 부의장이 모든 것을 총괄할 수밖에 없었다.

이 기자대회는 언론악법의 철폐 등의 의제를 포함했다. 이 대회는 전해에 시도되었다가 유회되고 말았지만 언론압박탄핵 운동이 다시 결실을 보게 된 것이다(방우영, 1990: 140). 언론이 정치를 대신했던 당시 전 조선기자대회에 대한 열성은 대단했다.

안재홍은 언론의 중요성과 그들의 동기 표출에 집중했다. 그는 신문이 매일 사용하는 막대한 판단, 지식, 경험과 정치적 전술, 마음과 유머의 생존 그리고 언어의 사용 등에 관심을 가졌다. 그는 신문의 기능이 그 가치를 측정하기 힘들 정도라고 생각한 것이다.

결국 안재홍의 역할과 더불어 지인의 도움으로 기자대회는 성공할 수 있었다. 언론압박탄핵 운동의 실제 주도자인 유진태(兪鎭泰)는 한규설(韓圭卨)에게 받아낸, 2만 원이라는 큰돈을 자금으로 마련해 전국의 기자들이 모일 수 있게 되었다(방우영, 1990: 139).

이상재에 이어 안재홍의 사회로 시작한 이 대회에서는 "언론권위에 관한 건, 신문급 기타 출판물에 관한 현행규범에 관한 건, 언론, 집회, 결사의 자유에 관한 건 등 세 항목과 제 2부로 조선인의 경제적 불안에 관한 건, 대중운동의 발전 촉성에 관한 건" 등이 결의되었다(방우영, 1990: 140).

여기서 '조선인의 경제적 불안에 관한 것'은 "동척(東拓)을 위시하야 현아 조선인 생활 근저를 침식하는 각 방면의 죄상을 적발하야 대중의 각성을 촉(促)함"을 포함시켰다(방우영, 1990: 141).

그렇다면 이 대회는 단순한 기자들의 모임이 아니라 정치가 불가능한 상황에서의 정치·경제운동, 혹은 아이디어 교환의 장소였다. 이 대회는 국민개노, 대중공생의 의미를 지녔다. 더욱이 기자대회는 화요회가 주동이 된 만큼 '기자대회'란 표면상 한낱 구실에 지나지 않았다. 실상인 즉, 각지에 흩어져 있는 사회주의자를 한 자리에 모이게 하기 위한 말하자면 공산당 조직의 예비회의와 같은 것이었다(강준만, 2007: 231).

강준만은 〈조선일보〉와 자금 출처를 달리 설명한다. 즉, "기자대회는 화요회의 간부인 홍증식이 영업국장인 만큼 돈은 조선일보사에서 쓰고 실속은 공산주의자들이 본 것이다"라고 했다(최민지 · 김민주, 1978: 379~381; 강준만, 2007: 231).

강준만에 따르면 이 전 조선기자대회는 〈조선일보〉 사원이 전 출석자의 약 반수를 점하였다고 했다. 그것만이 아니었다. 그 발의 자체는 〈동아일보〉 정치부장인 최원순의 발의였으며 사장 송진우와 간부 기자들 중에서도 김동진, 한기악, 한위건, 설의식 등이 준비위원으로서 기자대회의 준비과정을 맡기도 했다.

당시 〈동아일보〉는 경제적으로 〈조선일보〉보다 더욱 정치적이고, 포괄적 사시(社是)를 갖고 있었다. " 〈동아일보〉 1920년 4월 1일 〈창간사〉 중 '민주주의를 지지한다"라는 부분이 이 사실을 드러낸다.

> 즉, 이는 국체니 정체니 하는 형식적 표준이 아니라 인류 생활에 바탕이 되는 큰 이치요 정신이니, 폭력을 배척하고 인격에 고유한 권리 의무를 주장함이다. 국내 정치에서는 자유주의요, 국제 정치에서는 연맹주의요, 사회생활에서는 평등주의요, 경제 조직에서는 노동 본위의 협조주의를 말한다. 특히 동아시아에서는 각 민족의 권리를 인정하는 것 이상의 친목과 단결을 뜻하며 세계에 대해서는 정의와 인도를 승인하는 것 이상의 평화와 단결을 뜻한다.

민주공화국의 실체가 규명되는 것 같았다. 〈동아일보〉는 폭력을 정당화한 것에 반기를 들고 도덕성의 상실을 주요 의제로 삼았다. 그들은 상생과 공존의 원리를 설명했다. 그렇다면 전 조선기자대회는 단순한 기자대회가 아니라, 민주공화국의 실체에 대한 논의였던 것이다.

안재홍이 주도한 조선기자대회는 이것으로 끝난 것이 아니다. 이 대회는 1927년 2월 15일 '신간회'(新幹會)[6] 결성과 관계를 맺고 있는데, 신간회에서 전 조선기자대회와 같은 색깔이 표출되었다. 신간회 이상재 회장은 3월 25일 사임하고 나흘만인 3월 29일 78세로 생애를 마감했다. 그리고 부회장에 진보인사 홍명희(洪命熹)가 뽑혔다.

이상재 사후 안재홍은 그 전면에 나섰다. 〈조선일보〉 간부들은 당시 좌우진영의 연합체, '민족협동전선', '민족단일당'인 신간회를 주도하였다. 화요회를 이끌던 홍명희가 개회선언을 하고, 임시의장에는 대회준비위원장인 신석우가 선출되었다.

이에 놀란 일제는 안재홍을 구속하고 〈조선일보〉를 정간시켜 신간회와 〈조선일보〉의 관계를 끊으려고 했다. 안재홍은 구속되면서도 사원들에게 " '미안합니다. 나 한 사람의 잘못으로 여러분들까지 영향을 입게 되어서'라며 사원들의 생계를 걱정했다"고 한다(방상훈, 2004: 98).

안재홍은 〈조선일보〉 1927년 1월 10일 사설 〈신간회의 창립준비〉에서 "우리들의 정치적 경제적 각성을 제창한다는 것과, 단결을 공고함과 기회주의를 일체 부인함을 그의 강령으로 하는 바요"라고 했다.

신용하는 당시 신간회 활동의 구체적인 당면과제로서 다음의 여섯 가지 운동을 제의하였다. 즉, "① 농민 교양운동, ② 경작권의 확보와 외래이민의 방지, ③ 조선인 본위의 교육의 확보, ④ 언론 · 집회 · 결사 · 출판의 자유 획득 및 운동, ⑤ 협동조합운동의 지도 및 지지, ⑥ 백의(白衣) 폐지, 심의(深衣) 착용, 망건의 폐지 등이 그것이다"(신용하, 1981: 195).

더욱이 신간회는 일제를 옹호하는 우경적 사상, 기회주의를 원초적으

6) 신간회(新幹會)는 고목신간(古木新幹)에서 온 말인데, 서울청년회, 화요회, 북풍회, 조선노동총연맹, 고려공산청년회, ML당, 조선공산당 등이 가입했으나 민족주의자들은 민족단일전선을 구축하고자 했다. 이 조직은 이상재, 안재홍, 조병옥, 홍명희, 허헌 등이 참여했다. 이상재 〈조선일보〉 사장, 안재홍 〈조선일보〉 발행인이 참여했을 뿐 아니라, 신석우 부사장이 함께 했다. 그러나 좌익들의 중상모략으로 1931년 해체되었다(방우영, 1990: 173).

로 배척하고 전진적·계급적 방법에 의한 민족주의 좌익 전선을 구축하고 단결을 공고히 했다. 안재홍은 대일 타협적 자치를 반대하고, 비타협적 완전독립론을 고수하는 한편, 각 개인에 자아의 자각, 민족아의 자각, 피압박민족의 자각, 민족심의 자각 등을 주문했다.

신문은 전 국가를 연계시키는 조직자로서 역할을 할 수 있었다. 그들은 중재자로서, 참여자로서 역할을 담당했다. 언론을 통한 신간회 운동은 가장 많은 사람을 동원할 수 있었다. 더욱이 신석우, 안재홍이 참여함으로써 독자를 통해 신간회조직을 활성화할 수 있었다. 〈조선일보〉는 신간회의 기관지가 된 것이다(방우영, 1990: 190).

안재홍은 〈조선일보〉 1928년 3월 27일 사설 〈실제운동의 당면문제: 신간회는 무엇을 할까〉에서 "오늘날의 조선 대중은, 그 정도가 비록 탄미(嘆美) 함에 미치지 못하나 오히려 절개주의를 양기(揚棄) 한 후에, 적극적인 투쟁적 동작으로 진출케 하여야 할 것이요, 그의 제1보에 있어서 조선인의 정치동작을 전연히 경색(梗塞) 케 하는 언론, 집회, 결사, 출판의 과다한 구속을 풀고 그의 자유를 획득하는 것이 가장 긴절한 요구가 되는 것이다"라고 했다.

안재홍은 언론운동을 곧 사회운동으로 간주한 것이다. 그는 언론자유하에서 대중공생을 찾았다. 앞에서 언급한 사설에서 그는 "소위 소부르주아지의 생활력 있는 분자를 지지하여 그의 약진적 사상을 가지는 프롤레타리아로 변하는 것을 방지하는 수단으로서의 협동조합과 설립"에 관심을 가졌다.

안재홍의 신간회 결성에 조력한 조선일보사는 "단결이 곧 약자의 무기임을 강조했다"(안재홍, 1981: 211). 직업을 통한 인격 향상의 기회를 박탈당한 노동자, 여성, 취업의 기회조차도 갖지 못한 학생에게는 단체를 통한 단결이 그들 약자의 무기임이 당연했다.

3) 열린 민족주의

해방 후 모스크바 삼상회의가 이뤄지고, 한반도는 좌·우의 격전장이 되었다. 안재홍은 '은폐된 자문화우월주의'에서 벗어났다. 그러나 당시 민족의 독자적 건국은 누락된 채, 타국 의존상태에서 분열이 계속됨으로써 민족은 위험한 지경에 놓이게 되었다.

그 해결책으로 그는 종전에 이야기한 민족주의를 논했는데, 그의 민족주의는 "개아성(個我性)을 토대로, 각각의 인민이 낙후된 처지에서 진지한 생활협력의 투쟁적인 역량을 길러내기 위한 필수적 단계이다"(안재홍, 1981: 462).

안재홍은 개인을 민족국가 건설의 주체로 삼는 데서 논의를 시작했다. 즉, "국가의 진격이 곧 나의 자신이요, 생명이요, 생활이라고 전제하고, 각 개인은 자기아로서 자각하며, 현재의 민족아로서 자각함이요, 그리고 국가, 민족으로서 자각한다. 따라서 개인의 자유는 어떤 통일보다 앞선다"고 했다(안재홍, 1981: 499). 물론 자유주의가 개인의 자유에서 시작한다면 언론의 자유가 필연적으로 대두된다.

안재홍에게 언론은 "행동의 표출이고, 따라서 실천을 개시하는 자아의 의사 표출"이었다(안재홍, 1992: 331). 또한 언론의 사명을 논하면서 "공정한 일개의 언론기관의 존폐가 조선인의 민중적 운명과 및 그 문화운동의 성쇠(盛衰)에 관한 심대한 것을 돌아볼 때에 …"라는 표현을 사용한다(〈시대일보〉, 1924년 7월 10일).

당시 언론사와 언론인은 "상업지가 아닌 투쟁지로서, 또 직업적이 아닌 지사며 투사인 언론인에 의하여 운영 제작되었다"(이관구, 1981: 571)라고 했다. 안재홍은 기자의 투쟁정신으로 계급사회의 현실을 극복하기를 원했다. 즉, 안재홍의 신민족주의는 식민지 계급을 타파하고, 외세에 대항한 국권회복 운동을 추진하면서 '신생활'의 터전을 다지는 데 그 목적이 있었다(조맹기, 2006: 208).

소부르주아적 속성을 가진 그의 사상은 당대의 참담한 현실을 경험하게 되었다. 당시 조선의 노동자와 농민은 종속되었고, 중소지주와 중소상공업자, 그리고 중산층은 계속 몰락하여 민족성이 계속 부실해졌기 때문이다.

또한 안재홍은 선구자론에서 과거의 선구자가 소수의 인민에게 편중되어 역할이 주어졌던 것과 달리 장래의 선구자는 반드시 대중 속에서 배출해야 한다고 강조했다(안재홍, 1999: 62~63).

해방과 더불어 안재홍은 1945년 9월 24일 국민당을 조직하고 중앙집행위원장이 되었다. 그리고 그 다음해 1946년 2월 26일 〈한성일보〉를 창간하였다. 안재홍은 신문의 역할을 기대했다. 그러나 만민은 그날의 신문 커버의 모든 영역에 관심과 비판적 판단을 할 수 없었다. 대신 현실적으로 만민은 맹목적으로 신문의 논조를 따라간다. 신문에 그들의 신뢰를 표출한다. 이러한 환경에서 신문은 국민의 잘못된 여론을 호도하는 데 대해 책임이 크다는 것을 인지할 만했다.

해방과 더불어 만민의 정치의식이 높아지고, 정치적 당이 성립되고, 정론지가 시작되는 시기에 안재홍은 당과 신문을 공유하기를 원했다. 그는 정치와 언론은 공존할 대상으로 본 것이다. 그가 생각하는 언론은 정론적 색깔을 지닌, 현대 전문직으로서의 언론과는 다른 개념이다.

정치가 존재하지 않았던 일제가 갖고 있는 독특한 상황적 성격이었다. 언론은 오히려 사회주의자들이 즐겨 사용하는 기능, 즉 선동자, 선전, 조직자이거나 당파적 신문의 성격을 띠었다. 그가 구가한 민주공화국은 언론, 집회, 결사의 자유를 가지면서, 대중공생, 만민공화의 개념을 지녔다.

이처럼 안재홍은 해방공간에서 언론사를 경영한 정치인이었다. 안재홍은 당시 언론과 정치를 분리할 수 없는 상황으로 본 것이다. 그는 언론도 곧 행동의 하나이니 언론은 곧 실천을 개시하는 자아의사의 나타남이라고 규정하였다. 그러나 언론의 자유는 때로 한도를 넘어 선동가와 음모가적인 파벌싸움 때문에 지나치게 악용된 면도 없지 않았으나 언론이 건국이념과 양립하지 못할 정도에 이르렀다고 지적하였다(정진석, 2008: 359).

안재홍은 진보적인 민족주의 정당인 국민당으로 단결된 자주독립의 국민생활에 관심을 두었다(안재홍, 1983: 120). 그는 민주주의와 산업을 함께 논했다. 국민생활에 필요한 자유권, 요구권, 참정권을 앞에 세웠지만 생활문제를 도외시하지 않았다.

그의 민주공화정은 신민족주의와 맥을 같이 한다. 그는 서구의 민족주의와 민주주의는 궁정 중심의 봉건귀족과 대지주, 자본가 등이 특권을 지니고 계급적으로 억압과 착취를 자행하다가 시대의 변천에 따라 한 걸음씩 발전하는 과정을 거치면서 소시민과 농민, 노동자와 같은 하층계급에게도 점진적으로 정치 참여의 권리를 허용한 이른바 '자본적 민주주의'였다고 평가했다(정진석, 2008: 354).

그들의 발전은 우리와는 다른 역사의 궤적을 달리고 있다. 우리는 "모든 진보적이고 반제국주의적인 지주와 자본가와 농민과 노동자가 한꺼번에 만민(대중) 공생의 새로운 발전을 요청하고 있"기 때문이다(정진석, 2008: 354). 이런 환경에서 그는 일본제국주의를 뒤로하고, 새로운 '신비적' 질서로서 국민개노, 대중공생, 만민공화 등 민주공화제의 상징을 언급한 것이다. 즉, 안재홍은 '수사학적 상황'을 질서의 개념으로 승화시켰다.

또한 그는 자유주의와 사회주의가 함께 하는 공존의 길을 전면에 내세웠다. 지금까지 경쟁과 소외로 점철된 현실에 통합적 대안을 제시했다. 더욱이 그는 사회주의적 요소를 가미하여 경제적 균등을 중요한 요소로 간주하고, 결코 도외시하지 않았다. 자유는 허용하되 평등이 주요 덕목이 되고, 외국과의 관계는 '열린 민족주의'를 지향하였다. 그는 일관되게 상징 행위에 관심을 가졌다. 그러나 그는 조선인으로서 당면한 문제를 떼어 버리고 따로 세계의 문제가 있을 수 없다고 했다. 사람에게는 자기가 당면한 상황과 문제를 해결할 사명과 책임, 또는 자기의 힘이 미칠 수 있는 한도 이외의 문제를 참견하지 못할, 천연의 약속이 있다는 것이다.

3. 민주공화국의 상징적 행위 수사학

안재홍은 조선인으로서 당한 문제에 관심을 가졌다. 그 문제의 해결에 기자의 역할이 주어졌다. 그는 혁신 〈조선일보의 신사명〉에서 그 내용을 밝히고 있다. 언론인, 정치운동가, 사회주의자, 자민족중심주의자, 열린 민족주의자로서의 안재홍은 그 사명을 감당한 것이다.

안재홍은 그 시대적 사명과 더불어 '대한민국'의 국호제정 후 일어날 민주공화국에 대한 논의를 계속했다. '대한제국'의 '대한', 또한 '민국'의 '공화제'가 합쳐, 자유 · 입법 · 평등을 바탕으로 한 대한민국이 건국되었다. 한편 '민주공화국'은 '만민공화'의 의미를 지녔고, 민주를 이루는 방법은 국민개노, 대중공생에 바탕을 두었다. 안재홍은 언론의 자유를 규명하기 시작했다. 전 조선기자대회에서 보았듯, 안재홍은 '동척', 총독부의 착취로부터 탈출하여, 인격체로서의 각 국민이 더불어 살게 할 '일반의지' 도출에 관심을 가졌다.

당시 고종이 승하하고 새로운 세계가 펼쳐졌다. 그 전의 언론인들은 왕조, 입헌군주제를 고려하고 신문에 글을 기고했다. 그러나 안재홍의 시대는 달랐다. 그는 더 이상 왕조에 기대어 글을 쓰고, 정치할 수가 없었다. 그 대신 그는 새로운 주체세력이 될 노동자 · 농민 · 여성 · 학생 등에게 관심을 가졌고, 그들을 통해 현실의 당면 문제를 풀고자했다. 그들을 소외의 전투상태에서 해방시켜주면, 변증법적 발전으로 새로운 질서를 형성할 수 있을 것 같았다.

안재홍은 새로운 시대를 맞이하여, 민주공화국의 건립이란 시대적 과업을 수용했다. 또한 해방 후 그는 "모든 진보적이고 반제국주의적인 지주와 자본가와 농민과 노동자가 한꺼번에 만민(대중) 공생의 새로운 발전을 요청하는 역사적 명제하에 만민공동의 신민족주의, 신민주주의 국가를 건설할 시점에 와 있다"고 보았다(정진석, 2008: 354).

안재홍은 〈조선일보 신사명〉으로 개인아·민족아·사회아·인류아로서 존엄, 행복 그리고 기회균등을 가질 것을 기대했다. 너는 너의 인격뿐 아니라 모든 타인의 인격 안에서 서로 공존한다. 그게 밖으로 표출되는 '열린 민족주의'의 주장이다. 심지어 안재홍은 1945년 8월 16일 조선건국준비위원회 부위원장으로 인민위원회를 조직하고, 경성중앙방송국에서 "한일 두 민족이 장차 정치형태가 어떻게 변하더라도 자주적으로 상호 각자의 사명을 다해야 할 운명에 처해 있다는 사실을 올바르게 인식해야 한다"며 '열린 민족주의'를 주장했다(안재홍, 1945년 8월 16일).

물론 안재홍은 인간의 존엄성에 바탕을 둔 인격체의 평등사회를 주장한다. 그는 종족, 계급, 성별과 관계하지 아니한 평등을 기원했다. 그렇지만 그의 색다른 주장은 '국민개노'로 사회주의적 평등을 일부 수용하면서, 더 나아가 경제적·정치적 평등을 주장했다. 그는 칸트와는 다른, 민주공화국의 실체를 논한 것이다.

안재홍은 〈조선일보〉 1926년 1월 1일 사설에서 "생존의 노력이 항구한 백열(白熱)을 요하는 오늘의 사회에 중단 없는 노력을 약속했다"라고 했다. 또한 그는 〈한성일보〉 1946년 2월 25일 〈건국국민의 대 대사명〉 창간사에서 "신문은 보도와 주장과 선양(宣揚)의 성능을 갖춰 가지는 언론기관인 것이나, 일개인에 있어 언론이 그 자아를 기점으로 사회에 서서 생활생존, 앙양 발전하는 데 일상에 없지 못할 기능인 것 같아 국가민족에게 있어서는 더욱 그러한 것이다"라고 했다. 안재홍은 언론의 자유를 이야기하면서 "언론이 그 자아를 기점으로"라는 표현을 사용한다. 그는 언론인, 시민 그리고 사회운동가 차원에서 '인격체'의 자유를 논했던 것이다.

안재홍은 같은 기사에서 "오 동무들아, 오인은 많은 말을 하기보다는 차라리 많은 행동을 요한다"라고 했다. 그는 언론의 자유와 평등을 지키는 파수꾼이었다. 또한 그는 상징적 행동에 앞장선 지식인으로, 민중과 함께 하는 사람으로서 민중의 대변가로 투쟁하기를 원했다.

안재홍은 언론인, 정치운동가, 경제적 평등의 전도사로서 활동했다. 안재홍을 신문(訊問) 했던 일본군 헌병대좌 아리가 미츠도요〔有賀光豊〕가 그의 실천정신을 잘 표현했다. 미츠도요는 "'도대체 조선의 안씨들은 못마땅하다. 안중근, 안명근, 안창호, 안재홍…'이라 중얼거렸다"고 한다"(방상훈, 2004: 97).

안재홍은 공화정의 정신에 충실하기 위해 자유와 평등을 주장했다. 즉, 그는 해방 후 계급적으로 억압된 착취를 자행하다가 시대의 변천에 따라 한 걸음씩 발전하는 과정을 거치면서 소시민과 농민, 노동자와 같은 하층계급에게도 점진적으로 정치 참여의 권리를 허용하기를 바랐다(정진석, 2008: 354). 또한 자유와 평등뿐 아니라 법의 제정에 깊은 관심을 표명했다. 영구평화의 기틀을 마련한 것이다.

안재홍은 해방과 더불어 공화정을 완성시키기 위해 입법과정에 참여했다. 그는 1946년 12월 미군정의 남조선 과도입법의원 관선의원으로 선임되었다. 남조선 과도입법의원은 미군정이 임명한 관선의원과 간접선거에 의한 민선의원 각 45명, 모두 90명의 의원이었는데 의장은 김규식이었다. 미군정의 한국인 기구는 입법 김규식, 행정 안재홍, 사법 김용무의 체제를 이루었다. 이로서 정부의 세 부문은 완전히 조선인에게 옮겨갔다(정진석, 2008: 356).

2011년 지금 현재 헌법 1조에 "대한민국은 민주공화국"이란 표현을 쓰고 있다. 안재홍에게 그 상징적 행위는 좌·우의 상황적 논리를 반영하는 것이었다. 안재홍은 신민족주의로 축약된 큰 맥락을 '드라마의 언어'로 표현했다.

그는 일본제국의 허위의식의 이데올로기적 질서로부터 새로운 질서를 이야기한, 즉 독특한 변증법의 질서를 주장한 철학자였으나, 상황 논리를 강력하게 포함시킨 수사학 연구자임에 틀림없다.

물론 그 상징적 행위 개념의 원류를 살펴보면 상해임시정부, 그리고 일제 당시에 집약적으로 논의되었음을 알 수 있다. 그렇다면 현 시점에서 당시 민주공화국 정신이 실현되고 있는가? 그렇지 않은 것 같다. 그 정체성은 희석되고 분리, 갈등, 긴장이 증폭되었다. 자기중심적 이익추구로 폭력은 난무하지만, 평화는 저 멀리 있는 것 같다. 사회의 폭력은 날로 증가하고, 부의 불평등은 늘어나고, '청년실업'은 쌓여만 간다. 민주공화국의 상징적 행위 정체성이 퇴색됨으로써, 당시 구도와는 거리가 멀어만 간다. 더욱이 헌법 정신은 우리의 현실과는 딴 세상을 구현하는 것 같다.

민주공화국 정립의 실천적 과정에 민세 안재홍은 결정적 기여를 했다. 그게 우리 헌법에 투영되었다. 인격체로서의 개인의 자유와 그 자유를 누릴 수 있는 부(富)는 누구에게나 필요하다. 모든 공화국이 그렇듯, 당시의 논의는 평등이 전제된 자유국가를 염원했다. 새로운 공화국에서 개인은 동기를 지닌 인격체로서의 자유를 가지고 그 자유를 누릴 수 있다. 언론인은 국가를 건설하는 데 조직자 역할을 할 수 있었다. 언론인은 상징적 행위의 수사학을 시도했다. 그 구성원은 자연스럽게 인격체로서의 국가로 발전을 희망할 수 있을 것 같다. 새로운 국가는 건전한 기자정신, 그 상징적 행위로 국민을 함께 묶고, 설득한다면 불가능한 일도 아니다.

28

비코의 문화주의 세계와 취재·보도에 있어서 사실주의 방법 극복

1. 객관보도의 문제

2008년 이명박 정부는 MBC 〈PD수첩〉 보도로 큰 홍역을 치렀다. 정부뿐 아니라 언론도 같은 정도로 큰 타격을 입었다. 신문과 방송은 신뢰의 위기를 맞았다. 저널리즘이 위기에 처했다면, 당연히 그 위기는 취재관행과 글쓰기에 문제가 생긴 것이다.

지금까지 보도의 덕목으로 여겼던 '사실주의', '객관보도' 형식에 문제가 발생했다. 그 덕목의 형식에 관심을 가져보자. 2008년 12월 31일 개정된 방송법은 제 6조 '방송의 공정성과 공익성'을 규정하고 그 1항에서 "방송에 의한 보도는 공정하고 객관적이어야 한다"고 명시했다.

방송의 공정성과 객관성의 덕목에 문제가 생긴 것이다. 물론 언론은 정부의 부패를 고발하고, 사회적 병폐를 고치고, 올바른 정책을 입안하도록 감시견의 역할을 한다. 그 결과 사회 내 커뮤니케이션이 원활하게 이뤄지게 된다. 그런데 실제 언론은 사실의 적절성, 균형, 불편부당, 비당파성, 객관보도 등 형식의 덕목에 민감하지 않았다. 설령 커뮤니케이션의 민감성을 가지고 있더라도, 과거의 틀은 인터넷 미디어의 등장으로 더 이상 예전의 룰이 적용되지 않는다.

예를 들어 설명하면 그 현실이 명백할 것 같다. 2004년 3월 노무현 전 대통령 탄핵사태가 일어났다. 헌법 절차에 따라 국회에서 결정한 후, 헌법재판소에 넘겼다. 당시 방송은 당시 대통령이었던 '노무현 구하기'에 몰두했다. 한국언론학회가 구성한 연구팀은 탄핵가결 후 방송프로그램 분석 결과, "아무리 느슨한 기준을 적용해도 공정했다고 말하기 어렵다"1) 라고 결론지었다.

언론이 사실성, 중립성, 균형성, 객관성, 공정성 등 '객관주의' 저널리즘을 등한시한 것이다. 남재일(2005) 연구원은 언론기업의 상업적 요구, 공공적 역할 수행자, 전문직업인 집단 등에 객관주의 관행을 수행하지 못할 '아비투스'가 생겼다고 봤다.

한편 〈PD수첩〉에 관여한 한 담당자는 자신들을 변론하고 나섰다. 한 인터뷰에 나온 최진용 MBC 시사교양국장(2008) 은 "(PD수첩의) PD들이 'PD 저널리즘'이 필요하다고 한 것은, 그만큼 기자들이 제 역할을 못하고 있다"는 생각 때문이라고 주장했다(원용진 · 홍성일 · 방희경, 2008: 250).

> 정치권력의 눈치를 너무 많이 받고 우리 기자 저널리즘의 한계라고 볼 수 있는 출입처 위주의 취재 관행, 그래서 출입처를 통해 취재를 하면서 출입처 취재원들과의 끈끈한 인간적인 관계 더 나아가면 부패나 그런 것들이 있었습니다.

기존의 취재관행에 문제가 생겨, PD 저널리즘이 그 역할을 담당한다는 논리를 펴고 있다. 필자는 이런 문제를 현상적 문제가 아니라 구조적

---

1) 국회의 탄핵안 가결 직후인 2004년 3월 12일과 13일 이틀 동안 방송된 지상파 방송 3사(KBS1, KBS2, MBC, SBS) 의 뉴스 특보 및 속보, 그리고 같은 달 14일부터 1주일간의 정규 뉴스 및 시사토론 프로그램 등 6개 장르를 분석 대상으로 삼았다(원용진 · 홍성일 · 방희경, 2008: 25). 이민웅(한양대), 윤영철(연세대), 윤태진(연세대), 최영재(한림대), 김경모(연세대), 이준웅(서울대) 등이 공동연구에 참여했다.

문제로 간주하고 풀고자 한다. 현재 관행화되어 있는 '사실주의', '객관보도'의 역사적 근거를 점검, 그 맹점을 논할 것이다.

결론적으로 이 글은 사회관계가 복잡해지고, 인터넷의 상호작용성, 쌍방향이 강화되는 시점에서 사실주의는 '사회심리', 혹은 비코[2] (Giambattista Vico)의 '문화주의'[3] 요소 채용에 더욱 관심을 가질 필요가 있다는 점을 부각시킨다. 연구문제로 ① 사실주의와 객관성의 역사는 어떻게 발전되었는가, ② 사실주의하에서 특수성과 보편성을 어떻게 다룰

---

2) 지암바티스타 비코(Giambattista Vico, 1688~1774)는 이탈리아 휴머니스트 전통을 가진 철학자다. 나폴리 출신이며, 그의 아버지는 책 판매원이어서, 젊은 시절 책 읽기에 몰두했다. 17세기 후반에 나폴리에 변호사가 득세했는데 그도 그 경향에 따라 법 공부를 하기 시작했다. 그러나 그의 관심은 곧 문학, 역사, 수학, 철학 그리고 수사학으로 옮겨갔다. 그는 독학으로 논리학은 프랑스의 피터(Peter Abelard), 명상의 신학자 스코투스(John Duns Scotus), 스페인 수아레즈(Francisco Suarez)의 작품을 접했으며 정치이론가이자 형이상학자 플라톤과 당시 인기를 끌었던 르네상스 신플라톤주의 전임자 피코(Pico), 피키노(Ficino) 등에 심취했다(James A. Herrick, 2009: 182).

비코는 나폴리대학의 웅변학(*eloquence*) 교수로서, 대철학자이며 수학자였던 데카르트(Rene Descartes)에 반기를 들었다. 당시 데카르트는 수사학을 경멸했고, 아카데미에서 애매한 위치에 있는 수사학을 추방하기를 원했다. 비코는 데카르트의 수학적 증명은 수사학의 연설가처럼 상징을 사용한다고 변론했다(James A. Herrick, 2009: 183). 비코는 수학은 선험성, 필연성, 불변의 진리 등이 아니라고 봤다. 과학이 미래사를 위해 합리적 근거를 제공한다는 아이디어가 영향력을 얻는다고 하지만, 비코는 위험한 문화발전의 역할을 한다고 보았다. 즉, 데카르트 체제는 너무 협소하게 이론을 편다고 생각했던 비코는 정신적 직감과 논리적 연역을 통해 학습하는 더 많은 방법이 있다고 봤다(Craig Smith, 1998: 239).

3) 문화주의는 아이디어를 중심으로 한 역사연구와 맥락을 같이 한다. 객관주의 저널리스트는 현재의 단순한 사건을 보도한다. 한편 역사연구자는 과거, 현재, 미래를 복합적으로 관찰한다. 즉, 역사연구자는 사건의 어떤 경향을 파악함으로써 복합적 사건을 추적한다. 이 연구는 객관주의 저널리스트와 다른 트렌드 연구에 관심을 가짐으로써 기능론자를 비판하고, 문화주의 · 역사주의 수사학과 사회심리학적 방법에 더욱 관심을 갖는다.

것인가, ③ 보편성을 향한 사회심리적 접근법, 문화주의 수사학이 불가능한가 등으로 잡는다.

이 연구는 랑케(Leopold von Ranke, 1973), 뒤르켐(Emile Durkheim, 1938), 게르겐(Kenneth J. Gergen, 1973) 등 사실주의와 사회심리학적 역사 방법론, 그리고 비코의 방법론에 관심을 갖는다. 또한 현재를 다루기 위해 남재일(2005, 가을), 원용진 · 홍성일 · 방희경(2008), 박재영 · 이완수(2008, 겨울) 등의 논의를 집중적으로 거론한다.

이 연구는 언론에서 다루는 객관성, 사실주의를 해부하고, ① 문화주의 수사학과 사회 심리학적 논리, ② 사실주의 역사, ③ 사실성의 요소 중 역사의 특수성, ④ 비코의 공통적 감각의 존재, ⑤ 취재 · 보도의 사실주의 역사방법의 극복 순으로 서술한다.

2. 문화주의 수사학

최근 사회심리적 방법론은 '내향적 가치체제'(*implicit value system*)에 관심을 갖는다(Alexander R. Luria, 1971: 343). 루리아는 가치를 강조함으로써 데카르트(Rene Descartes)의 정신과 육체 이분법과는 다른 경향을 갖는다. 그는 '인간의 전체적 견해'(*a holistic view of humans*)로 대표되는 게스탈트 심리학의 접근법을 선호했다. 루리아는 정신과 육체의 상호작용과 통합을 강조한다. 외부와의 연계성이 강조된다면 컴퓨터로 상호작용성이 강조되는 현실에서 이런 방법이 더욱 설득력이 있게 보인다.

같은 맥락에서 수사학 관점에서 '객관보도'의 난제를 풀어보자. 비코는 수사학이 이성이 아니라 사회적 생활(*social life*)의 기초라고 하였다(James A. Herrick, 2009: 183). 그에게 수사학은 모든 예술과 모든 인간이 세상을 느끼는 방법의 기본이다. 또한 아리스토텔레스의 수사학 이론은 "육체(*body*)의 정신(*mind*)에 영향을 줌으로써 인간에게 결정적이다"(Craig R. Smith, 1998: 239). 더욱이 아리스토텔레스의 수사학은 데카르트의 수학적 방법론의 해결보다 일상생활의 가능성(*probability*)을 다루는 것에 현명했다. 수사학자 비코는 인간의 주관성을 배제한 '객관주의' 방법에 쐐기를 박았다.

비코는 자신의 문화주의를 설명하며 "태고사람 · 이교도들이 한결같이 타고난 시인으로 시적 상징으로 이야기했다. 이 발견은 이 학문의 주요한 열쇠가 된다. 내 문학생활의 태반은 이를 위한 집요한 탐구에 소비되었다고 해도 지나친 말이 아니다"라고 했다(G. Vico, 1774/1997: 30). 비코는 '객관보도'에 관심을 가지기보다, 상상력의 상징과 그 역사성에 관심을 가진 것이다. 그는 사건현장의 삶의 실체와 구체적 상황의 언어를 더욱 중요하게 간주했다.

비코는 '인간적 상상력'(*humanistic imagination*)을 해석의 과업에서 기본으로 간주한 것이다. 상상력이 없이는 세계를 인식하는 것이 불가능하고, 과학의 테스트를 위한 갖가지 가정(*hypotheses*)을 발전시키는 것이 불가능하다(Craig R. Smith, 1998: 239). 상상력이 인간의 변이(*transformation*)에 결정적이다(G. Vico, 1774/1948; Craig R. Smith, 1998: 239). 인간적 상상력이 신화와 이야기를 구성하는데, 그것의 적절한 수사학적 분석을 통하여 '상상력의 형이상학'(*imaginative metaphysics*) 풀이가 현실화될 수 있다. 비코는 갖가지 문화 안에 장착된 서사적 이야기가 포함된 집단적 인간지식을 암시했다. 그는 픽 문화주의 수사학을 구사했다. 그는 연구자로 하여금 집단적 지식의 중요한 교훈을 재고하고, 재발견하게 한다. 그런데 그는 과학적 사고의 헤게모니 증가가 사회 구성을 위해 기본이 되는 공통적 감각, 여론(*sensus communis*)을 위협한다고 봤다(James A. Herrick, 2009: 183). 비코는 시적 스피치(*poetic speech*)가 철학이나, 과학적 이성이 아닌 문명된 사회의 기초를 제공한다고 주장했다.

현재 우리의 언론은 수사학의 전통영역에서 멀리 떨어져있음을 알 수 있다. 말하자면 현재 취재가 이성과 합리성에 기반을 둠으로써 과학주의, 객관주의의 한계를 경험하게 된 것이다. 오히려 인간관계가 확장된 현대사회에서 개인의 교육, 사회경제적 배경, 종교, 인종, 성, 개인의 가치 등 전문직이 갖고 있는 성향(*disposition*), 성찰(*reflection*)이 더욱 중요하게 부각될 수 있다. 개인은 사람과 사건을 전체의 한 체계로 인지하고, 그들과 행위를 함께 하고, 분석적 사고로 일관성을 유지할 필요성을 갖게 된다.

또한 전문직종의 사람들은 조직 내에서 합리성보다 직감적으로, '동료검증'(*peer review*)을 통해, 사실주의, 혹은 객관주의를 강화시켜 일관성을 유지한다. 그러나 현재 취하는 객관주의는 퍽 기능적 접근이다. 최근 우리사회는 인터넷이 도입되고, 언론인의 사회적 압력이 더욱 강화되었으며, 인터액티브 측면이 보강되었다. 전문직의 '내향적 가치체계'에 문제가 생기니, 결국 역사의 일관성에 문제가 생겼다. 그렇다면 사실주의 역사 방법론에 변화를 줘야할 것 같다.

그 해결책의 한 가지 예시는 미국 언론에서 취한 한 취재원에만 의존해서 기사를 쓰지 말라는 취재원칙이다(이재경 · 김학희, 1998: 91). 한쪽으로 편향되지 않는 '객관성'(*objectivity*), '균형'(*balance*) 보도를 위한 것이다. 어떤 일에 대한 사람들의 시각은 모두 달라 하나의 정책에 대해서도 반드시 찬성과 반대 입장이 있게 마련이다. 취재원 한 사람의 말에 의존해서 기사를 쓰면 편파적인 보도가 되기 쉽고, 취재원에게 이용당할 위험성을 내포하게 된다. 한 취재원에 의존한 기사는 오보의 가능성이 크고 사실을 왜곡해서 전달할 위험성도 높다.

이것은 또 다른 관행인데, 최근 인터넷 등지에서 균형과 형평성의 문제가 강하게 대두되었다는 점을 고려할 때 사회관계가 복잡할수록 모든 압력을 벗어날 수 있는 균형의 취재과정이 필요하다. 균형은 강압과 개인의 반대나 집단에 대항해서 일관성을 유지하는 데 관심을 갖는다. 언론인은 "모든 사람의 압력에 의해서 지지를 받는 균형이다"라는 논리가 있다(Emile Durkheim, 1938/1966: xxxv).

균형성을 가지지 못할 때, 언론의 출입처 취재 체계에 큰 구멍이 생긴다. 더욱이 기사의 내용은 전적으로 취재원에게 달려있기 때문에 기자에게 취재원으로부터의 독립이 우선과제로 등장한다. 그렇다고 취재원을 밝히지 않거나 취재원이 없는 기사는 객관성을 의심받고 따라서 신뢰도도 크게 떨어진다(이재경 · 김학희, 1998: 89).

결과적으로 언론보도에 문제가 생겼다면 우선 취재원 처리에 문제가 생긴 것이다. 전통적으로 정부 각 부처엔 공보실과 기자실이 나란히 설치돼 있고 매일 관급기사가 홍수처럼 쏟아져 나왔다. 특히 3공 이후 홍보대책의 일환으로 신문기자 출신을 공보관으로 임명하여 정부가 내보내고 싶지 않은 기사를 막고, 홍보하고 싶은 기사를 내보내는 일을 해왔다(송효빈, 1993: 108).

허술한 취재원 관리는 공공성, 공익성, 균형성뿐 아니라 객관성에도 문제를 발생시켰다. 그 결과 언론의 정치적 영향력으로 인하여 한국의 객관주의 관행은 '탈정치성'에 우선적 목적을 갖고 왔다(남재일, 2004: 12). 기자는 취재원의 대답을 즉각 분석하고 미진한 점을 계속 추궁해 들어가야 한다. 그러나 결과적으로 '왜', '왜', '왜'의 의문을 풀어내지 못한 불찰을 범하고 만 것이다.

이와 함께 또 다른 취재의 난점이 부각된다. 사실상 뉴스는 상품이 되었다. 쉽게 얻고, 재포장하고, 재목적화되었다(G. Stuart Adam and Roy Peter Clark, 2006: 174). 시간의 반복으로 저널리스트는 독점적으로 새로운 사실을 발견하고 검증하도록 노력하는 것보다, 존재하는 뉴스를 해석하고 추가 정보를 첨가하는 것을 선호하게 되었다. 이야기가 정형화될 때 기자들의 행위 형태는 진리인 것처럼 관행화한다.

현실의 왜곡을 피하기 위해 뉴스 취재과정에서 정확성이 요구된다. 같은 맥락에서 랑케는 "사물에 심취할 때, 인간은 그 자체에 알 만한 가치의 어떤 것을 드러내는 것에 불과하다"라고 보았다(Leopold von Ranke, 1973: 58). 그는 연구자의 어떤 주관성도 허용하지 않았다.

물론 객관성을 유지하기 위해서는 전술했듯 이중 점검(*double checking*) 과정이 필요하다. 또한 기자의 보도가 인물의 변화와 사건의 특이성에 치중하는 것은 기자의 주관 때문일 경우가 많다(송효빈, 1993: 67). 기자의 지나친 주관적 밀도를 막기 위해서 데스크의 견제와 기자 자신의 형평성의 감각이 필요하다. 말하자면 보도의 경우 취재기자와 편집, 데스크를 거치면서 상호 확인과 견제를 한다. 전문직 개인의 '내향적 가치체계'와 조직의 관행, 원리가 균형을 취하는 것이다. 데스크는 기자의 글에 일종의 거름 장치를 담당한다.

균형감각을 상실한 기사일수록 한쪽으로 쏠림 현상이 가속화된다. 더욱이 기술의 영향력은 왜곡된 사실을 더욱 극화, 확장시킨다. 현실의 왜곡 정도는 기술의 정도와 맥을 같이하게 된다. 진실의 추구는 명증성의 확보가 관건이다. 저널리즘은 오락, 선전, 픽션, 예술 같은 것으로부터 분리된다(Bill Kovach and Tom Rosenstiel, 2001; G Stuart Adam and RoyPeter Clark, 2006: 171). 오락은 대부분 국면 전환에 초점을 맞추지만, 저널리즘은 사실의 정확성에 관심을 갖는다.

오락과 같은 차원에서 선전, 수사학은 사건을 선택하거나 실제 목적에 봉사할 수 있는 것을 부각시킨다. 선전은 설득을 위해 사실을 조작하고 극화시킨다. 사실이 진리라는 것을 더욱 확신하기 위해 그것의 시나리오가 발명되었다(G. Stuart Adam and Roy Peter Clark, 2006: 171). 시나리오는 인간의 무의식을 발동시키기에 충분하다.

사실주의와 객관성은 저널리스트가 정보를 검증하는 일관적 방법을 발전시킬 것을 요구했다, 여기서 객관성은 형식적 사실주의로 묘사된다(S. D. Reese, 1997: 420~440; 박재영 · 이완수, 2008 가을: 129).

좀더 풀이하면 객관주의 내지 사실주의는 랑케(Leopold von Ranke) 사학의 핵심에 해당된다(길현모, 1975: 44). 그는 '사실에 대한 순수한 사랑'을 역사가들의 기본적인 자질이라고 거듭 강조하였으며, '사실이 진정 어떠하였는지'를 보여주는 것이 가장 중요하다고 생각했다. 또한 그는

'사실로 하여금 스스로 이야기하게' 하기 위하여 '자아를 지워버리고' 싶다고 말한 바 있다. 랑케가 믿는 역사서술은 감정이나 가치판단에서 일체의 주관성이 배제된 '색채 없는' 것이어야만 했으며 이것은 그의 신념인 동시에 확고한 실천계율이었다(길현모, 1975: 44).

랑케의 '색채 없는' 사실주의는 이중, 삼중 점검 시스템을 통해서 객관성을 확보할 수 있다. 그렇더라도 개인적 문화적 왜곡은 기사의 정확성을 헤칠 수 있다. 선전과 보도는 같이 출발하지만 전자가 왜곡과 설득을 일삼는다면, 후자는 진리를 규명하고 사실주의 역사관을 완성시킨다.

선전과 수사학은 취재에 문제를 발생시킬 뿐 아니라 그 태도에서 공정성, 공익성의 문제를 불러온다. 이 같은 논란의 핵심은 방송저널리즘의 공정성이었다(원용진 · 홍성일 · 방희경, 2008: 19). 즉, 우리 방송에서 '공정하지 못하다', '편파적이다', '어느 한편만을 들었다', '일방적이다' 등의 문제가 회자되었다. 물론 방송보도는 보편성과 특이성, 특수성이 함께 논의되어야 할 필요가 있고, 자율성을 지닌 저널리스트들의 실천도 관련이 있다.

문제가 된 2008년 광우병 파동 〈PD수첩〉의 경우 근원적인 문제는 사회 현상을 추적하고, 진리를 추구하는 것보다, 결론을 미리 정해 놓고 나머지는 이에 맞춰 짜깁기하는 프로그램의 수준이었다. 짜깁기는 오락, 선전, 픽션, 예술 등에서 쓰는 방법으로 여론 조작과 대중 선동을 목적으로 취하는 방법이다. 더욱이 〈PD수첩〉 제작진은 이명박 정부 들어와서도 '미국 소 = 미친 소'라는 이미지 각인을 위해 조작을 '서슴지' 않았다.

〈PD수첩〉 담당자에게도 변명의 여지가 있다. 커뮤니티의 상식(*the common sense*)에 대항한 것으로 개인적 이성을 강조함으로써, 객관주의를 현시할 수 있다. 비코의 과학의 지배에 대한 공포를 간과할 수 없는 일이다. 더욱이 〈PD수첩〉 등 PD들이 제작하는 프로그램은 전문가의 '내향적 가치체계'의 잣대를 결할 수 있어, 여부 확인이나 균형성 확보가 어려운 측면이 있었다. 말하자면 기자의 균형감각을 잃지 않는 객관보도를 위해서 무엇보다 사물을 정확히 보는 종합판단이 필요하다는 것이다. 즉, 사물에 대한 정확한 인지 없이는 사건을 정확히 그려내기가 힘들기 때문이다(송효빈, 1993: 67).

최진용 MBC 시사교양국장의 인터뷰에서 그 문제의 단초를 찾을 수 있을 것이다. 즉, 그는 "사실에 입각해서 사실만 전달을 하는 것은 무리고, 그것보다 한 단계 더 나가서, 그래서 바람직한 해법은 무엇이냐 하는 것까지 고민을 하다 보니까 아무래도 의견이 많이 가미가 되겠죠. 그것이 기자들이 작업하는 형태하고 우리들이 작업하는 형태의 가장 큰 차이가 되는 것입니다"라고 했다(원용진 · 홍성일 · 방희경, 2008: 256).

기사 배열도 객관주의의 문제를 발생시켰다. 국내 신문기사는 유형에 관계없이, 신문사를 막론하고 역(逆) 피라미드 구조에 매몰되어 있다(박재영 · 이관수, 2008: 114). 역 피라미드 구조는 정보를 파편적이고 피상적이며 일방적으로 전달하여 맥락 없는 보도를 부추긴다. 글쓰기 방식이 언론의 객관성, 공정성, 맥락의 보도에 취약점을 노정시킨다.

과도한 선전, 정론성은 우리 언론의 소통을 단절시키는 장본인이 되었다. 더욱이 이념과 지역이 다를 때, 서로 간의 대화는 오히려 단절을 부추기게 되었다. 그 불신의 파고가 낮아질 것 같지 않은 사회분위기에서, 그 갈등의 최첨단에 언론이 존재해왔다.

뉴스의 취재, 평가, 편집 등 제작과정 전체에 신문기자의 주관이 끼어들지 않은 곳이 하나도 없다(송효빈, 1993: 65). 저널리스트는 이런 문제를 극복하고, 명증성에 관심을 가질 필요가 있다.

언론인은 사건 뒤에 숨은 진리를 조망한다. 다른 것과의 관계를 규명하고 그 연결고리를 찾아낸다. 인간 행위에 합당한 현실의 그림을 그린다(G. Stuart Adam and Roy Peter Clark, 2006: 112). 물론 시간이 긴 '탐사보도'가 현실의 진리 규명에 도움을 준다.

그러므로 객관성 확보가 명증성, 진정성을 확보하는 데 필요하다. 어떤 사건을 정확히 보도하기 위해서는 하나의 사실을 여러 각도에서 조명,

취재해야 한다. 하나의 사건에 대해 당장 전모를 밝히기는 어렵지만 여러 각도에서 사실을 추구하다 보면 정확한 전체의 윤곽이 드러날 수 있다(송효빈, 1993: 67).

불편부당의 입장에서 객관성의 아이디어는 담론의 커뮤니티, 동일성의 규격, 동일한 목표 등을 추구할 수 있게 한다. 그러나 긴 역사적 맥락에서 볼 때 특정된, 혹은 특수성은 단일한 것이고 거기에는 우연적 상황의 요소가 끼어들어 있다. 일반 자연과학이나, 철학자들에게는 이러한 특수성이 보편적 학문으로서의 역사가를 괴롭히는 요소가 되지만, 이것 또한 역사의 고유성이 된다.

서구에 1830년대 이전에 존재했던 당파성 신문의 시기와 견줄 때 객관보도는 해결 실마리를 찾을 수 있을 것 같다. 당시 '페니 프레스'는 사실성(*facticity*)을 바탕으로 객관주의, 사실주의를 표방했다. 이를 근거로 하여 우리의 언론을 조망할 수 있다.

이 연구는 1830년대와 비교하면서, 객관주의, 사실주의 역사방법론, 그리고 비코의 문화주의 방법을 원용코자 한다. 물론 이 연구는 객관보도 자체의 기능적 접근에 만족하지 않는다. 역사는 분명 사회적으로 구조화된 과정이다(Joseph M. Bryant and John A. Hall, 2005: xxix). 사회적 상호작용은 역사를 변형시키고, 그 변형은 사회를 일정 부분 인간의 이성으로 작동하게 한다. 하나의 사건은 다른 사건과 관련을 맺으며 서로의 발전에 도움을 주고, 서로의 통합은 큰 역사의 물줄기를 형성한다.

다른 한편으로 사회심리학의 행위이론은 19세기 말, 20세기 주요 인간관계를 다루는 사회이론에서 논의되었다. 일종의 행위이론이 문화주의 방법론 일부를 뒷받침하였다. 행위이론가들은 자신의 주관성을 어떻게 객관화시키는지에 관심을 갖는다. 사실에 대한 역사, 객관화된 역사 등이 관심의 초점이 된다. '사실주의'(*principles of matter of factness*)가 관심의 전면에 등장한 것이다. 사실이 사물의 객관성을 확보하고, 진리를 규명하게 된다.

행위이론은 개인의 자율성을 확장시키고, 사회적 의식을 둔하게 할 수 있다. 뒤르켐은 '집합의식'과 '사회적 사실'로 개인의 행위모형을 개발했다. 그는 개인과 집단의 의식이 함께하는 접점을 규명한 것이다. 특수한 성격을 가진 사회적 사실의 범주는 행위, 사고, 느낌 등 형식들(*ways of acting, thinking, and feeling*)을 포함한다. 그것은 개인의 밖에 있으면서 개인을 통제하는 이성이어서, 강압적 성격을 지닌다(Emile Durkheim, 1938/1966: 3).

물론 언론인과 역사가는 개인인 동시에 역사와 사회의 산물이다. 사회적 사실이 의미를 지니는 것도 사건의 사회성 때문이다. 또한 사회적 사실이 어떤 계속성을 지니려면 정밀성이 필요하다. 체계적 분석을 통해 과학은 체계적 일반적 법칙을 알아낸다. 인간관계를 규명하는 사회심리학도 이러한 범주에서 예외적 존재는 아니다.

그때 인성체계, 사회체계, 문화체계가 일관성을 유지한다. 그것을 기초로 모든 과학은 객관성과 일관성을 생명으로 한다. 같은 맥락에서 관찰 가능한 사회적 사실은 언제든 일반화가 가능한 영역이다. 이런 사회적 사실은 사회적 규율로서 개인을 넘어 보편적으로 존재하고, 개인을 강제한다.

우리의 윤리는 룰(*rules*), 사회적 규범으로 관찰할 수 있는 명료성을 지니고 있다. 더욱이 역사적 사건의 해석은 언제나 도덕적 판단, 만일 보다 중립적인 어감의 용어를 선호한다면 연구자는 가치판단을 내포한다(E. H. Carr, 1961/1979: 103). '내향적 가치체계'가 중요한 덕목으로 나열된다. 이때 중립의 규칙은 체계적 형태로 재생산이 된다. 그것에 반대하면 사회적 벌이 주어진다. 기자의 취재과정도 사회적 사실과 다를 바가 없다. 즉, 한국 신문에서 경찰기자의 수습과정은 직업적 관행을 습득하는 기초적인 사회화 과정으로 취재관행이나 기사 스타일 면에서 신문사마다 큰 차이가 없이 비슷한 양상을 보인다(남재일, 2005 가을: 171). 경찰기자를 거치면 한 개인은 객관주의 관행의 원리와 전문 직업인적 규범을 공유하게 된다.

3. 사실주의 역사

역사에 관한 연구는 적어도 다음과 같은 세 요소를 갖고 출발한다. 즉, ① 증거(*evidence*), ② 해석(*interpretation*), ③ 설명(*narration*)으로 구성된다(James Startt, 1932/1995: 15). 증거가 없으면 역사는 없다. 공통적으로 기록이라고 부르는 이러한 증거들은 현실의 기록(*a record of reality*)으로 우선 묘사된다. ② 과거 재구성(*reconstruction of the past*)으로서의 역사에 대한 언급은 실제로 해석적 행위로서의 재구성이다. 역사의 특수한 상황에 의하여 자료들이 분실되거나 손실되는 측면이 허다하다. 사실(*facts*)에 대한 해석이 중요하게 대두된다. 그 해석에 따라 설명의 이야기로 엮어간다.

역사와 사회과학(최근에는 행동과학이라 함) 사이에 유사한 양립 관계가 있을 수 있을까? 이 두 분야는 차별성을 갖고 있지만, 또한 서로 많은 공통 관심사를 갖고 있다. 역사학자와 사회 과학자 모두 과거를 연구하고, 보다 정확히 말하자면 과거에 있었던 것들을 연구한다. 이 둘은 똑같이 분석, 설명, 그리고 일반화라는 과정을 거쳐서 이론화 작업을 시도한다(James Startt, 1932/1995: 22).

물론 역사는 과거에 일어났던 사건에 관해 연구하는 학문인데, 해석을 통해 과거를 재구성한다. 이 연구에서 사실의 규명은 첫 번째 작업이고, 여기에서 객관주의, 사실주의가 발동한다. 우선 사실성(*facticity*)은 정확성(*accuracy*), 분리(*detachment*), 객관성(*objectivity*), 비당파성(*non-partisanship*), 균형성(*balance*)을 요구하며, 역 피라미드형(*the inverted pyramid*) 등으로 사실주의, 객관주의 역사관을 정립한다. 기사의 취재와 글쓰기에 주관성을 철저하게 배제한다. 데카르트의 이분법이 여전히 유용하다.

사실성은 랑케(Leopold von Ranke)의 《라틴 및 게르만 제민족의 역사》에서 그 편린을 찾을 수 있다. 그는 사료로서 1차 자료의 중요성을 갈파했다. 그 서문 속에서 "이 저작의 자료는 회고록, 일기, 서한, 외교관의 보고서, 목격자 자신의 서술이며 그 밖의 문서들은 이상의 문서들을 직접 반영한 것이거나 혹은 일차적인 지식에 해당되기 때문에 이상의 것들에 맞먹는다고 생각된 것들에 국한되고 있다"고 했다(길현모, 1975: 46).

벨기에 혁명이 일어난 1830년 이후 고문서 보관소(*archives*)가 개방되기 시작했다(길현모, 1975: 46). 벨기에 혁명으로 새로운 독립정부가 수립되자 브뤼셀의 고문서보관서가 공개되었고, 이를 따라 헤이그와 비엔나의 고문서보관서도 공개되었다. 그리고 혁명의 물결은 피렌체, 밀라노, 나폴리, 몬테나, 베니스 등의 도시에서 비공개되었던 고문서를 공개토록 하였다. 미묘한 국제관계 속에서 새로운 정부는 자신의 문서를 먼저 공개하는 편이 유리하다고 생각했던 것이다(길현모, 1975: 47). 일차자료에 의한 역사의 기록이 성행하게 된 것이다. 사실성이 역사기록에서 중요하게 부각된 것이다.

역사학과 동시대 언론에서도 사실주의, 객관주의가 성행하기 시작했다. 한편 서구에서 '객관주의'[4]가 언론실천의 관행으로 자리 잡은 것은 19세기 중반부터라는 견해가 일반적이다. 즉, 사실성의 역사를 1832년부터 1866년 사이로 잡는다(David T. Z. Mindich, 1998: 85). 당시 의약,

4) 객관주의는 기업적 요구 위에서 시민사회에서 언론의 사회적 역할이란 변수가 결합됐고, 기업적 요구와 시민사회의 요구에 동시에 충실해야 하는 이중적 성격이 기자의 전문직업인주의를 매개로 봉합됐다는 것이다(남재일, 2005 가을: 169). 여기서 객관주의는 사실주의와 같은 의미인데(p. 172), 이전까지 특정당파를 위한 정론지였던 신문이 기업화하면서 가장 많은 독자를 확보할 수 있는 사실보도를 추구하고, 객관주의를 그들의 이념으로 채택했다. 물론 객관주의는 그 근원을 사실에 두었다.

문학, 사회과학, 그리고 저널리즘이 과학을 선호하면서 사회는 종교적 패러다임을 거부하기 시작했다.

셰퍼드(Dr. H. D. Shepard)는 1833년 1월 1일 페니프레스 〈뉴욕 모닝 포스트〉(*The New York Morning Post*)를 발행하였고, 곧이어 데이(Benjamin Day)는 〈뉴욕선〉(*the New York Sun*)을 창간했다. 사실성은 페니프레스의 발전과 직접 관련이 되었음을 쉽게 알 수 있는 대목이다.

사회학자이며 철학자인 스펜서(Herbert Spencer)는 "객관적 사실(*objective facts*)로 우리에게 강한인상을 줬다"고 했다(David Shi, 1850~1920: 69; David T. Z. Mindich, 1998: 95). 사실은 그 후 과학적 사고와 같이 힘을 얻었다. 새로운 과학적 사고의 방법은 1832년, 1849년, 1866년 등 세 차례 뉴욕시의 콜레라 전염병에 대한 의술의 대응을 통해 진화했다. 초기 두 번 의사는 미신, 종교적 믿음, 그리고 무작위 경험에 의존했으나, 마지막 1866년의 경우에는 질병을 퇴치하기 위한 데이터 수집과 과학적 방법에 의존했다(David T. Z. Mindich, 1998: 95). 경험주의가 의학뿐 아니라 저널리즘에도 적용되기 시작한 것이다.

경험주의에는 사실의 정확성과 그 분석의 중요성이 선행한다. 퓰리처(Joseph Pulitzer)는 1900년 〈뉴욕 월드〉(*the New York World*) "스탠더드 오일은 은행을 어떻게 조종하였는가?"에서 " '정확성', '정확성', '정확성' "으로 기사의 효력을 높이도록 권고했다.

사실의 정확성과 더불어 저널리즘의 법제화가 시작되었다. 여기서 '균형'이 첨가되었다. 1890년대 저널리즘은 남북전쟁 전 정론성과 왜곡은 줄이고 더욱 독립적이고 객관화된 매체로 규정하려 했다(David T. Z. Mindich, 1998: 114). 당시 주요 도시의 주요 신문은 정치적 독립을 확인했다. 객관성의 덕목에서는 전문가의 직업윤리가 강조되었고, 전문가 집단은 1876년 미주리 신문 협회(Missouri Press Association)를 구성하고, 윤리강령을 완성시켰다.

한편 또 하나의 사실성과 객관성에 도움을 준 원리는 의견으로부터 분리된 모든 당파성으로부터의 '초연함'(*detachment*)이다. 1830년대 미국의 '페니 프레스'는 어떤 당으로부터 독립하기를 원했다. 벤저민 데이는 〈뉴욕선〉에서 부자들의 지갑 대신, "모든 사람에게 빛을"(*It Shines for All*)이란 표현을 사용했다. 잭슨시대(Jacksonian era)는 '보통사람'의 '민주정신'과 일맥상통한 흐름을 대변한 것이다. 당시 페니 프레스는 정치기사를 피하는 대신, 본능에 충실한 흥밋거리의 범죄 기사에 치중했다. 사설은 노름, 결투, 폭음, 태만 등 인간의 악습을 타이르고 경계하며 도시 생활의 주변 문제를 다루었다. 이들 신문은 인간의 관심사(*human interest*)를 주로 다루어 당파성의 내용을 대신하였다.

어떤 당으로부터도 독립적인 신문(*independent press*)은 다름 아닌 페니 프레스였다. 초기 미국 '독립신문'은 정치적 정당으로부터 자신들을 분리시켰다(David T. Z. Mindich, 1998: 16). 한편 우리의 경우 1957년 신문윤리강령을 초안한 천관우는 〈조선일보〉 기고에서 "의식적 왜곡에서 오는 심리적 폭력, 목적적 전달, 이데올로기 강요, 대중 조작을 위한 정치 선전 등을 경계하고, 뉴스의 형식이 실물을 어떻게 정확하게 재생할 수 있는가"에 관심을 가질 것을 주문하였다(천관우, 1957), 또한 1961년 7월 발표된 신문윤리강령 실천요강의 "보도와 평론의 태도"에서 "보도는 평론과 엄격히 분리되어야 하며 집필자의 이름을 밝힘이 없이 개인의 의견을 보도에 삽입할 수 없다"라고 규정함으로써 사실성의 보도에 관심을 가졌다.

한편 당시 발전된 미국의 전신은 사실성의 전달에 도움을 주었다. 1844년 5월 1일 볼티모어에서 워싱턴까지 휘그당(Whig party)의 기사가 성공적으로 전달되었다. 프로이센은 나폴레옹 3세의 군대를 격파시킨 이틀 후인 1870년 9월 4일 저녁, 파리에서 공화정을 선포하였다. 〈뉴욕 트리뷴〉(*New York Tribune*)은 6일 아침 당시의 군사적, 정치적 상황, 그리고 황제의 정확한 근황을 대서양 케이블에 의해 유럽 각국으로 전하였다. 지금까지 의견에 가까운 뉴스가 주종을 이루었으나, 전신에 적합한 뉴스는 사실을 바탕으로 한 뉴스였다. 의견은 점차 사설에 제한해 게재했다.

전신 기술은 세 가지 사회현상을 경험케 했다(James W. Carey, 1995: 157). 첫째, 전신은 시장의 상황적 요소를 제외시켰다. 과거에는 개별시장 원리가 독립적으로 작동됨으로써, 수요와 공급이 시장상황에 의해 결정되었다. 둘째, 재화가 상품의 대표성으로부터 분리되었다. 상품의 대표성이 창고의 인수증으로 대치되었다. 셋째, 상품의 거래가 등급체제에 의해 이루어졌다. 많은 양의 물품은 비인격적 규격화를 요구했다. 정보는 독립적으로 전달되고, 생산품보다 빨리 유통되었다.

전신은 새로운 사실의 질서를 형성시킨 것이다. 잘 구조화된 이야기는 가장 중요한 사실에서 시작하여, 가장 덜 중요한 것으로 끝을 맺었다. '역 피라미드형'(*the inverted pyramid type*) 기사가 전신에 적합한 내용이었다. 당시는 기술적 어려움, 그리고 비싼 가격으로 역 피라미드 형태가 좋은 대안이 되었다.

역 피라미드형은 1896년 4월 7일 창간한 〈독립신문〉과 무관할 수 없다. 창간호에 '쿠바의 독립운동상황'에 대해 언급했고, 1897년 3월 1일부터 로이터와 계약을 맺고 〈전보〉란을 개설했다. 또한 〈코리안 리포지터리〉(*The Korean Repository*)는 1896년 8월호에 왕립전신서비스는 거리와 관계없이 국내 요금으로 언문 한 자당 2센트, 중국어 5센트, 영어 10센트를 받았다고 기록하였다(조맹기, 2006: 31). 사실성의 질서는 역 피라미드형으로 그 실체가 완성이 된 것이다.

객관보도, 사실보도에 대한 논쟁은 1957년 윤리강령 이후 끊임없이 논의되어 왔다.

> 보도는 사실의 신속 충실한 전달을 생명으로 하며 따라서 출처 및 내용에 있어 보도의 가치가 확증될 수 있는 것에 한하여야 한다. 평론은 독립불기의 소신을 공정대담하게 표현하여야 하며 특히 진실에서 고의로 이탈하려는 편파를 경계하여야 한다. 보도 및 평론은 그 능력이 미치는 한 철

> 저와 정확을 기하여 공중에 대한 성실을 저버리지 말아야 하며 중대한 오보가 있을 때는 이를 정정하여야 한다(서정우 · 차배근 · 최창섭, 1993: 403).

윤리강령이 발표된 당시(1956~57년) 국내에서 역 피라미드형 기사 작성에 관심이 집중되었는데,[5] 당시 20~30대 젊은 기자에게는 전도 피라미드형의 방법이 매력적이었다. 한편 1961년 제정된 "신문윤리강령 실천요강"에서는 더욱 사실보도가 강화된다. 그 '보도와 평론'의 태도에서 "신문윤리강령"은 더욱 뚜렷하게 부각되었다.

> ① 보도는 평론과 엄격히 분리되어야 하며 집필자의 이름을 밝힘이 없이 개인의 의견을 붙여 삽입할 수 없다. ② 미확인의 사실을 부득이 보도할 때에는 그 사실이 미확인임을 명시하여야 하며 또 그것을 확대하게 보도해서는 안 된다. 또 비공식이나 사적인 담론은 그것이 공공의 이익에 절대적으로 필요하지 않는 한 보도해서는 안 된다. ③ 사실은 부분만이 아니라 그 전모와 의미를 포괄적으로 보도해야 한다. 특히 사실의 요약과 표제에 있어서도 사실이 왜곡되어서는 안 된다. ④ 재판의 판결에 영향을 주는 취재평론을 해서는 안 된다. ⑤ 사실과 다르거나 부정확한 보도를 했을 때에는 스스로 즉각 이를 완전히 정정해야 한다(서정우 · 차배근 · 최창섭, 1993: 405).

윤리강령의 '보도와 평론의 태도'에서 나타나는 사회적 책임, 보도와 평론의 분리, 신문의 당파성(*partisanship*)의 금지[6] 등은 전문직을 바탕으로 한 언론의 정신과 직결된다. 언론의 전문직화를 강화할 공정성의 개념이 강조되는 것이다. 공정성은 롤스(John Rawls)의 자유 개념에 의해 발전된 것인데, 그는 《공정성의 정의》(*justice as fairness*)에서 그 정의

---

5) 조세형, 1963, "전도피라미드형의 폐단", 〈신문연구〉 4(1) 여름.

6) 서정우 · 차배근 · 최창섭, 1993, 《언론통제이론》, 서울: 법문사, 403~406쪽.

는 "자유와 평등성의 화해 효과를 목표로 두고 있다"(Joshua Cohen , 2002: 1035)고 밝혔다. 즉, 롤스의 공정성 원리는 동일한 정도의 자유를 다른 사람에게 허용했을 때, 개인은 더 큰 자유를 획득할 수 있다는 논리이다. 이 논리에 따르면 상호의존적 자유를 논함으로써 서로가 더 큰 자유를 누릴 수 있다고 가정할 수 있다.

4. 사실성의 요소 중 역사의 특수성

랑케는 인간에 관한 지식을 획득할 때 두 가지 방법을 사용했다(Georg G. Iggers and James M. Powell, 1990: 30; 길현모, 1975: 60). 하나는 개별의 지각을 통한 길이고 다른 하나는 추상을 통한 길이다. 전자는 역사의 방법이고 후자는 철학의 방법이다. 철학은 존재의 양상(*Bedingung der Existenz*)의 보편적인 관심에 중점을 두나 전자는 개별적 관심에 중점을 둔다.

철학자에게 모든 개별적 사물은 오직 전체의 일부분일 뿐이나, 역사가에게 개별은 그 자체로서 관심대상이 된다. 역사는 특수성이 그 영역이다. 역사연구의 목적은 연구 대상의 유의성과 특이성을 수반한다(James Startt, 1932/1995: 29). 즉, 연구 대상의 유의성은 과거 사실에서 선택된 어떤 대상이 지속적으로 중요한 의미를 지니고 있는 것이라는 역사가의 확신에 있게 마련이다. 여기서 비코는 상식(*sensus communis*)의 관점에서 필요와 효용성에 따라 인간이 어떤 선택을 한다고 한다. 그런데 그 가치판단은 계급, 커뮤니티, 전 국민, 전국, 인간 전체로서 나누어진다(John D. Schaeffer, 2004: 285). 그 가치 판단은 문화에 따라 특수성을 나타낼 수 있게 된다.

한편 특이성이란 특별한 문제, 사람, 장소, 시대 등에 관계된 전후 배경(*context*)을 조사하는 아이디어에 근거한다. 게르겐은 사회심리학의 역사적 탐구에 관심을 가졌다(Kenneth J. Gergen, 2006: 340). 사회심리학은 주로 사실과 관련이 있는데, 그것은 시간에 따라 반복될 수 없고 변동하는 사실의 존재를 인정한다. 또한 그들의 지식은 일반적으로 역사적 경계에서 선험성이 아니기 때문에 일반적 과학적 영역으로 축적이 될 수 없다. 역사에서는 개별의 '원심력'의 힘이 또 다른 축이 될 수 있었다. 역사가는 과거에서 특정한 것들에 대해 연구함으로써, 사회과학자들보다는 훨씬 더 본래의 자료와 연구자의 설명을 중요하게 여긴 것이다.

사회 과학자들과는 달리, 역사가는 1차 자료를 통해 분석을 하게 되는데 이로써 직관적 통찰력을 연구 과정에서 중요한 요소로 받아들이게 된다(James Startt, 1932/1995: 24). 역사가는 이를 수행하기 위해 역사에 관한 특수성의 자료를 사용한다. 그 내용은 문화적 힘, 사회적 배경, 그리고 과거의 인간 같은 것들에 관계되는 요소를 찾아낸다. 역사가의 자료는 분명 이런 측면에서 과학자의 자료와는 완연히 다르다.

역사가들의 기본자질로서 개체에 대한 순수한 사랑과 기쁨을 강조한 랑케가 개체의 세계를 그려냄에 있어서 고도의 예술성을 아울러 강조한 것은 오히려 당연하다(길현모, 1975: 64). 즉, 역사는 수집하고 발견하고 통찰한다는 면에서 하나의 과학이나, 발견하고 인식된 것을 재구성하여 설명하는 것이기 때문에 하나의 예술이다.

같은 맥락에서 비코는 시(*poetry*)와 신화(*mythology*)에서 인간 사고의 예술적, 수사학적 성격에 대한 해결책을 찾았다. 원시인은 이성의 약점을 보강하기 위해 강한 상상력을 사용하는데, 필연적으로 시에 의존했다. 비코는 괴짜거나, 몽상가로 부각된다(James A. Herrich, 2009: 183). 그는 언어에서 인간의 역사를 본 것이다. 즉, 비코는 사회의 주요 기초로서 수사학과 자연 종교를 고려했다.

물론 역사의 유의성은 그 연구가 지속적 요소를 갖고 있음을 의미한다. 언론사는 역사와 크게 다를 바가 없다. 역사의 사실성과 객관성으로 인해 구체적 사실은 결국 사회의 큰 흐름의 맥락과 연계된다. 주관성의 배재도 다름 아닌, 전체의 맥락과 일관성을 찾아내는 작업과 무관할 수 없다.

터크만(Gaye Tuchman)은 기자들이 기사를 작성할 때 관행적으로 사용하는 세 가지 요소를 제시했다(Gaye Tuchman, 1972; 박재영·이완수, 2008: 129). 즉, 상반된 가능성의 제시, 지지하는 증거의 제시, 인용부호의 적절한 사용 등이다. 이 세 요소는 객관주의를 구현한다는 차원에서 사용된다. 기자는 지지하는 증거, 실태, 원인, 대안을 제시한다. 그렇게 하기 위해 사례, 통계 수치, 관계자 인터뷰, 전문가 인터뷰, 취재원과 직접 인용구를 사용한다.

설령 그렇다 하더라도 저널리스트는 주관성, 예술성, 특수성을 나열하다가 자칫 객관성, '내향적 가치체제'의 틀을 확보하지 못할 수 있다. 한 예를 들면 〈PD수첩〉의 경우 전문적인 취재 훈련을 받지 못한 작가들이 취재, 대본, 프로그램 구성 등에 깊숙이 개입하면서 문제를 노정시켰다. 그리고 취재 내용을 사전에 크로스 체크하는 게이트키핑 시스템도 느슨했다. 작가, PD, CP(책임 PD)로 이뤄진 자율적인 작은 팀 안에서 제작이 마무리돼 사전, 사후 점검체제가 미비하였다(양성희, 2009).

2008년 MBC 〈PD수첩〉이 광우병의 위험성을 보도했을 때 나온 문제는 객관적 사실보다 관점과 의견을 중시하고, 특정 입장에 부합하는 내용을 집중적으로 부각하여 몰아가는 식이라는 것이다(양성희, 2009). 그 프로그램은 과장되거나, 특수성을 과도하게 삽입한 것이다. 그런 유형의 대다수 프로그램은 "사실을 규명하는 데 익숙하지 않은 PD와 방송작가들이 제작하고 있다"고 한다(김인규, 2009).

일반적으로 뉴스는 '바깥 그곳'(*out there*)으로 존재하도록 한다. 언론은 공통 진리의 준거를 찾아낸다. 취재기자는 보도자와 독립적으로 존재하는 것을 알기 위해 노력한다. 기자는 객관보도를 위해 매일 기사의 정확성을 위한 노력을 기울여야 하며, 정확성과 형평성을 갖춰야 한다. 그러나 기자의 경우 그날의 시각은 역사가의 긴 호흡보다, 상황의 콘텍스트(*context*)에 관심을 갖는다. 즉, 누가 발표를 하고, 어디에서 커뮤니케이션이 일어나고, 참가한 사람들의 일반적 태도는 무엇인지 같은 것과 무관할 수 없다(Berko, Wolvin and Wolvin, 2007: 13). 사건이 한 방에서 일어난다면 커뮤니케이션은 방의 크기, 벽의 색깔, 가구가 위치하는 장소, 커뮤니케이션하는 방식 등에 영향을 받는다.

또한 화자와 청자의 변덕스런 커뮤니케이션을 성찰할 수 있는 감정적 강조가 반영된다. 감정적 상태는 특수성의 영역이며 그렇지 않을 때도 특수한 영역뿐 아니라 일반적 영역이 존재한다. 같은 맥락에서 커뮤니케이션이 일어나는 물리적, 사회·심리적, 시간적 환경에는 특수성과 보편성이 존재한다. 현실에서와 같이 역사 풀이에도 예외적일 수 없다.

한편 환경뿐 아니라 메시지에서도 화자와 청자에 독립된 내용이 존재하고, 개인 사이에 상호작용하는 관계의 차원이 존재한다. 독립적 메시지는 역사의 일반성으로 풀이할 수 있지만, 관계의 메시지는 특수성의 존재를 도외시할 수 없다. 역사는 특수성과 일반성이 공존하는 것이다.

일반성, 보편성은 철학의 영역에서 다룬다. 철학과 논지는 주로 아이디어와 관련이 있다(Robert Ezra Park, 1955: 227). 이성과 논리적 사고는 보편성을 따지게 마련이다. 철학에 비해 역사는 주로 사건과 관련을 맺음으로써 보편성과는 거리가 있다. 그러나 역사 연구로서 뉴스는 자연과학의 지식과 같이 체계적 지식은 물론 아니다. 자연과학은 주로 사물과 관련이 있어 누구에게나 보편성의 원리를 적용할 수 있다. 자연과학을 원용한 사회과학은 사회문제를 조사하고 구성하여 배열한다(Robert Ezra Park, 1955: 228). 여기서 조사는 조사(調査)라기보다 '사실 확인'(*fact-finding*)의 형태에 가깝다. 사실을 발견함에 따라 사회과학은 대상 사회기구에 대한 해석을 시도하게 된다.

사건에 관심을 가진 역사학은 피할 수 없이 시간을 고정하고 공간에 위치함으로써 독특(*unique*)할 수밖에 없다. 역사학은 자연과학과 달리 사물처럼 규정할 수 없고, 공간과 시간에 따라 변화하게 된다. 또한 미디어

속에서 우리는 우리 자신을 공간과 시간 안에 고정시키는 방법을 찾는다(Roger Silverstone, 1999/2009: 19). 그들이 정한 공간과 시간 안에서 우리는 다양한 우연적 상호작용을 하며, 서로의 관계하에 우리 자신을 고정시키고 연결하고 분리시키고 공유하거나 부인한다.

콘텍스트의 마술에서 벗어나는 길은 코드에 규격화된 요소를 가미시키는 것이다. 뉴스 보도에서는 어떤 명증성 확보가 쉽지 않아 보인다(Bill Kovach and Tom Rosenstiel, 2001: 171). 저널리스트는 특수한 콘텍스트의 상황에서 표현 언어의 제약성을 경험하게 되고, 설명을 통해 이해시켜야 할 필요성을 느낀다. 시적 언어가 필요한 경우가 생기게 된 것이다(G. Vico, 1774/1997: 30). 그때 저널리스트는 테스팅하고 정보를 제공하는 개인적 '내향적 가치체계'의 방법론에 의존한다. 그는 감각을 조직화한다. 그 자신은 개인적 명증성의 원리에 의존하고, 사건의 많은 증언을 추구하는 실천, 취재원에서 대한 가능한 많은 노출, 개인적 특수성 등에 의존하게 된다.

사실과 느낌은 별개의 실체라기보다는 사실정보와 느낌정보, 지식정보와 감성정보, 객관적 정보와 주관적 정보 등과 같이 속성이나 정밀성의 정도를 달리하는 정보라고 할 것이다(윤석민, 2007: 192). 사실과 느낌, 지식과 감성, 그리고 객관과 주관의 구분이 애매하다. 이를테면 느낌에는 정확한 느낌과 어렴풋한 느낌, 건조한 느낌과 풍부한 느낌이 있을 수 있다. 또한 나에게는 사실인 것이 타인에게는 느낌일 수 있기 때문에 이 양자는 정도의 차이이지 질적으로 근원적인 차이를 지니는 속성으로 간주될 수 없다.

또한 미디어에서 다루는 뉴스는 순간적인 사건일 수 있다. 뉴스는 비일상성, 즉, 기대하지 않는 것과 관련이 있다. 뉴스는 일상적인 의례와 그날의 일과와는 거리가 있다. 그 결과 뉴스가치는 상대적이다(R. Park, 1955: 232). 어떤 것은 처음에 관심의 영역이었으나 다음에는 전혀 관심거리가 되지 않는다.

한편 사건이 일어나는 것도 돌발적이지만, 뉴스는 그것에 관심이 있는 사람에게 도달할 때만 비로소 여론(*sensus communis*)으로서 뉴스가 된다. 뉴스는 중요성이 인식되고, 그것이 인쇄되고, 뉴스가 될 때에만 역사가 된다. 그리고 뉴스가 인쇄되어 여러 사람이 볼 때 공적 관심의 영역으로 변화하게 된다. 뉴스는 관심을 갖는 사람들에게 도달할 때에만 의미를 갖는, 증발하기 쉬운 내용이다.

또한 뉴스가 공적 관심영역이라고 할지라도 물론 이것은 보편성을 띠기에는 무리가 따른다. 뉴스 제작과정에서 한 취재원의 언행이 중심이 되는 기사는 상대편이나 제 3자의 관점이 배제되기 때문에 구조적으로 파편적이고 자극적일 수밖에 없으며, 특히 정치기사의 경우에는 독자의 정파적 현실인식을 조장한다(박재영 · 이완수, 2008 겨울: 138).

한편 국내 신문은 그 복잡한 곁가지들을 모두 쳐내고 사안을 단순화시켜 제시한다(박재영 · 이완수, 2008 겨울: 138). 어떤 부분이 확대되어 빙산의 일각처럼 수면 위에 불쑥 솟은, 눈에 잘 띄는 사실을 기사로 포장하는 것은 사실 전달에 효과적일지 몰라도 사건 자체를 왜곡할 수 있다. 더욱이 역 피라미드형 기사는 이러한 방식을 사용함으로써 왜곡을 더욱 부추길 수 있다.

5. 비코의 '공통적 감각'

데카르트는 주관과 객관을 분리시키고, 수학적 방법으로 현실을 규명코자 했다. 또한 랑케는 사실주의 태도에서 데카르트와 차별화된 부분을 찾지 못했다. 역삼각형은 사실을 근거로 효율적으로 뉴스를 전달하는 하나의 방법이다. 그러나 그 방법은 역사의 보편성을 규명할 수 있다하더라도 특수성을 규정하기에 무리수가 따른다. 특수성은 인문학적 상상력과 수사학적 접근이 필요하다. 더욱이 현대사회는 행위자로서의 개인이 부각됨으로써, 또한 인터넷 같은 개인 미디어가 등장함으로써, 저널리스트 각자의 '내향적 가치체제'의 감각적, 심리적 경험이 중요시된다.

말하자면 역사는 랑케가 결코 꿈을 꿀 수 없던 방향으로 개인화하고, 특수화하게 되었다(Frank E. Manuel, 2006: 310). 경제적 · 사회적 존재들, 그리고 그 집합은 삶의 결정적 기간의 주요 현실에 의해서 고정된 심리적 모형에 따라 성찰이 시도된다. 또한 행위자가 처한 사회적 콘텍스트가 문제들의 실마리를 제공한다. 지식인과 그들의 표현의 의식 차원에서만 규명될 성질의 것도 아니다. 이것은 새로운 심리적 도구의 사용을 필요로 하게 된다(Frank E. Manuel, 2006: 315).

수사학의 상황에서 저널리스트는 공상력은 풍부하나 이성력이 빈약할 수도 있다. 또한 뉴스가 항상 특수성을 내포하거나 기자 개인의 심리적 요소가 전적으로 기사 작성에서 작동하는 것은 아니다. 그러나 어떤 상황이든 시적 표현이 요구된다.

그러나 기자가 사건을 직접 목격하고 취재, 보도하는 일은 극히 드물다(송표빈, 1993: 88). 그들은 대부분 간접취재에 의존함으로써, 사건의 목격자와 관련자를 찾아 사건의 진상을 캐내야 한다. 즉, 정부 각 부처의 대변인과 기타 관련 수사관 등의 주요 뉴스원을 찾아내고, 인터뷰로 사건의 내막을 더욱 심도 있게 보도한다.

뉴스는 저널리스트가 보도하기를 강요받은 어떤 것이다. 저널리스트가 창의력을 갖고 책임지게 하는 것도 아니다. 뉴스는 '바깥 그곳'의 실재를 규명한다. 사건은 보도자의 독립된 '바깥 그곳'의 산물이다(James S. Ettema and Theodore L. Glasser, 2006: 130). 저널리스트는 보도한 가치의 질을 위한 책임을 전가 받는다. 그렇더라도 비코는 40년 동안 수사학을 가르치면서, 수사학이 일반적으로 확실성을 근거로 하지 않음을 인정했다. 그 대신 그는 신중함이나, 실천적 판단에 인도된 주의 깊은 선택에 무게를 두었다(James A. Herrick, 2009: 184).

기자는 현실과 구체적 상황에서 진실을 찾아낸다. 그는 사건을 처음

본 것처럼 전하고, 현장감 있는 뉴스(*eyewitness news*)로 시청자에게 사실주의적 현실을 가감 없이 보여준다. 물론 르포타주는 객관성과는 거리가 있는 주관성의 표현일 수 있다. 이런 형식은 객관적으로 확실한 카테고리를 결하게 한다. 그 문화는 타블로이드처럼 저속할 수 있으나, 때로는 창의적 예술로 실제보다 근접한 진리를 묘사할 수 있다(James W. Carey, 1995: 124).

그러나 언론인은 항상 '사적 눈'으로만 만족하지 않으며, 그들의 보도는 공적 영역으로 표출된다. 설령 사적 영역에 고정된다고 하더라도 모든 사람이 공감할 구심론적 공적 영역을 추구한다. 비코에 따르면 기자는 판단을 언어, 그 국가의 제도와 일치시킨다(John D. Schaeffer, 2004: 285). 그 언어는 커뮤니티를 창조하는 기본적 가치를 포함한다. 언어로 표현이 불가능할 때 기자는 언어와 언어 사이를 은유로 엮는다. 그러나 보도의 주체는 내향적이거나 환상적인 것이 아니라, 현실시간의 시계를 명증성으로 수용자에게 보여야 한다.

사회적 사실의 행위나 사고는 개인의 의지와는 독립적으로 존재함으로써, 개인 외적으로 존재할 뿐 아니라 강압적 힘으로 존재한다(Emile Durkheim, 1938/1966: 2). 이 사회적 사실의 내적 속성이 사회 내에서 존재하는 것이다. 특수한 성적을 가진 사회적 사실의 범주는 행위, 사고, 느낌의 정형화된 방법을 포함한다. 사회적 사실들은 개인 외부에 있으면서도 개인을 통제하는 이성이어서, 강압적, 윤리적 성격을 가진다.

물론 뉴스는 피부에 와 닿는 감각의 주관적 요소로 포장될 수 있다. 자연과학, 사회과학은 그 감각세계를 빈번히 도외시할 수 있는 영역이다. 이들 과학은 어떤 인과관계를 뽑아냄으로써 자연과의 규칙에서 주관성을 수용할 수 없게 된다. 그러나 누구나 공감할 수 있는 보편성, 강제성, 전달성을 지닌 '사회적 사실'은 사실주의나 객관주의를 더욱 활성화시켜 줄 수 있게 된다. 여기서 객관성은 상수의 존재와 준거의 동일한 점에 의존하게 된다(Emile Durkheim, 1938/1966: 44).

사회적 사실은 모든 사실주의, 객관주의를 보존해주는 만능이 아니다. 이들 사실들은 비역사적 사실이지만 적절한 사회적 사실만을 추려내야 한다는 이중의 임무를 띠고 있다. 역사는 반박할 수 없는 객관적 사실을 최대한 편찬하는 것이어야 한다(E. H. Carr, 1961/1979: 17). 사회적 사실이 객관성을 얻을 수 있는 것은 개인의 의식 안에 집단의 것이 있고, 그것이 특수한 계몽으로 생긴 것이기 때문이다.

그 과정에서 물론 개인은 그들의 역량을 자유롭게 발전시키고, 주체적 힘을 사회적으로 조직하도록 한다(Emile Durkheim, 1938/1966: 122). 개인은 사회적 사실의 성격에 의하여 제약을 받는다. 그러나 역사는 사회적 사실만으로 풀이할 수 없는 속성을 지닌다. 역사는 잃어버린 부분이 허다한 그림 맞추기라고들 한다. 역사적 사람과의 관계성의 콘텍스트는 복원할 수 없는 지나버린 과거사에 불과하다. 이런 현실에 비춰보면 역사는 사실을 토대로 한 것이지만 관계성의 사실은 엄밀히 말한다면 결코 사실 자체는 아니고, 오히려 안정된 판단의 체계에 불과하다.

더욱이 뉴스는 자연과학처럼 체계적 지식이 아니다. 이것은 역사와 같이 사건의 맥락과 관련된다(Robert Ezra Park, 1955: 229). 그렇더라도 역사 연구에서 가장 중요한 것은 사실의 발견이다. 비코는 여론(*sensus communis*), 즉 공통감각의 존재를 부각시켰다. 전술했듯 공통감각은 어느 한 집단 전체, 즉 주민 모두, 민족 모두, 인류 모두 공통으로 느끼는 판단이며 반성의 결과로만 생기는 것이 아니다. 그러나 서로 몰교섭 상태인 주민 사이에 생긴 공통관념은 진리에의 공통요인을 함축하고 있음이 틀림없다(G. Vico, 1774/1997: 84).

공통감각의 존재를 인정한다면 저널리스트는 그 감각의 언어를 찾아내야 한다. 그들은 수사학의 상황을 처리하는 지혜를 얻는다. 그렇지 않다면 그들은 더 많은 불확실성을 경험하게 된다. 그렇기 때문에 저널리즘에 역사나 언어를 해석하는 작업이 필요하다. 역사가는 긴 시대를 일관성 있게 조망하는 특징을 가졌기 때문이다.

개인의 자유의지는 언제나 동요되기 십상이다. 그렇다면 저널리스트가 사용하는 사료 비판은 언제나 역사연구의 필수불가결한 전제조건이다. 모든 진술에는 사실과 해석이 혼재돼 있기 때문에 해석 없이 사실만을 다룬 진술은 존재하지 않는다. 진술에 담긴 해석의 정도가 다를 뿐이다. 그 결과 사실의 발견에서 비판적 성찰능력은 선택사항이 아니라 필수조건이 된다(조지형, 2009).

역사적 사건은 시간에 고정되고, 공간에 위치한다. 사건에 관련된 물질은 공간에서 움직이지 않을 뿐 아니라, 시간에서 변화하지 않는다. 내적 조직의 관점에서 그들은 다소간 안정된 균형의 상황에 존재한다. 역사는 다른 것 가운데 하나로 고립된 사건을 다룬다. 원인의 형태나, 목적론적 과정의 형태에서 관련성을 찾지 않는다. 역사는 사건을 자체를 묘사할 뿐 아니라, 역사적 연속성에서 적절한 장소에 그들을 두는 것을 추구한다.

그렇게 함으로써, 전술했듯 역사가는 사건이 표출하는 것을 발견할 경향과 힘을 발전시킨다. 역사가는 사건과 관계가 있다고 보고, 우연한 것 사이의 관계, 이전과 이후의 사건과의 관계 등을 고려한다. 역사가로부터 구별되는 보도자는 실재, 현재의 조망을 하는 과거, 미래와 관련된 각 단순한 사건을 기록한다. 과거 사건과 관련시키는 것은 언론사 연구자의 작업으로 남지만, 저널리스트도 언론사 연구자가 될 수 있다.

더욱이 사실(*fact*)과 진리(*truth*)는 좋은 저널리스트들의 문제이고, 좋은 저널리즘을 위한 기초이다(G. Stuart Adam and Roy Peter Clark, 2006: 112). 진리를 찾기 위해 언론인은 사실에 입각한 객관성, 중립성, 공정성을 강화시킨다.

저널리즘에서 사실은 항상 문제이고, 진리는 항상 목표가 된다(G. Stuart Adam and Roy Peter Clark, 2006: 113). 그 진리는 이성을 가진 사람은 누구나 객관적 입장에서 추구할 수 있다. 개인의 '내향적 가치체계' 또한 인간에게 공유하는 측면이 있기 때문에 존재하는 것이다. 더욱이 사회적 제약은 개인의 인성과 반드시 양립할 수 없는 것은 아니다. 모든 규율, 제약, 윤리는 일반적 제약이다.

비코는 "인간 문화의 본질 안에는 여러 민족에 공통된 하나의 정신언어가 반드시 존재함이 분명하다"고 했다(G. Vico, 1774/1997: 88~89). 즉 이 정신언어는 인간의 사회생활 속에서 일어날 수 있는 사상의 본질을 이해할 수 있게 해주는데, 그러한 사상이 나타내 보이는 온갖 양상과 거기에 상응하는 변화로 이 본질을 설명할 수 있다는 것이다.

공통적 감각의 사회적 사실은 사회의 구조와 관련되고, 사회생활의 자유로운 흐름과 계속성을 유지한다. 개인의 경험세계와의 차이가 분명히 존재하는 것이다. 개인은 동기와 감정이 있으나 외적 제약을 받아가면서도 개인의 자유를 실천할 수 있다. 일반적 집합적 삶과 생존은 모든 구성원이 당면한 과제이다.

객관적, 비판적 성찰과 함께 역사가들은 보편적 관심에 눈을 뜨고 있어야만 한다(길현모, 1975: 69). 보편성은 제 사건에 관한 전체적 이해와 객관적으로 존재하는 상호 관련성에 대한 인식으로 확장된다(G. G. Iggers and James M. Powell, 1990: 30; 길현모, 1975: 70).

이는 개별성은 사물에 대한 관찰과 이해와 그 통합을 통해서 자동적으로 달성될 수 있는 것이고, 역사학의 영역 내에서 추구하는 보편성은 결코 형이상학적인 의미의 보편이 아니라는 점을 뚜렷이 보여준다. 개별의 연구가 항상 보다 큰 관련성과 연결되어 종국에 가서는 세계라고 불리는 커다란 전체와 관련된다. 보다 큰 범위의 연구는 따라서 보다 큰 가치를 지닌다(길현모, 1975: 71).

물론 랑케에게 보편성은 만능이 아니다. 그는 철저한 개체사상에 핵심을 두고 있다. 역사파악에 있어서 모든 역사적 사물은 그 자체로서 완전하고 이러한 의미에서 비교가 불가능하며 따라서 선택의 기준이 설 수 없기 때문에 역사의 구성 자체가 불가능하게 될 수밖에 없는 것이다(길현모, 1975: 71).

랑케가 불가피하게 의존할 수밖에 없었던 것은 직관을 통한 이해방법이었던 것이다. 랑케에게는 보편세계에의 접근은 오직 직관적인 관조(*Anschauung*)와 직관적인 통찰(*Ahnung, Divination*)에 의해서만 가능한 것이었다(길현모, 1975: 66).

설령 신의 섭리가 아니더라도 인간은 이웃과 어떤 정도의 편의를 갖고, 어떤 일관성을 유지하고 육체적, 심리적, 경제적 필요를 도모한다. 이러한 균형의 성격을 형성시키는 '내향적 가치판단' 법칙으로 일관성을 유지한다. 이 법칙은 인간의 본성과 인간의 행위를 다스리는 일관성을 형성한다(Emile Durkheim, 1938/1966: xxxv). 이는 모든 사람의 압력에 의해서 보조를 받는 균형성이다. 이 균형은 개인이나 집단을 침해하거나 적의를 갖는 것에 대항해서 모든 사람의 일관성의 압력으로 형평성을 유지한다.

인간이 합리성만 갖는다면 명증성, 해석, 설명은 더욱 정확하고, 종합적이며, 균형적으로 확보될 수 있다. 언론은 탐사보도를 통해 왜곡된 진리를 구명한다. 기자는 매일의 저널리즘 객관주의 관행으로부터 탈출하여 더 많은 시간을 사용할 수 있다. 탐사보도는 시간성에 얽매여 있는 자신을 돌아볼 성찰적 기회를 준다. 또한 탐사보도로 기자는 가치판단의 변론뿐 아니라, 사실의 질을 생각할 수 있어 책임감 있게 자신의 뜻을 피력할 수 있다.

'내향적 가치체계'를 통해 사실을 정확하게 규명한다면 역사의 의미에 대해서는 신의 섭리가 보살펴 줄 것이라고 랑케는 경건하게 말했다. 저널리스트의 진리는 실천적 지식이지 추상적 지식이 아니다(G. Stuart Adam and Roy Peter Clark, 2006: 115) 진리의 확실한 정보(*hard facts*)와 명증성만 확보할 수 있다면 사실성, 객관성은 문제가 될 수 없다. 물론 사실과 진리를 확보하기 위해 콘텍스트를 연구하고, 사실과 진리를 위한 책임을 가질 필요가 있다.

뉴스 제작자의 전문성(*professionalism*)과 그로부터 비롯되는 '내향적 가치체계'의 결정들은 조직의 필요에 따라 고정된다. 컴퓨터와 더불어 취재를 하는 기자에게는 이런 판단이 더욱 요구되며, 전문가의 동기가 우선 된 상황에서 조직 내, 외적 '동료검증'은 더욱 정교하게 자신의 관점을 보충시킬 수 있다. 그들은 인터넷의 블로그 같은 다양한 미디어를 통해 외부와의 점검 시스템을 작동시킬 수 있다.

6. 취재 · 보도에 있어서 사실주의 역사방법 극복

다양한 인식의 유형들을 인식의 폭과 정밀성 두 차원으로 나눌 수 있다(윤석민, 2007: 203). 인식의 폭은 세계의 다양한 측면들을 얼마나 폭넓게 인식하고 있는가라는 차원으로 인식의 객관성(*objectivity*) 또는 타당성(*validity*)의 차원이고, 인식의 정밀성은 인식의 대상을 얼마나 세부적으로 깊이 있게 바라보고 있는가의 차원으로 신뢰성(*reliability*) 또는 엄밀성(*exactness*)의 차원이라고 할 것이다. '내향적 가치체계'는 다양성을 확보해야 하고, 정확한 인식에 근거를 둬야할 것 같다. 전문직으로서의 기자는 일반적, 비역사적 성격, 그리고 뇌의 자연적 기능, 정신의 범주 등을 작동시킬 수 있다. 저널리스트는 진실의 사실을 큰 구조, 그리고 진실로 통합시켜 논한다.

저널리스트는 순수한 추상적 사고보다 상상력의 능력을 동원할 필요가 있다(James A. Herrick, 2009: 185). 그들은 '감각의 창조 능력'(*the 'sense-making' capacity*)이 필요하게 된다. 원래 상상력은 감각적 인상과 경험에서 발생하는 현상이어서 공통적 감각(*sensus communis*), 즉 여론이 크게 작동된다. 여론은 포퓰리즘의 공통적 감각에 충실한 현상이고, 인터액티브 상황에서 일상사가 된다.

복잡한 사회는 포퓰리즘이 오히려 방해가 될 수 있다. 저널리스트는 사실의 기술을 위해 두려워함이 없어야 하고, 진실해야 하고, 사심이 없어야 하고, 입장이나 기질 때문에 개인적으로 싫어하는 대상들에 대해서도 관용을 가져야 하고, 인내심이 강하여야 하고 정확하고 공정하여야 한다. '내향적 가치체계'로 사건을 객관적, 사실적으로 볼 수 있을 것 같다. 사회적 사실은 이 과정에서 도움을 준다.

비코는 "언어는 사회생활 속에서 일어날 수 있는 사상의 본질을 이해하고, 그러한 사상이 나타내 보이는 온갖 양상을 통해 거기에 상응하는 변화로 설명할 수 있을 것이다"라고 했다(G. Vico, 1774/1997: 89). 저널리스트는 여론(*sensus communis*)에 따라 가치판단을 할 뿐 아니라, 언어를 선택한다.

구체적 각론으로 불편부당과 중립적 태도는 전문기자에게 필요한 가치판단의 주요 덕목이다. 사건의 보도와 해설은 첨가시키지 않고, 속이지 않고, 진실하게 알리는 것이 중요하다. 취재원의 오보나 기만에 대항하는 가장 좋은 방법은 기사의 투명성이다. 그렇게 본다면 〈PD수첩〉은 오히려 게이트키핑이 강하게 작동하는 보도국의 저널리즘 수행에 대한 비판이 될 것이다(원용진 · 홍성일 · 방희경, 2008: 77). 그들은 또한 "주도 저널리즘이 신화를 만들고 주변부라고 칭했던 PD저널리즘에서 저널리즘 경쟁을 통해서 신화를 허무는 작업을 행했다"고 PD저널리즘을 옹호했다. 그렇더라도 기사의 풀이는 "방법, 동기, 정보에 대한 어떤 것도 투명성이 담보되어야 한다"(G. Stuart Adam and Roy Peter Clark, 2006: 177).

한편 균형성과 형평성은 역사적 사건의 중요성을 검정하고 발전시키는 데 도움을 준다. 언론인들은 자신을 위해 저널리즘의 목표에 호소할 수 없다. 자신의 목적과 주관성에 매몰되는 한 균형성은 왜곡될 수밖에 없다. 이는 사실주의 대신 당파성을 추구하는 것이다. 그렇다면 각 요소에 자유와 평등 정신으로 공적 영역을 확보하기 위해서는 언론인에게 형평성이 요구된다.

또한 기사의 사실성과 객관성에 문제를 발생시키는 것 중 하나는 역 피라미드형 글쓰기 방식이다. 이 형식의 내재적 한계는 기사의 정형화, 형식적 사실주의, 사건 중심적 보도, 파편적 보도, 규정식보도, 언론의 고립 등으로 요약될 수 있다(박재영 · 이완수, 2008 가을: 145). 역 피라미드형의 정형화한 형식은 사실의 상황과 맥락을 도외시할 수 있다. 단지 사물의 외관 즉 언제, 어디서, 어떻게라는 문제에만 집착하게 된다면 외부적인 것만을 파악하게 된다. 그렇다면 역시 기사의 핵심은 '왜'와 '어떻게'에 있다. 같은 맥락에서 역사는 그 밖의 언론보도 그리고 과학자들과 마찬가지로 '왜냐' 하는 의문을 부단히 추궁한다.

그러나 역 피라미드형은 그 사실의 맥락을 도외시할 수 있다. 그 결과 사안의 껍질만 보여줄 뿐 내부를 해부할 수 없다. 역사기술은 역 피라미드형의 피상성을 넘어 사건의 맥락에서 사회적 사실, 상식(*sensus communis*)을 규명할 필요가 있다. 사회적 사실은 개인에게 외적 제약으로 작동할 수 있는 행위의 모든 방법이다. 이것은 일종의 행위 방법으로 주어진 사회를 통하여 일반성을 획득할 수 있고 동시에 개인의 현실에 독립한 그 자신의 권리로 존재한다. 즉, 사회적 사실은 '내향적 가치판단'을 통해 나의 인성과 사회적 제약이 양립할 수 있게 한다.

개인은 원심력(*centrifugal*)에 의존하여 사회적 실체를 인정받고, 사회는 구심력(*centripetal*)을 통해 개인에게 압력을 가한다. 구심력은 계속해서 사회적 제약과 압력으로 작동한다.

모든 제약은 일반적일 때 그 의미가 부각될 수 있다. 더욱이 사회적 사실은 사회의 구조와 관련이 되고, 개인의 삶과 구조, 유기체의 기능, 사회적 목표 등 사회생활의 자유로운 흐름과 계속성을 유지시킨다.

또한 사건의 아이디어는 질서화가 가능하고, 데이터는 어떤 정해진 범주에 따라 사건 자체에 외향적으로 고정된 범주로 고착화한다. 이 데이터는 문화적, 사회적 카테고리로 사회구조를 형성한다. 물론 개인의 정신과는 차이가 분명이 존재한다. 개인은 동기를 갖고 있고, 감정을 작동시킨다. 그러나 외적 제약을 받아가면서 개인의 동기를 실천할 수 있다.

사회에는 엄연히 존재하는 일반적, 집합적 생존의 필연성이 존재한다. 우리의 윤리는 사회적 룰로서 관찰 가능하다. 그 규칙은 체계적 형태로 재생산되며 그것에 반대하면 사회적 벌이 주어진다. 개인 미디어가 발전하면 할수록 개인의 자유영역이 늘어나고, 그에 따른 책임도 무거워지게 마련이다.

역사학 탐구의 기점이며 핵심이 되는 것은 개별적 사물에 대한 객관적인 파악이었다(길현모, 1975: 72). 사건을 다루는 기사도 사건의 특수성 자체의 의미를 지닐 뿐 아니라, 그 사건에서 일반적 경향을 알아낸다. 같은 맥락에서 역사학은 개별 의미 파악에서 끝나서는 안 되며 다시 보편의 인식을 향해서 일보 전진해야 한다.

역사서술의 객관주의, 형식적 사실주의, 이질적인 것에 대해서도 공정한 이해를 추구한 불편부당성이 부각된다. 터크만은 기자들이 기사를 작성할 때 관행적으로 사용하는 세 가지 명증성 확보요소로 상반된 가능성의 제시, 지지하는 증거의 제시, 인용부호의 적절한 사용을 열거했다. 또한 전문성을 가진 언론인의 탐사보도는 구조적 경직성을 막아준다.

또한 터크만은 뉴스에 대한 신뢰를 유지하기 위해 '사실성의 망'(*web of facticity*)을 만들어내는 보도방식에 특히 주목하고 있으며, 이어서 언론이 그러한 사실성의 망을 통해 현상유지를 어떻게 정당화시키는가에 대해서도 설명하고 있다. 기자들은 대중의 흥미에 맞을 만한 기삿거리를 체계적으로 얻고자 했으며, 이렇게 해서 대중적인 뉴스의 개념이 정의되기 시작했던 것이다(Gaye Tuchman, 1978/1995: 41).

이때 불편부당성은 주관적인 정치관의 개입을 방어해준 견고한 방패에 해당되는 것이었다(길현모, 1975: 83). 또한 랑케는 "순수한 가치판단은 어떤 사람을 그 사람의 입장과 그 사람의 본래의 목적하에서 비판할 때에만 가능하다"고 지적하였다.

저널리즘은 오락, 선전, 픽션, 예술 같은 것으로부터 분리되며 이중, 삼중의 체킹시스템을 작동시킨다. 더욱이 객관보도는 전문가적 지식과 능력이 요구되며 인성체계, 전통의 문화체계, 사회적 관행의 사회체계를 합치시킨다.

전문가 개인의 역할, 권리, 의무와 그들을 주요한 전문가 지식인으로 위치시켰던 관행 등이 결합하여 오늘날의 저널리즘 객관주의를 가능하게 하였다. 전문가는 체계적이고 엄격하게 사실을 다루어야 한다. 정치적으로 민감한 사안일수록 전문가들의 집단 이성이 더 잘 발휘될 수 있는 견제 및 점검 시스템이 필요하다. '사실'은 모든 사람이 서로 이해하고 소통할 수 있는 근거이자 출발점이기 때문이다(조지형, 2009).

사실은 모든 역사 기술의 시작이다. 여기서 정확성은 명증성을 확보할 수 있는 수단이다. 사실의 관찰만이 진리인가 아닌가를 알게 한다. 관찰로서 명증성을 확보하면, 이 사실은 '진리'를 규명할 수 있게 하고, 진리의 접근은 보편성을 확보할 수 있다.

또한 역사가들이 진실로 관심을 가지는 것은 특수한 것이 아니라 특수한 것 속에 있는 일반적인 것이다(E. H. Carr, 1961/1979: 62). 개인의 논리적 관계, 판단, 추론 등을 잘 사용한다면 사회, 역사적 콘텍스트가 반드시 필요하지는 않게 된다. 또한 역사는 종교와 도덕의 문제를 내포한다면 더욱 보편적인 것에 접근할 수 있다. 이런 객관성은 전문가 집단의 '동료검증'으로 사실성의 규명을 더욱 정밀하게 할 수 있다. 개인의 인성체계로서의 '내향적 가치체계'가 강화되고, 사회 심리적 요소가 역사적 방법에 강하게 작동하며 '동료검증'을 더욱 강화시켜야 한다. 이것이 사회심리학적 접근으로 가능한 사실주의 방법론이다.

랑케가 역사학의 인식대상으로 설정한 보편이라는 것은 사건들이 보다 큰 관련성 속에서 파악될 수 있는 전체성과 통합성, 혹은 지배적인 흐름이나 경향 같은 것들이다(Leopold von Ranke, 1973: 58). 개별적인 것으로부터 보편을 향해 나가야만 한다. 일반적인 개념을 전제로 하여 특수한 것의 독자적인 개성을 유린하는 역사학이 되어서는 안 된다. 또한 언론기업의 상업적 요구가 개인의 '내향적 가치체계'를 붕괴시킨다면, 사회심리학적 역사방법론, 여론(*sensus communis*)은 빛을 잃게 된다.

전문직으로서의 언론인과 그 언론사 연구자는 사실주의, 객관주의가 사회의 큰 맥락, 윤리와 분리될 수 없는 결론을 얻어야 한다. 역사의 보편성을 찾을 수 있다면, 그 역사는 신비(神秘)의 세계를 경험할 수 있다. 수사학자 비코는 인류 공통감각을 부각시켰는데, 모든 민족의 양심이 이 공통감각 위에 깃들어 있다고 했다. 기술발전으로 사회 내 불확실성이 증가할수록 더욱 공통감각이 부각된다.

참고문헌

강준만(2007), 《한국대중매체사》, 인물과 사상사.

길현모(1975), "랑케사관의 성격과 위치", 전해종 · 길현모 · 차하순, 《역사의 이론과 서술》, 서강대학교 인문과학연구소.

김봉규(2010), "안중근과 미래신화", 〈안중근과 동양평화론〉, 가톨릭언론협의회.

김욱동(2002/2008), 《수사학이란 무엇인가》, 민음사.

김인규(2009), "PD가 만드는 시사프로그램은 균형성의 문제", 〈중앙일보〉 6월 20일.

김종영(2010), 《히틀러의 수사학》, 커뮤니케이션북스.

김　현(2010), "'이소크라테스'는 왜 철학자의 반영에서 제외됐나", 〈한겨레신문〉 10월 23일.

남시욱(2006), "동아일보의 창간", 서정우, 《한국언론 100년사 ①》, 한국언론인연합회.

남재일(2004), "한국 신문의 객관주의 아비투스: 형식적 사실주의의 전략적 의례를 중심으로", 고려대학교 박사학위 논문.

______(2005), "한국 기자의 사건중심보도 아비투스", 한국언론학회 가을철 정기학술대회.

문화일보(2009), "MBC, 정치편향 접고 공정방송으로 거듭나야", 〈문화일보〉 8월 3일.

민석홍(2002), 《서양사개론》 제 2판, 삼영사.

박재영 · 이완수(2008), "역 피라미드 구조의 한계에 대한 이론적 논의", 〈커뮤니케이션 이론〉 4(2, 겨울호): 113.

방상훈(2004), 《조선일보사 사람들: 일제시대편》, 랜덤하우스중앙.

방우영(1990), 《조선일보 70년사》 1권, 조선일보사.

서정우 · 차배근 · 최창섭(1993), 《언론통제이론》, 법문사, 403~406쪽.

송지영(1991), "山河와 겨레의 얽힌 恨", 《민세안재홍선집 ③》, 지식산업사.

송효빈(1993), 《체험적 신문론》, 나남출판.
신용하(1981), "일제하의 민족주의적 역사의식", 〈세계의 문학〉 21(9월).
신우철(2009. 3. 13), 헌법안 제2독회, 제1호 국회 제22차회의(1948. 7. 1) (속기록, 347~348): "대한민국헌법(1948)의 '민주주의 제 제도 수립: 그 역사적 연속성의 복원을 위하여", 〈제헌과 건국 그리고 미래한국의 헌법구상〉 한국미래학회 40주년 기념 학술회의.
안재홍(1924), "최초의 일념에 순(殉)할 각오로써 만천하족자에게 결별(訣別)함", 〈시대일보〉 7월 10일.
______(1924), "진도사건에 대하여", 〈조선일보〉 12월 7일.
______(1945), "(방송) 해내, 해외의 3천만 동포에게 고함", 경성중앙방송 8월 16일.
______(1948), "한민족의 기본진로: 신민족주의 건국이념", 《민세 안재홍선집 ②》, 지식산업사.
______(1981), 《민세 안재홍선집 ①》, 지식산업사.
______(1983), 《민세 안재홍선집 ②》, 지식산업사.
______(1992), 《민세 안재홍선집 ④》, 지식산업사.
______(1999), "과거의 선구자와 미래의 선구자", 《민세 안재홍선집 ⑤》, 지식산업사.
안중근(2010), 《동양평화론(외)》, 범우사.
양성희(2009), "사실보다 주장 담아… 검증 과정도 허술", 〈중앙일보〉 6월 20일.
원용진·홍성일·방희경(2008), 《PD 저널리즘: 한국방송 저널리즘 속 일탈》, 한나래.
윤석민(2007), 《커뮤니케이션의 이해》, 커뮤니케이션 북스.
이관구(1981), "民世선생 12주기에 즈음하여"(1977년 3월 1일), 《민세 안재홍선집 ①》, 지식산업사.
이재경·김학희 지음(1998), 《방송뉴스: 취재와 보도》, 나무와 숲.
이준식(1999), "사회주의와 반공주의 한 세기", 한국역사연구회, 《우리는 지난 100년 동안 어떻게 살았을까》, 역사비평사.
이한우(2010). "인수해 혁신시킨 신석우, 임시정부 때는 '대한민국' 국호 정해", 〈조선일보〉 1월 8일.
이희승(1991), "民世先生을 追慕함", 《민세 안재홍선집 ③》, 지식산업사.
장덕수(1920), "주지(主旨)를 선명(宣明)하노라", 〈동아일보〉 4월 1일.
전해종·길현모·차하순(1975). 《역사의 이론과 서술》. 서강대학교 인문과학

연구소.
정강현(2009), “PD가 만드는 시사 프로는 균형성이 문제”, 〈중앙일보〉 6월 20일.
정진석(2008), “안재홍, 언론 구국의 국사”, 〈한국사 시민강좌〉 43, 일조각.
조맹기(2006), 《한국언론 인물사상사》, 나남출판.
_____(2009), “민주공화주의하에서 원활한 소통의 미학”, 〈언론과 법〉 8(2), 한국언론법학회.
조세형(1963), “전도피라미드형의 폐단”, 〈신문연구〉 4(1, 여름): 40.
조요한, “아리스토텔레스의 생애와 사상”, 《정치학/시학》, 삼성출판사.
조지형(2009), “사실을 존중하는 사회로”, 〈동아일보〉 7월 31일.
천관우(1957), “코뮤니케이션의 한국적 과제”, 〈조선일보〉 4월 13일.
_____(1992), “민세 안재홍 연보”, 《민세 안재홍선집 ④》, 지식산업사.
최민지·김민주(1978), 《일제하 민족언론사론》, 일월서각, 379~381쪽.
최재희(1975), 《서양윤리사상사》, 서울대학교 출판부.
_____(1984), 《서양철학사상》, 박영사.

Adam, G. Stuart and Roy Peter Clark(2006), *Journalism-The Democratic Graft*. New York: Oxford University Press.
Altschull, J. Herbert(1990), *From Milton to McLuhan*, New York: Long man.; 양승목 옮김, 《현대 언론사상사》, 나남출판.
Aquinatis, S. Thomae(1967), “Commentary on the Ethics”, Ralph Lerner and Mushin Mahdi trans., *Medieval Political Philosophy*, New York: The Free Press.
_____(1985), *Summa Theologiae.*; 정의채 옮김(2002), 《신학대전 1》, 바오로딸.
Aristotle(1991), *On Rhetoric*, G. A. Kennedy trans., Oxford: Oxford University.
_____(B. C. 330), *The Art of Rhetoric*, John Henry Freese(1947) trans., Massachusetts: Cambridge.
_____(607), *De Arte Poetica.*; 나종일·천병희 옮김(1999), 《정치학/시학》, 삼성출판.
Augustijin, Cornelis(1991), *Erasmus: His Life, Works, and Influence*, J. C. Grayson trans., Toronto: University of Toronto Press.
Augustine(1952), *On Christian Doctrine.*; J. F. Shaw Trans., *Great Books of The Western World*, Vol. 18. Chicago: Encyclopaedia Britannica, Ⅱ, 1.
_____(400/1985), *Confessions.*; 《아우구스티누스 고백》, 이경식 옮김, 범조사.

______(426/1958), *City of God*, Gerald G. Walsh, S. J. Demetrius, B. Zema, S. J. Grace Monahan, O. S. U., Daniel J. Honan trans., New York: A Division of Doubleday & Company, Inc.

Bacon, Francis(1604), *The Advancement of Learning.*; 이종흡 옮김, 《학문의 진보》, 아카넷.

______(1971), *Bacon's Essays*, Macmillan.; 김길중 옮김(1977), 《베이컨 수필집》, 문예출판사.

Bacon, Roger(1967), "Opus Maius: Moral Philosophy".; Richard McKeon, Donald McCarthy, and Ernest Fortin trans., *Medieval Political Philosophy*, Ralph Lerner and Muhsin Mahdi eds., New York: The Free Press.

Bakhtin, Mikhall(1965/1984), *Tvorchestvo Fransua Rable.*; Helene Iswolsky trans., *Rabelais And His World*, Bloomington: Indiana University Press.

Barber, Kimberly Anne(2004), *Rhetoric in Cicero's Pro Balbo*, New York: Routledge.

Barilli, R. (1989), *Rhetoric*, Minneapolis: University of Minnesota Press.

Berko, Roy M., Andrew D. Wolvin, Darlyn Wolvin(2007), *Communicating: A social and Career Focus*, New York: Houghton Mifflin Company.

Berko, Wolvin and Wolvin(2007), *Communicating*, 11th ed., New York: Pearson.

Bitzer, LIoyd(1959), "Aristotle's Enthymeme Revisited", *Quarterly Journal of Speech* 45: 399~408.

______(1963), "Editor's introduction", L. Bitzer ed., *The Philosophy of Rhetoric*, Carbondale: Southern Illinois University Press.

______(1968), "The Rhetorical Situation", *Philosophy and Rhetoric* 1, December.

Blair, Hugh(1783/1829, 1965), *Lecture on Rhetoric and Belles Lettres*, Harold Harding ed., 2 vols, Carbondale, IL: Southern Illinois University Press.

Booth, Wayne(1988), *The Vocation of a Teacher*, Chicago: University of Chicago Press.

Borchers, Timothy(2006), *Rhetorical Theory*, Canada: Thomson Wadsworth.

Boyle, Marjorie O'Rourke(2004), "A Conversational Opener: The Rhetorical Paradigm of John 1:1", Walter John and Wendy Olmsted ed., *A*

Companion to Rhetorical and Rhetorical Criticism, Great Britain: Blackwell and Publishing.

Brockriede, W and Ehninger D. (1960), "Toulmin on Argument: An Interpretation and Application", *Quarterly Journal of Speech* 46.

Brownstein, O. L. (1965), "Plato's Phaedrus: Dialectic as the Genuine Art of Speaking", *Quarterly Journal of Speech* 51: 392~98.

Bryant, Joseph M. and John A. Hall (2005), *Historical Methods in the Social Sciences*, vol. 4, London, UK: Sage Publications.

Buecher, Karl, The Linkage of Society, Hanno Hardt (1979), *Social Theory of The Press*, London: Sage Publications.

Burke, Kenneth (1968), "Dramatism", D. L. Sills ed., *International Encyclopedia of the Social Sciences*, New York: Macmillan.

______(1969), *A Rhetoric of Motives*, Los Angeles: University of California Press.

______(1973), *The Philosophy of Literary Form: Studies in Symbolic action*, Rev. ed., Berkely: University of California Press.

Campbell, George (1845), *Lectures on Pulpit Eloquence*, Reprinted in Preacher and Pastor, Edwards A Park ed., Andover: Allen, Morrill and Wardwell.

______(1911), *The Philosophy of Rhetoric*, New York: Funk & Wagnalls Company.

______(1963), *The Philosophy of Rhetoric*, Lloyd F. Bitzer ed., Carbondale IL: University of Southern Illinois Press.

Carey, James W. (1995), "Time, Space, and the Telegraph", David Crowley and Paul Heyer, *Communication in History* (2nd edition), New York: Longman.

Carr, E. H. (1961), *What Is History?*; 김현모 옮김 (1979), 《역사란 무엇인가》, 탐구당.

Cicero (B. C. 55~B. C. 51), *De Inventione* (1 vii. 9), H. M. Hubbell (1976) trans., Cambridge, MA: Loeb Classical Library.

______(B. C. 55) *De Oratore*, E. W. Sutton and H. Rackham trans (1976)., Cambridge, MA: Harvard University Press.

______(1995), *Partitiones Oratoriae*, Karl and Gertrud Bayer trans.; 양태종 옮김, 《생각의 수사학》, 유로.

Cohen, David(2004), "The Politics of Deliberation Oratory and Democracy in Classical Athens", Walter John and Wendy Olmsted ed., *A Companion to Rhetorical and Rhetorical Criticism*, Great Britain: Blackwell and Publishing.

Cohen, Joshua(2002), "John Rawls", Steven M, Calm(2002) ed., *Classics of Political and Moral Philosophy*, New York: Oxford University Press.

Crowley, Sharon and Debra Hawhee(2004), *Ancient Rhetorics*, New York: Pearson Longman.

Dearin, Ray D.(1989), *The New Rhetoric of Chaim Perlman: Statement and Response*, Washington DC: University of America.

Durkheim, Emile(1938), "Les regles de la methode Sociologique", French.; Sarah A. Solovay and John H. Muller(1966) trans., *The Rules of Sociological Method*, New York: The Free Press.

______(1951), *Suicide*, New York: The Fress Press.

Eisenstein, Elizabeth L.(1983), *The Printing Revolution in Early Modern Europe.*; 전영표 옮김(1991), 《인쇄출판의 원류》, 법경출판사.

Emmert, Philip and William C. Donaghy(1981), *Human Communication*, London: Addison-Wesley Publishing Company.

Erasmus, Desiderius(1985), "The Right Way to Speak", *Collected Works*, vol. 4, J. K. Sowards ed., Toronto: University of Toronto Press.

______ and Martin Luther(1986), *Discourse on Free Will*, Ernst F. Winter trans., New York: Frederick Ungar Publishing Co.

Ettema, James S. and Theodore L. Glasser(2006). "On the Epistemology of Investigative Journalism", *communication* 8: 182~206.

Fish, S.(1989), *Doing What Comes Naturally*, Durham, NC: Duke University Press.

Fortenbaugh, W. W.(1975), *Aristotle on Emotion*, New York: Barnes and Noble.

Foss, Sonja K., Karen A. Foss, and Robert Trapp(1991), *Contemporary Perspective on Rhetoric*, 2d ed, Prospect Heights, IL: Waveland.

Freeman, Edward Q.(1873), *Comparative Politics*, London: Macmillan and Co.

Gadamer, Hans-George(1986), *The Idea of The Good in Platonic-Aristotelian Philosophy*, New Haven, CT: Yale University Press.

Gaonkar, Dilip Parmeshwar(2004), "Introduction: Contingency and Probability", Walter Jost and Wendy Olmsted ed., *A Companion to Rhetoric and Rhetorical Criticism*, United Kingdom: Blackwell Publishing.

Gergen, Kenneth J. (1973), "Social Psychology as History", *Journal of Personality and Social Psychology* 26(2).

Gorgias(1909), "On the Nonexistent", C. Bakewell, *Source Book in Ancient Philosophy*, New York: Gordian Press.

______(1972), "Encomium of Helen", G. Kennedy trans., R. Sprague ed., *The Older Sophists*, Columbia: University of South Carolina Press, pp. 50~54.

Gronbeck, Bruce(1972), "Gorgias on Rhetoric and Poetic: A Rehabilitation", *Southern Speech Communication Journal* 38: 35.

Grube, G. M. A(1957), "Translator's Introduction to Longinus", *On the Sublime*, Indianapolis, IN: Library of Liberal Arts, x.

Habermas, Jürgen(1962), *Strukturwandel der Oeffentilichkeit: Untersuchungen zu einer Kategorie der buergerlichen Gesellschaft.*; 한승완 옮김(2004), 《공론장의 구조변동》, 나남출판.

______(1973), *Theory and Practice*, John Viertel trans., Boston: Beacon Press.

______(1981), *Theorie des Kommunikativen Handelns, Band 1: Handlungsrationalität und gesellschaftliche Rationalisierung.*; Thomas McCarthy(1984) trans., *The Theory of Communicative Action: Reason and the Rationalization of Society*, Boston: Beacon Press.

______(1987), *The Philosophical Discourse of Modernity: Twelve Lectures*, Frederick Lawrence trans., Cambridge, MA: MIT Press.

Habicht, Christian(1990), *Cicero the Politician*, Baltimore, MD: Johns Hopkins University Press.

Hariman, Robert(1995), *Political Style: The Artistry of Power*, Chicago: University of Chicago Press.

Hartley, John(1982). *Understanding News*, London: Methuen.

Hauser, G. (1998), "Civil Society and The Principle of The Public sphere", *Philosophy and Rhetoric* 31.

Herrick, James A. (2009), *The History and Theory of Rhetoric*(4th ed), New

York: Pearson.

Hogben, Lancelot(1949), *From the Cave Painting to the Comic Strip.* London: Max Parrish & Co.

Howell, Wilbur Samuel(1971), *Eighteenth Century British Logic and Rhetoric*, Princeton, NJ: Princeton University Press.

Iggers, Georg G. and James M. Powell ed. (1990), *Leopold von ranke and the Shaping of the Historical Discipline*, Syracuse University Press.

Isocrates(1966), *Isocrates volume 1*, George Norlin trans., Massachusetts: Harvard Press.

______(1968), *Areopagiticus, Isocrates volume 2*, George Norlin trans., Massachusetts: Harvard Press.

Jarratt, S. C. (1991), *Rereading the Sophists: Classical Rhetoric refigured*, Carbondale: Southern Illinois University Press.

Jost, Water and Wendy Olmsted ed. (2004), *Rhetoric and Rhetorical Criticism*, United Kingdom: Blackwell Publishing.

Kahn, Victoria(2004), "Rhetoric, Rights, and Contract Theory in the Early Modern Period", Water Jost and Wendy Olmsted ed., *Rhetoric and Rhetorical Criticism*, United Kingdom: Blackwell Publishing.

Kant, Immanuel(1796), *Zum ewigen Frieden: Ein Philosophischer Entwurf*, Koenigsberg: Friedrich Nicolovius.; 이한구 옮김(2008), 《영구평화론》(개정판), 서광사.

Kastely, James(2004), "Rhetoric and Emotion", Water Jost and Wendy Olmsted ed., *Rhetoric and Rhetorical Criticism*, United Kingdom: Blackwell Publishing.

Kelley, Donald R. (1991), *Renaissance Humanism*, Boston: Twayne Publishers.

Kennedy, George A. (1980), *Classical Rhetoric and Its Christina and Secular Tradition from Ancient to Modern Times*, Chapel Hill: University of North Carolina Press. Press Inc.; 김지운 옮김(2007), 《동굴벽화에서 만화까지》, 커뮤니케이션북스, 191쪽.

______(1991), *Aristotle on Rhetoric: A Theory of Civic Discourse*, Oxford: Oxford University Press.

Kinney, Arthur F. (2004), "Continental Poetics", Walter John and Wendy Olmsted ed., *A Companion to Rhetorical and Rhetorical Criticism*, Great Britain: Blackwell and Publishing.

Kovach, Bill and Tom Rosenstiel(2001). *The Elements of Journalism: What Newspeople Should Know and the Public Should Expect*, New York: Three Rivers Press, pp. 70~93.

Krostenko, B. A. (2004), "Text and Context in the Roman Forum: The Case of Cicero's First Catilinarian", Walter John and Wendy Olmsted ed., *A Companion to Rhetorical and Rhetorical Criticism*, Great Britain: Blackwell and Publishing.

Lanham, Richard(1993), *The Electronic Word: Democracy, Technology and The Arts*, Chicago: University of Chicago Press.

Luria, Alexander R. (1971), "Towards the Problem of the Historial Nature of Psychological Processes", *International Journal of Psychology* 6(4): 259~272; Luria, Alexander R. (2005), *Historical Methods in the Social Sciences vol 1*, London: Sage Publications.

Machiavelli, N. (1964), *Il Principe.*; 임명방 옮김(1991), 《군주론 리바이어던》, 삼성출판사.

Machiavelli, N. (1964), *The Prince in the Complete Works of Machiavelli*, Sergio Bertelli ed., Milan: Feltrenilli Editori.

______(1985), *The Prince*, H. C. Mansfield trans., Chicago: University of Chicago Press.

Mack, Peter(1993), *Renaissance Argument: Valla and Agricola in the Tradition of Rhetoric and Dialectic*. Leiden, Holland: E. J. Brill.

Manuel, Frank E. (2005), "The Use and Abuse of Psychology in History", John A. Hall and Joseph M. Bryant ed., *Historical Methods in the Social Sciences vol 1*, London: Sage Publications.

Martin, Raymond(1998). "Progress in Historical Studies", *History and Theory* 37(1): 14~39.; *Historical Methods in the Social Sciences* vol. 3(2005), London: Sage Publications, p. 374.

Masters, Roger D. Machiavelli(1995), *Leonardo and The Science of Power.*; 박상섭 옮김(2002), 《국가와 폭력: 마키아벨리 정치사상연구》, 서울대출판부.

McCroskey, James C. (1997), *An Introduction to Rhetorical Communication*, Boston: Allyn and Bacon.

McKerrow, Ray E. (1976), "Campbell and Whately on the Utility of Syllogistic Logic", *Western Speech Communication Journal* 40: 3~13.

Miller, J., M. Prosser, and T. Benson ed. (1974), *Readings in Medieval Rhetoric*, Bloomington: Indiana University Press, xiii.

Milton, John (1644), *Arepagitica.*; 임상원 옮김 (1998), 《아레오파지티카》, 나남출판.

Mindich, David T. Z. (1998), *Just the Facts*, New York: New York University Press.

More, Sir Thomas (1516/1965), *Utopia*, Peter K. Marshall trans., New York: Pocket Books.

Nauert, Charles Jr. (1995), *Humanism and the Culture of Renaissance Europe*, Cambridge: Cambridge University Press.

Oliver, R. T. (1965), "Speech as an Academic Discipline", address delivered at the New York State Association Convention, Utica, New York, March 12.

Olmsted, Wendy (2004), "Topics (and Deliberation): Exemplifying Deliberation: Cicero's De Officiis and Machiavelli's Prince", Water Jost and Wendy Olmsted ed., *A Companion to Rhetoric and Rhetorical Criticism*, United Kingdom: Blackwell Publishing.

Ong, J. W. (1977), "*Interfaces of The Word: Studies in the Evolution of Consciousness and Culture*", Ithaca, NY: Cornell University Press.

Park, Robert Ezra (1940), "News as a Form of Knowledge: A Chapter in the Sociology of Knowledge", *American Journal of Sociology* 45: 669~86.

______ (1955). "News as a Form of Knowledge. Society: Collective Behaviour, News and Opinion", *Sociology and Modern Society*, Glencoe, Ill: The Free Press. pp. 71~89.

Perelman, Chaim and L. Olbrechts-Typeca (1969), *The New Rhetoric A Treatise on Argument*, John Wilkinson and Purcell Weaver trans., London: University of Notre Dame Press.

Perelman, Chaim (1982), *The Realm of Rhetoric*, Notre Dame, IN: University of Notre Dame Press.

______ (1989), "The New Rhetoric of Chaim Perelman", Ray D. Dearin ed., *The New Rhetoric of Chaim Perelman: Statement and Response*, Lanham, MD: university Press of America.

Petrarca, Francesco (1324/1924), *The Life of Solitude*, Jacob Zeitlin trans., Urbana: The University of Illinois Press.

______(1374), *Canzoniere.*; 이상엽 옮김(2004), 《칸초니에레》, 나남출판.

Philip Emmert and William C. Donaghy(1981), *Human Communication*, Massachusetts: Addison-Wesley Publishing Company.

Plato(2002), *Politeia.*; 최현 옮김, 《플라톤의 국가론》, 집문당.

______(B. C. 350), *Gorgias*, James A. Arieti and Roger M. Barrus(2007) trans., MA: Focus Publishing R. Pullins Company.

Pomorska, Krystyna(1984), "Foreword", Bakhtin, Mikhall(1965/1984), *Tvorchestvo Fransua Rable.*; Helene Iswolsky trans., *Rabelais And His World*, Bloomington: Indiana University Press.

Puttenham G. (1970/1589), *The Arte of English Poesie*, A Facimile Reproduction, Kent, OH: Kent State University Press.

Quintilian(1969), *The Institution Oratoria of Quintilian vol. 1*, H. E. Butler trans., Massachusetts: Harvard University Press.

Ramus, Peter(1986), *Arguments in Rhetoric Against Quintilian*, Carole Newlands and James J. Murphy trans. and ed., Carbondale: Southern Illinois University Press.

Ranke, Leopold von(1973), *The Theory and Practice of History*, Wilma A. Iggers and Konrad von Moltke trans., New York: The Bobbs-Merrill Company, Inc.

Rebhorn, Wayne A. (2004), "'His Tail at Commandment': George Puttenham and the Carnivalization of Rhetoric", Walter Jost and Wendy Olmsted ed., *A Companion to Rhetorical and Rhetorical Criticism*, Great Britain: Blackwell and Publishing.

Reese, S. D. (19997). "The News Paradigm and the Ideology of Objectivity", D. Berkowitz ed., *Social Meaning of News: A Text-Reader*, Thousand Oaks: Sage.

Russel, Bertrand(1945), *A History of Western Philosophy*, Simon and Schuster.; 김민홍 옮김(1973), 집문당.

Schaeffer, John D. (2004), "Commonplaces-Sensu Communis", Water Jost and Wendy Olmsted ed., *Rhetoric and Rhetorical Criticism*, United Kingdom: Blackwell Publishing.

Schiappa, Edward(1995), "Gorgias's Helen Revisited", *Quarterly Journal of Speech* 81.

Schudson, Michael(1978), *Discovering the News: A Social History of*

American Newspaper, New York: Basic Books.

Seigel, Jerrold E. (1968), *Rhetoric and Philosophy in Renaissance Humanism*, Princeton, NJ: Princeton University Press.

Shi, David (1995), *Facing Facts: Realism in American Thoght and Culture 1850～1920*, New York: Oxford University Press, p. 69.

Silverstone, Roger (1999), *Why Study the Media?*; 김세은 옮김 (2009), 《왜 미디어를 연구하는가?》, 커뮤니케이션북스.

Simons, Herbert W. (2004), "The Rhetorical Legacy of Kenneth Burke", Water Jost and Wendy Olmsted ed., *A Companion to Rhetoric and Rhetorical Criticism*, United Kingdom: Blackwell Publishing.

Sloane, Thomas O. (2004), "Rhetorical Selfhood in Erasmus and Milton", Water Jost and Wendy Olmsted ed., *A Companion to Rhetoric and Rhetorical Criticism*, United Kingdom: Blackwell Publishing.

Smith, Craig R. (1998), *Rhetoric and Human Consciousness*, Illinois: Waveland Press Inc.

Startt, James (1932), *Historical Methods in Mass Communication.*; 권중록 옮김 (1995), 《매스컴의 역사연구》, 학문사.

Toulmin, Stephen (1958), *The Uses of Argument*, London: Cambridge University Press.

Trenholm, Sarah (2011), *Thinking Through Communication*, Boston: Allyn& Bacon.

Troup, Calvin (1999), *Temporality, Eternity, and Wisdom: The Rhetoric of Augustine's Confession*, Columbia: University of South Carolina Press.

Tuchman, Gaye (1972), "Objectivity as Strategic Ritual", *American Journal of Sociology* 77: 660～679.

______ (1978). *Making News: A Study in the Construction of Reality*, New York: The Free Press.; 박홍수 옮김 (1995), 《메이킹 뉴스》, 나남출판.

Vickers, Brian ed., (1982), *Rhetoric Revalued: Papers from the International Society for the History of Rhetoric*, Binghamton, NY: Center for Medieval and Early Renaissance Studies.

Vico, Giambattista (1774), *Principj di Scienza Nuova.*; Thomas Goddard Bergin and Max Harold Fisch (1948) trans., *The New Science*, Ithaca: Cornell University Press.; 이원두 옮김 (1997), 《새로운 학문》, 동문선.

Weinsheimer, Joel C. (2004), "The Philosophy of Rhetoric in Campbell's

Philosophy of Rhetoric", Walter Jost and Wendy Olmsted ed., *Rhetoric and Rhetorical Criticism*, United Kingdom: Blackwell Publishing.

Wells, Susan (1996), *Sweet Reason: Rhetoric and the Discourses of Modernity*, Chicago: University of Chicago Press.

Wendy Olmsted ed. (2004), *A Companion to Rhetoric and Rhetorical Criticism*, United Kingdom: Blackwell Publishing.

Whately, Richard (1946), *Elements of Rhetoric: Comprising an Analysis of The Laws of Moral Evidence*, New York: William H. Colyer.

______(1963), *Elements of Rhetoric*, D. Ehninger ed., Carbondale: Southern Illinois University Press.

http//100. naver. com/백과사전/유토피아.
http//100. naver. com/백과사전/토마스 모어.
http/en. wikipedia. org/wiki/Boethius.
http/en. wikipedia. org/wiki/Chaim-Perelman.
http/en. wikipedia. org/wiki/Kenneth-Burke.
http/en. wikipedia. org/wiki/Martianus Capella
http/en. wikipedia. org/wiki/Stephen-Toulmin.
http/en. wikipedia. org/wiki/Thomas More.
http/en. wikipedia. rog/wiki/Desiderius_Erasmus.
http/en. wikipeida. org/wiki/martinam capella.
http/en. wikipeida. org/wiki/Petrus-Ramus.
http/en. wikipeida. org/wiki/Richard-whately.

찾아보기

용어

ㄱ

ㄴ

ㅅ

ㅇ

ㅈ

ㅊ · ㅋ

ㅌ~ㅎ

인명

ㄱ~ㅁ

ㅂ~ㅈ

ㅊ~ㅎ